UKRAINE

MOLDAWIEN

RUMÄNIEN

Galatz • Izmail • Wilkowo
• Sulina

Eisernes Tor
Turnu Severin
Djerdap I
Djerdap II

Bukarest

Cernavodă
• Constanza
Kanal

...evo Golubac
Milanovac
Kladovo
Vidin Lom

Giurgiu

Ruse

...EN

...RBIEN

BULGARIEN

Schwarzes
Meer

W0188626

DELIUS KLASING

ROLLO GEBHARD

BLAUE DONAU SCHWARZES MEER

Mit SOLVEIG II von Regensburg zum Kaukasus

DELIUS KLASING VERLAG

Von Rollo Gebhard sind darüber hinaus folgende Titel
im Delius Klasing Verlag erhältlich:
Freiheit auf dem Wasser – Über Flüsse und Meere
von Paris nach St. Petersburg
Seefieber – Allein über die Ozeane

Die Deutsche Bibliothek – CIP-Einheitsaufnahme

Gebhard, Rollo:
Blaue Donau – Schwarzes Meer:
mit SOLVEIG VII von Regensburg zum Kaukasus / Rollo Gebhard. –
1. Aufl. – Bielefeld: Delius Klasing, 2001
ISBN 3-7688-1265-0

1. Auflage
ISBN 3-7688-1265-0
© by Delius, Klasing & Co. KG, Bielefeld

Schutzumschlaggestaltung: Buchholz/Hinsch/Hensinger, Hamburg
Vorsatzkarten: Gabriele Engel
Satz: Fotosatz Habeck, Hiddenhausen
Druck: GGP Media, Pößneck
Printed in Germany 2001

Delius Klasing Verlag, Siekerwall 21, D-33602 Bielefeld
Tel.: 0521/559-0, Fax: 0521/559-113
e-mail: info@delius-klasing.de
http://www.delius-klasing.de

Meiner Frau Angelika
und meinen Freunden Sascha und Alexei zugeeignet,
ohne deren unermüdliche Tatkraft
diese Unternehmung nicht zustande gekommen wäre.

Inhalt

Vorwort

Das ist der glücklichste Mensch,
der das Ende seines Lebens mit
dem Anfang in Verbindung setzen kann.

J. W. von Goethe

Noch nie habe ich eine Reise begonnen, über deren künftigen Verlauf ich eine so geringe Vorstellung hatte. Auch war ich mir keineswegs sicher über ihr Gelingen. Mein Buch soll schildern, daß und wie es möglich war, diese noch immer geheimnisvollen Gewässer unseres Kontinents auf einer längeren Bootsfahrt kennenzulernen.

Während die Meere Europas zwischen dem Nordkap und Gibraltar bis in die kleinste Bucht hinein vermessen sind und jedes Hindernis erkundet wurde, stehen vom Schwarzen Meer vergleichsweise nur knappe und wenig zuverlässige Angaben zur Verfügung.

Auch in den für alle südlichen und nördlichen Meere Europas, einschließlich der finnischen Seen und Kanäle, vorhandenen Yachtführern und Reisebeschreibungen findet man für das Schwarze Meer nur spärliche und wenig verläßliche Auskünfte.

Dabei reichen erste Fahrtberichte von den Küsten des Pontos Euxeinos, wie das Meer von den seefahrenden Griechen einst genannt wurde, bis ins zweite Jahrtausend vor unserer Zeitrechnung zurück. Schon in vorgeschichtlicher Zeit waren griechische Seehelden, die Argonauten, auf der Suche nach dem Goldenen Vlies über das geheimnisvolle Wasser zwischen Asien und Europa bis zu den Stränden des Kaukasus vorgedrungen.

Als erste Europäer bauten sie dort ihre Häfen und gründeten Stadtstaaten auf der Halbinsel Krim. Später waren es die Römer, die wichtige Handelswege über Konstantinopel hinaus bis zum Asowschen Meer und der Mündung des Don vorantrieben. Ihnen gelang es auch, mit ihren Legionen an der Donau stromaufwärts bis zum Eisernen Tor vorzudringen und eine Straße durch die gefürchteten Felsschluchten zu schlagen.

Wieder tausend Jahre später unternahmen Wikinger von Finnland aus Eroberungsfahrten auf Wolga und Dnjepr bis vor die Mauern von Konstantinopel.

Als sich das russische Reich im 19. Jahrhundert an den Küsten des Schwarzen Meeres bis zum Kaukasus ausdehnte, gründeten die Zaren nicht nur große Hafenstädte wie Odessa und Sewastopol, sondern auch die berühmten Seebäder Jalta und Sotschi. Erst nach der russischen Revolution 1917 trennte an den Grenzen der Sowjetstaaten eine Sperre der Geheimhaltung das Gebiet zwischen den Karpaten einerseits und dem Kaukasus andererseits vom übrigen Europa ab. So wurden den Menschen im Westen die Länder am Schwarzen Meer rätselhafter als die entlegensten Inseln im Pazifik. Der Eiserne Vorhang vertiefte nach 1945 noch diese Trennung.

Als beklemmend erlebte ich die mit unzähligen Wachttürmen gesicherten Ufer der Donau, als ich 1975 mit meinem Segelboot von Regensburg aus die Mündung des großen Stroms erreichte und danach, ohne einen Hafen anzusteuern, über das Schwarze Meer bis nach Istanbul gelangte. Doch die landschaftlichen Eindrücke waren dabei so wunderbar gewesen, daß ich mir eine Wiederholung unter günstigeren Bedingungen erhoffte.

Zwei bedeutende Ereignisse stellten schließlich die Donau und das Schwarze Meer in den Mittelpunkt meiner Vorstellungen: die Öffnung des Eisernen Vorhangs und die Vollendung der Wasserstraße Rhein-Main-Donau. Damit war der Weg frei in den bisher versperrten Osten und für die Erkundung der letzten wenig bekannten Küsten Europas.

Rollo Gebhard

Einleitung: Der Strom

Der Fluß führt viele Namen. Bei mehreren Völkern bezeichnen Donau und Ister jeweils den Ober- beziehungsweise den Unterlauf, bisweilen aber auch den ganzen Strom. Plinius, Strabon und Ptolemäus stellten sich die Frage, wo der eine aufhöre und der andere beginne, ob vielleicht in Illyrien oder am Eisernen Tor. Der »zweinamige« Fluß – »bisnominis«, wie ihn Ovid nannte, – führt die deutsche Kultur und Zivilisation mit ihrem Traum einer geistigen Odyssee zum Orient, wo er sie mit anderen Kulturen und Zivilisationen zu den zahlreichen Metamorphosen und Mischgeburten verbindet, in denen ihre Geschichte ihre Erfüllung und ihren Untergang gefunden hat.

Aus: Claudio Magris, DONAU

Die Donau, zweitlängster Fluß Europas und Schlagader der Wasserstraßen zwischen Mittel- und Osteuropa, hat mich mit ihrer Landschaft, als Schiffahrtsstraße und Heimat verschiedenster Völker, Kulturen und Religionen während meines ganzen Lebens beschäftigt. Meine erste schicksalhafte Begegnung mit dem Strom und den Menschen seines Unterlaufs trug sich vor einem halben Jahrhundert zu und hat sich tief in mein Gedächtnis eingeprägt.

Ende Februar 1941 wurde ich als blutjunger Soldat im Güterwaggon über Prag und Wien in Richtung Ungarn gerollt, ohne zu ahnen, wo ich mich jeweils befand oder wohin die Reise ging. An einer mir unbekannten Station angekommen, wurden wir auf unterschiedliche Zielorte verteilt. Ich meldete mich bei meiner Einheit, einer Aufklärungsstaffel der Luftwaffe. »Morgen müssen wir den Übergang über die Donau schaffen«, verkündete ein Unteroffizier in wichtigem Ton. Anscheinend befanden wir uns im Grenzbereich zwischen Ungarn und Rumänien. »Wieso in Rumänien?« fragte ich mich. Meine ganze Umgebung erschien mir geheimnisvoll und aufregend. Immerhin wurde nicht geschossen, denn die Ungarn waren unsere Freunde, und auch die Rumänen schienen mit der Ankunft deutscher Truppen einverstanden zu sein. Irgendwo lauerte sicherlich Gefahr, dachte ich, aber viel konnte nicht mehr geschehen, seit Frankreich geschlagen und besetzt war. Hier jedenfalls ging das zivile Leben ungestört weiter.

Im Winter 1939/40 hatte ich eine Ausbildung als Fotograf und Bildtechniker erhalten, und nun befand ich mich zum ersten Mal bei einer Fronteinheit. Am nächsten Tag würde ich nicht nur die Donau sehen, sondern sie auch auf einer richtigen Pontonbrücke überqueren! Die Aufklärungsstaffel, der ich seit zwei Tagen angehörte, transportierte ihre umfangreiche Ausrüstung auf 18 schweren Lastwagen und war voll motorisiert. Ich saß auf einer der grauen Eichenholzkisten, in denen die wertvollen Geräte befördert wurden, und blickte gespannt in das hügelige Gelände. Wann würden wir endlich den Fluß erreichen?

Nach Stunden kam hinter den grünen Bergen ein hell leuchtender Wasserlauf in Sicht. Welch eine Enttäuschung! Kein blaues Band, keine Schiffe, die gemächlich den Fluß hinabglitten. Der farblose Himmel ließ die breite Wasserfläche nur silbern glitzern. Immerhin: Einen so riesigen Strom hatte ich noch nie gesehen. Das andere Ufer war kaum auszumachen. An die tausend Meter sei die Brücke lang, hieß es, Pioniere hatten sie in den letzten Tagen gebaut.

Die Nacht verbrachten wir ziemlich schweigsam auf dem Holzboden einer Hütte. Ein dumpfes Gefühl beschlich wohl die aus Frankreich kriegserfahrenen Kameraden, aber bei mir verdrängte eine gewisse Abenteuerlust, die wohl schon damals in mir steckte, alle Gedanken an mögliche Gefahren. Ich war voller Neugierde und Vorfreude. Was wußten wir schon von Bulgarien? Nichts! Als ein Wiener Wissenschaftler 1875 Bulgarien bereiste, fand er die offiziellen Landkarten fehlerhaft und unzuverlässig. »Die Donau ist unbekannter als der Nil, und von den Völkern an ihrem Unterlauf wissen wir weniger als von den Südseeinseln«, schrieb damals Professor Hyrtl, ein bekannter Kartograph.

Im ersten Gang, mit reichlich Abstand, damit die Pontons nicht überlastet wurden, krochen unsere Laster schließlich mit lautem Gepolter über die Behelfsbrücke. Neben und unter mir sah ich das Wasser der Donau und hätte am liebsten mit der Hand hineingegriffen. Die Schneeschmelze hatte eingesetzt, in wilden Strudeln quirlte der Fluß zwischen den Pontons hindurch. Nie werde ich das Bild der schier unendlichen, hellgrau leuchtenden Wasserfläche vergessen, die in der Ferne mit dem Horizont zu verschmelzen schien. Schon damals interessierten mich die Pontons unter mir mehr als die Kübelwagen und Panzer, die oben über die Brücke rollten. Der Tragweite des Geschehens war ich mir ohnehin nicht bewußt.

Nach dem Rückzug der deutschen Truppen Ende 1944 gehörte auch der größere Teil der Donau zum Machtgebiet der siegreichen Sowjetarmee. Damit verschwand er trotz seiner außerordentlichen wirtschaftlichen und politischen Bedeutung für ein halbes Jahrhundert aus dem Sichtbereich der westlichen Länder. Nur wenige Menschen diesseits des damaligen Eisernen Vorhangs besaßen eine Vorstellung von den Lebensverhältnissen oder den geographischen Gegebenheiten an ihrem Unterlauf. Die über zweitausend Kilometer langen Ufer zwischen Preßburg und dem Schwarzen Meer sind erst in jüngster Zeit wieder ins Bewußtsein der Öffentlichkeit gerückt.

Aufbruch ins Unbekannte

Bei wärmendem Sonnenschein, den nur ein kurzer Regenschauer unterbrach, versammelte sich Anfang April 1998 am Ufer der Maas ein Häuflein Freunde, um gemeinsam mit Angelika und mir einem neuen Boot seinen Namen zu geben. Es war ein speziell für unser bevorstehendes Unternehmen »Schwarzes Meer« ausgerüsteter Motorkreuzer vom Typ Sturdy 400. Auf der bekannten Linssen-Werft in traditioneller Form gebaut und von Jos Linssen selbst gezeichnet, sollte uns das kräftige Stahlboot in den kommenden Jahren weite Reisen auf Binnengewässern und auf See ermöglichen. Wie für alle meine Boote war auch für dieses der Name SOLVEIG vorgesehen, zur Erinnerung an die mythische Frauengestalt in Ibsens Drama »Peer Gynt«. Im Lauf von vierzig Jahren, in denen ich jeweils auf einer SOLVEIG mein zweites Zuhause fand, hatte ich bereits sechs von ihnen diesen Namen gegeben; jedes der tüchtigen Schiffchen war jeweils bestimmend für einen ganzen Abschnitt meines Lebens gewesen.

Die neue SOLVEIG

Stolz hob sich das breite Vorschiff von SOLVEIG VII nun über den Schwell, wenn ein anderes Boot im Hafen der Werft vorüber glitt. Würde sie auch bei meterhohem Seegang auf dem offenen Meer dem Ansturm der Wellen trotzen? Eine Woche lang hatte ich schon die Eingeweide des neuen Fahrzeugs auf Herz und Nieren geprüft, während mein »Erster Offizier« Angelika den Wagen nach Hause zum Tegernsee gefahren hatte und dort zwischen Bergen von Akten und Briefen zum letzten Mal aufräumte. Vor unserer Abreise gab es noch viel zu tun, denn so bald würden wir nicht zurückkommen.

Die Ausstattung der SOLVEIG VII war beeindruckend. Noch nie in meinem Leben hatte ich ein so vollendetes Boot besessen. Familie Linssen und ihre Mitarbeiter hatten alles daran gesetzt, das Bestmögliche zu schaffen. Alle Einbauten, Schapps und Tische waren aus feinstem Teakholz. Eine moderne Pantry mit Gaskocher, Kühlschrank und breiten Arbeitsflächen vereinfachte die Küchenarbeit. Und die 220-V-Anlage erlaubte es, auch elektrisch zu kochen oder Geräte wie Teekocher und Toaster anzuschließen, nicht nur mit Landstrom, sondern auch unterwegs, dank eines kräftigen Generators, der bis zu 2500 Watt erzeugen konnte. Aber zum Kochen braucht man Wasser, und aus Erfahrung wußte ich, daß an der Donau nur selten die Möglichkeit besteht, Wasser oder gar Diesel zu ergänzen. Deshalb hatte ich zwei große Kraftstofftanks einbauen lassen und dazu eine Entsalzungsanlage für die Herstellung von Trinkwasser.

Während ich den »Watermaker« im Motorraum in Betrieb nahm, war ich in Gedanken schon unterwegs. Ich stellte mir vor, wie wir im Schutz bewaldeter Inseln mitten im Strom ankern würden und damit vielleicht auf einen riskanten Landgang verzichten konnten. In meiner Vorfreude begann ich zu träumen von den unendlich vielen Seitenarmen der Donau an ihrem unteren Lauf und vom berühmten Delta, das wir hoffentlich befahren durften. Auch gab es gewiß versteckte Plätze oder kleine Anlegestellen an grünen Ufern. Schmutzige und vielleicht sogar gefährliche Industriehäfen wollte ich meiden.

Nach einer Woche kam Angelika endgültig an Bord. Die SOLVEIG VII wartete nun auf ihren großen Augenblick. Mit großem Ernst und konzentriert ergriff Angelika die Flasche und warf sie mit einem kräftigen, wohlgezielten Schwung voll auf die Nase des Boots. Mein Bruder wurde von einem Glassplitter getroffen und spendete einige Blutstropfen. Ringsum, auch von den Nachbarschiffen, erscholl fröhlicher Applaus, die Sektgläser klirrten. Daß die SOLVEIG VII ebenso viel Glück haben möge wie ihre Vorgängerinnen, war unser gemeinsamer Wunsch, den ich mit einem leisen Gebet bekräftigte. Mit ihr wollten wir die Durchquerung Europas von der Nordsee zum Schwarzen Meer und weiter bis zum Kaukasus wagen.

Eine erste Fahrt die Donau abwärts hatte ich bereits 1975 unternommen. Mit dem kleinen Segelboot SOLVEIG III erreichte ich damals trotz vieler Hindernisse und Zwischenfälle das Schwarze Meer und begann von Istanbul aus meine zweite Weltumsegelung, die mich am Ende über Cuxhaven und Hamburg wieder zum Donauhafen Regensburg zurück führte. Zunächst spürte ich wenig Verlangen, das Abenteuer dieser Flußfahrt zu wiederholen, doch im Lauf der Jahre verblaßte die ungute Erinnerung an Schikanen und Beschränkungen der sowjetischen Organe, und nur die Bilder traumhaft schöner Landschaften und gastfreundlicher Menschen blieben haften. Später einmal, so hatte ich mir vorgenommen, wollte ich den großen Strom mit einem besser geeigneten Motorboot in seiner ganzen Länge nochmals befahren. Und nun, nach 23 Jahren, stand ich kurz vor der Erfüllung meines Traums. Zwar hatte inzwischen die diktatorische Herrschaft des Kommunismus ihr Ende gefunden, ein blutiger Bürgerkrieg in Jugoslawien aber brachte die Schiffahrt auf der Donau fast ganz zum Erliegen. Erhebliche neue Risiken für die Sicherheit von Boot und Crew drohten, unsere Unternehmung noch im letzten Augenblick zu verhindern: Die Kosovo-Krise konnte jeden Tag auf die Ufer der Donau übergreifen. Auch in Anbetracht dieser Gefahren war die Anschaffung des neuen, größeren Boots nötig geworden. Ein erhöhtes Achterdeck statt eines offenen Cockpits sollte unerwünschte Besucher fernhalten. Außerdem brauchten wir genügend Platz für Mitfahrer, Freunde oder Wissenschaftler, die uns als Verstärkung der Crew, als Dolmetscher oder Berater zur Seite stehen konnten.

Das Heck des Bootes lag im Werfthafen dem Ufer abgewandt, und da ich mich ohnehin meist mit der Inneneinrichtung beschäftigte, hatte ich nicht bemerkt, daß die Beschriftung mit Namen, Heimathafen und Registriernummer noch nicht angebracht war. Zwar hatte ich die Buchstaben und Zahlen bestellt, sie lagen aber noch im Büro der Firma. Ich bemerkte das Versäumnis erst, als wir drei Tage nach der Taufe, es war ein Sonntag, die erste Schleuse der Maas passiert hatten. Zurück wollten wir beide nicht, es wäre ein schlechter Start gewesen. Schließlich fanden wir die Lösung: Wir alarmierten eine gute Freundin in Mönchengladbach, die mir schon öfter geholfen hatte und die Werft kannte. Heidi fuhr also nach Maasbracht, holte die Buchstaben ab und brachte sie uns in Nijmwegen an Bord. Ein echter Liebesdienst! Nun konnten wir die Taufe sozusagen vollenden und den Namen anbringen – wenn, ja wenn es nicht angefangen hätte zu regnen! Ich verschob deshalb die etwas knifflige Arbeit auf einen ruhigen, trockenen Tag.

Doch kaum schwammen wir auf dem Rhein und somit auf deutschem Gebiet, wurden wir bei Düsseldorf von der Wasserschutzpolizei gestoppt und in einen Hafen befohlen. Die Beamten kamen an Bord:»Sie müssen doch die Vorschriften kennen! Warum haben Sie nicht wenigstens gestern in Düsseldorf den Namen angebracht? Jetzt müssen wir Sie leider verwarnen!« Nun ja, der Polizeimeister hatte recht, da gab es nichts zu beschönigen. Ich verwünschte meine Lässigkeit. Name, Heimathafen und Registriernummer lagen in großen weißen Lettern an Bord, ich konnte sie als Beleg für die gute Absicht vorzeigen. Am Ende zahlte ich eine bescheidene Buße. Die Beamten verabschiedeten sich freundlich, wünschten »Frohe Ostern« und warnten uns noch: Wir sollten doch bitte im Osterverkehr auf jeden Fall die Fahrwassermitte meiden und möglichst an der Seite fahren!

Havarie bei Hochwasser

Nicht zum ersten Mal steuerten wir ein Boot den Rhein aufwärts. Aber der Verkehr war tatsächlich stärker geworden, oder das nahende Osterfest wirkte sich aus. Außerdem führte der Strom Hochwasser, der Schnee in den Alpen war noch nicht ganz geschmolzen, und der häufige Regen tat ein übriges. Mit drei bis vier Knoten Geschwindigkeit wälzten sich die braunen Fluten dem breiten Bug unseres schweren Boots entgegen. Heftige Böen warfen steile kleine Wellen auf. Das Steuern kostete Nerven, zumal wir nach drei Tagen noch wenig Erfahrung mit dem Verhalten unserer Sturdy hatten. Mit gerade mal sieben Knoten schoben wir uns dicht am Ufer entlang, schafften somit pro Stunde vier Seemeilen oder knappe acht Kilometer zu Berg. In den Strudeln zwischen den überschwemmten Buhnen wollte die SOLVEIG VII manchmal die Richtung wechseln. Aber die Markierungsspieren auf den Spitzen der Buhnen waren gut zu sehen, und ich hielt meinen Kurs in geringem Abstand parallel zu ihrer Linie.

Grau beherrschte die Landschaft. Oft wurden wir von überholenden Schiffen, die ihrerseits Entgegenkommern ausweichen mußten, arg zur Seite gedrängt. Die Talfahrer dagegen stürmten uns, von der

Strömung unterstützt, mit hoch aufschäumender Bugwelle entgegen. Dabei wurden die tief abgeladenen Kolosse in den Biegungen deutlich nach außen gedrückt und hatten zu wenig Raum, um einem kleinen Boot auszuweichen. Die Verantwortung des Aufpassens lag daher allein bei uns.

Es mochte etwa 20 km oberhalb von Düsseldorf gewesen sein.

Angelika hatte mich am Ruder abgelöst, ich stand neben ihr und bemerkte, daß uns eine Querströmung ein wenig aufs Ufer zu versetzt hatte. Da krachte es auch schon! Kreischend schlug der Propeller gegen Eisen und Stahl, ein häßlicher Ton – Metall auf Metall! Ich fühlte einen harten Ruck, das Boot machte kleine Sprünge. Was war geschehen? Berührung mit dem Grund, mit Sand oder Steinen, konnte es nicht gewesen sein, wir saßen auch keinen Augenblick fest. Angelika riß das Ruder herum, wir passierten gerade noch den Kopf der nächsten Buhne und fanden erst dann die Sprache wieder. »Was war das?« brachte sie schreckensbleich hervor.

»Wir müssen an Eisenteilen, vielleicht einem alten Gerät, entlanggeschrammt sein. Bei dem Hochwasser konnten wir das nicht sehen.«

Meine Antwort klang etwas hilflos, denn nun hatten wir ein Problem, das ich nicht selbst beheben konnte, und an den Feiertagen arbeitete keine Werkstatt. Ich lauschte auf das Geräusch der Propellerwelle, eine Vibration war deutlich zu spüren. Der Propeller hatte erhebliche Unwucht, aber das Boot machte noch recht gute Fahrt, ein wenig langsamer natürlich. Ich rannte in den Heckraum, um über dem Wellentunnel zu horchen. Allzu schlimm schienen die Geräusche nicht zu sein. »Wir fahren weiter bis Köln, das ist nicht mehr weit, dann entscheiden wir in Ruhe. Nur jetzt kein Zurück!«

Im Bruchteil der Sekunde, als das Schiff erzittert war und die Schraube kreischend gegen das Unterwasserhindernis geschlagen hatte, war mir meine monatelange Vorausplanung zu Bewußtsein gekommen. Alle Verabredungen schienen plötzlich in Frage gestellt; Menschen, die fest mit unserer Ankunft rechneten, würden von der Verzögerung mit betroffen werden, falls ich nicht sehr schnell Abhilfe schaffen konnte. Hundert Gedanken jagten gleichzeitig durch meinen Kopf, einer aber setzte sich durch: »Weiter, nur weiter! Keine Zeit verlieren!« War das richtig? Ich grübelte darüber nach. Das ständige Geräusch der vibrierenden Welle tat mir körperlich weh. Wie hatte so ein Fahrfehler, denn das war es ja wohl, geschehen können?

Das Hochwasser verbarg natürlich manches Hindernis. Ein Kölner Segler erklärte uns später, an jener Stelle lägen am Strand noch Reste einer alten Brücke. War es das? Ich hätte jedenfalls der Tatsache, daß wir die Ufer nicht kannten, Rechnung tragen und mehr Abstand halten müssen. Ein grundlegender Fehler war außerdem, daß wir zu wenig Überblick besaßen, weil wir wegen des schlechten Wetters von innen steuerten. Mein vorheriges Boot hatte keine Außensteuerung besessen, und so war mir der entscheidende Vorteil, den die neue Sturdy bot, nämlich an Deck am Ruder zu stehen und freie Sicht zu haben, in seiner ganzen Tragweite noch nicht klar geworden.

Es wurde 18 Uhr, bis wir endlich vor der Hafeneinfahrt von Köln standen. Auf der Kaimauer warteten zwei Journalisten des »Kölner Stadtanzeigers«, mit denen wir uns telefonisch verabredet hatten. Wir wollten schnellstens in den Sporthafen steuern, aber die niedrige Brücke über der Einfahrt wurde nicht geöffnet. Auch mein Hornsignal vermochte den Brückenwart nicht herauszulocken. Die Dunkelheit brach herein, und wir mußten auf dem Rhein Kreise fahren. Meine Nerven begannen zu vibrieren. Erst nach 45 Minuten gelang es den Journalisten, den Verantwortlichen zu finden, und langsam, unendlich langsam, begann sich der eiserne Steg zu drehen. Endlich liefen wir in den gut geschützten und ausgestatteten Hafen des KAMC ein und versuchten, erst einmal unsere Fassung wieder zu gewinnen.

Der romantische alte Hafen war früher für Frachtschiffe bestimmt gewesen. Ich liebe dieses Becken trotz oder vielleicht wegen seiner hohen grauen Mauern. Hier ruht so viel Geschichte in den alten Steinen, wie sie nur in Jahrhunderten entstehen kann. Im Zentrum der Domstadt gelegen, ist der urige Hafen für den Besucher schon deshalb besonders angenehm, weil er von hier aus seine alltäglichen Besorgungen zu Fuß bewältigen kann und nur wenige Minuten braucht, um auch die großen Kaufhäuser und den Bahnhof zu erreichen. Aber unsere Stimmung war wegen des Zwischenfalls tief gesunken, und am nächsten Tag sank sie noch tiefer, als wir erfuhren, daß auch am Karsamstag keine Werkstatt zu erreichen war. Es wurde ein tristes Osterfest.

Immerhin eilte ein guter Freund aus Bonn herbei, Manfred von Reumont, ein hoher Polizeioffizier, der im Wagen seine komplette Taucherausrüstung mitgebracht hatte. Trotz des dämmrigen Lichts stieg er in das braune Hafenwasser, um nach dem Propeller zu sehen. Er konnte die Beschädigungen mit den Fingern fühlen, zu erkennen war kaum etwas. Aber soviel schien sicher: Die Unwucht kam vom Propeller selbst und nicht etwa von einem Tampen, der sich um die Welle gewickelt hatte.

In Köln noch länger zu warten, hatte keinen Sinn, zumal unklar war, ob und wo das Boot nach den Festtagen aus dem Wasser gehoben werden konnte. Per Handy nahmen wir deshalb Kontakt auf mit Bekannten im rund 100 km entfernten Koblenz und erfuhren von einer geeigneten Marina an der Mosel und der Firma Rheinstrom, deren Chef versprach, nach Ostern den Propeller innerhalb weniger Stunden auswuchten zu lassen. Gemächlich passierten wir den Drachenfels, glitten an Bonn und Bad Godesberg vorbei. Am Ufer erkannte ich das prominente und traditionsreiche Hotel Dreesen mit seiner berühmten Rheinterrasse und die Godesburg. Gegenüber, im Yachthafen Oberwinter und längsseits am bekannten »Pfannkuchenschiff«, verbrachten wir eine Nacht. Wir lagen neben dem gemütlichen Speisesaal, dessen Gäste geradewegs von ihren Tischen in unseren Salon blicken konnten.

Am Morgen vor der Weiterfahrt bunkerten wir zum ersten Mal auf dieser Reise Diesel, füllten den Tank randvoll und sahen schon am frühen Nachmittag den Ehrenbreitstein mit seiner mächtigen Festung vor uns liegen. Wenig später kamen die Türme von Koblenz und die Moselmündung mit dem Deutschen Eck in Sicht. Den schönsten Eindruck von Rhein und Mosel gewinnt man sicherlich bei einem Ausflug auf den Ehrenbreitstein. Doch wegen unserer Havarie standen wir leider unter Zeitdruck und nahmen deshalb sofort Kurs auf die Moselschleuse. Ein paar Kilometer flußaufwärts legten wir uns an einen der sehr guten Liegeplätze in der Marina Winningen, die neben einem Geschäft für Ausrüstung und Lebensmittel auch über Werkstätten und den von uns so dringend benötigten Travellift verfügte. Erleichtert stellte ich den Motor ab, denn nun mußte sich der Propeller erst wieder drehen, wenn die Unwucht beseitigt war.

Am Dienstagmorgen wurde SOLVEIG VII in die Gurte des Lifts gelegt und aus dem Wasser gehoben, der Propeller abgezogen und in der Spezialfirma Rheinstrom geschliffen und ausgewuchtet. Schon am Nachmittag war das gute Stück wieder einsatzbereit. Obwohl Motor und Getriebe in Ordnung schienen, ließ ich beides überprüfen und das Öl im Getriebe wechseln. Die Zwangspause nutzten wir zum Großeinkauf von Lebensmitteln und stauten Vorräte für Monate unter den Bodenbrettern. Damit wollte ich sicherstellen, daß wir später nicht allein auf örtliche Versorgung angewiesen waren. Unabhängigkeit von fremder Hilfe, das hatte ich auf meinen Weltumsegelungen erfahren, hilft Zeit und Geld sparen und erhöht die Sicherheit an Bord.

Ich freute mich auf den in jeder Hinsicht interessantesten und schönsten Abschnitt des Rheins, den zu bewundern ich niemals müde werde. Es gelang uns, in Kaub an der Uferstraße neben dem Fähranleger an einem schmalen Schlengel festzumachen und die Gelegenheit für eine Besichtigung der Pfalzgrafenburg zu nützen. Die auf einer Insel erbaute Festung ist ein Glanzstück des Rheinpanoramas. Sie diente einst den herrschenden Rittern zur Erhebung von Wegezöllen und kam außerdem zu geschichtlichem Ruhm, weil Feldmarschall Blücher 1813 das felsige Eiland als Brückenpfeiler verwendete, um seine preußischen Soldaten und eine große russische Armee bei der Verfolgung Napoleons über den Fluß zu setzen. Was hat dieses Stromtal seit der Römerzeit doch erlebt! Unendlich ist die Zahl der Sagen und Geschichten, die sich um jedes Dorf, um jedes Gasthaus und um jeden Weinhügel ranken. Kaum ein anderer Strom ist so reich an Historie und Histörchen, und vielleicht hat wirklich nur die Donau, seit tausend Jahren Bindeglied zwischen Kleinasien und dem Herzen Europas, eine vergleichbare Bedeutung.

Der Kanal und die Folgen

Der Main, dessen Mündung wir am 19. April mittags erreichten, ist trotz Ausbau zur Großschiffahrtsstraße im Vergleich zum Rhein ein eher stiller Fluß. In unzähligen Windungen schlängelt er sich durch das Grün einer verträumten Landschaft. An den Ufern grüßen in kurzen Abständen kleinere und größere Städte, deren mittelalterliche Mauern und Fachwerkbauten das Gefühl vermitteln, in eine längst vergangene Zeit geraten zu sein. Die Bewohner von Mainfranken haben seit Jahrhunderten eine eigene Kultur, ein eigenes Lebensgefühl entwickelt. Für uns war es auf dem ruhigen Wasser ein ausgesprochen angenehmes Fahren, und der Motor lief so leise, daß man ihn an Deck kaum hörte. In den ersten wärmenden Sonnenstrahlen des Frühlings stand ich auf dem Oberdeck hinter dem Ruder und freute mich an den leuchtend grünen Ufern, den herrlichen Bäumen und dem erholsamen Frieden, der mich umgab.

Nahe Würzburg sind es vor allem Weinberge, die das Landschaftsbild prägen. Schade, daß die Weingärten schon seit Jahren nur noch maschinell bearbeitet werden, was schnurgerade und leicht zugängliche Wege am Berg erfordert. Der Anblick vom Fluß aus leidet unter dieser Geometrie der Parzellen, die kaum mehr eine natürliche Landschaft erkennen lassen. So blieben meine Blicke fest auf den Fluß gerichtet, denn in den engen, sich um fast 180 Grad wendenden Biegungen begegneten uns oft große Frachtschiffe, die das gesamte Fahrwasser beanspruchten und mich zu manchen Ausweichmanövern zwangen. Je näher wir dem Main-Donau-Kanal kamen, um so öfter drehte sich unser Gespräch um die Frage, wie sich denn die so heftig umstrittene und von Naturschützern in der Bauzeit hart bekämpfte Verbindung zur Donau nach ihrer Vollendung der Landschaft angepaßt hatte.

Den ersten Teil des künstlichen Wasserwegs über Bamberg bis Nürnberg kannte ich bereits vom Ende meiner Weltumsegelung her. Aber inzwischen war auch der Abschnitt durch das Altmühltal fertiggestellt. Es handelt sich dabei um nur 34 Kilometer des rund 225 Kilometer langen Flußlaufs, die zum Kanalbett geworden sind. Gewiß ging dabei der Reiz einer völlig unberührten Landschaft zunächst verloren. Aber man hat viel Aufwand getrieben, um die Natur dort, wo sie sich nicht in der ursprünglichen Form erhalten ließ, sehr gelungen neu zu gestalten. Im Kunstreiseführer Dumont heißt es dazu: »Sicher ist es ein Segen, daß der Kanal, dessen Planung bis in die zwanziger Jahre zurückgeht, nicht schon früher realisiert worden ist. So hat ihm denn ein gewandeltes ökologisches Verständnis seinen Stempel aufgeprägt.« Der Autor scheut sich offenbar zuzugeben, daß der Kanal unter dem zunehmenden Druck der Naturschützer am Ende ein Meisterwerk künstlicher Naturgestaltung geworden ist. Immerhin wird eingeräumt: »Paradoxerweise ist der Kanal gleichwohl... der schönste geworden, den es je gab.« Vielleicht ist der Autor nie auf einem kleinen Boot, in mäßigem Tempo, durch die kunstvoll angelegten Windungen der »neuen« Altmühl getuckert, er hätte sich sonst vielleicht das »paradox« gespart. Mit viel Liebe und großer Sorgfalt jedenfalls wurde das neu geschaffene Flußbett der Natur angepaßt. Schon in wenigen Jahren könnte sich der Lauf des Flusses mit der Pflanzenwelt an seinen Rändern so harmonisch vereinigt haben, daß am Ende die Lebenskraft des Wassers eine neue Landschaft formt und alles Künstliche besiegt.

Die eindrucksvolle, gebirgige Szenerie mit Felsen und Burgen, mit historischen Städten und malerischen Dörfern trug viel zu dem positiven Eindruck bei, den wir von der Wasserstraße mitnahmen. Bei ihrem Bau wurde auch daran gedacht, mehrere günstig gelegene Häfen für Sportboote einzurichten. Einer dieser Häfen wird vom Yachtclub Berching verwaltet, und hier empfingen uns die Sportfreunde besonders herzlich. Wir wurden eingeladen zu einem Gang durch den historischen Teil der Stadt und auch zum noch erhaltenen Teilstück des »Ludwig-Main-Donau-Kanals« geführt, der im 19. Jahrhundert nach fast zehnjähriger Bauzeit anläßlich des Geburtstags von König Ludwig I. und in dessen Gegenwart eingeweiht wurde. Schon damals war also Schiffsverkehr zwischen Rhein und Donau ermöglicht worden. Doch den alten Kanal neu auszubauen, war völlig unsinnig, denn die Maße moderner Schiffe sind andere als die vor 150 Jahren. Deshalb verlor der Ludwig-Kanal schon gegen Ende des 19. Jahrhunderts seine Bedeutung und wurde kaum mehr genutzt. Im Zweiten Weltkrieg schließlich fiel er den Bomben der Aliierten zum Opfer. Teile des alten Kanals sind heute als Freilichtmuseum erhalten, sogar eine der Schleusen kann noch besichtigt werden.

Ödön Graf Szechenyi

Im Frühling 1839, so erzählte man uns in Berching, hatte der ungarische Graf Istvan Szechenyi über diesen Kanal die Ketten für die berühmte Kettenbrücke in Budapest transportieren lassen, denn für Pferdewagen wären die riesigen Ketten, die damals nur in England gefertigt werden konnten, zu schwer gewesen. Im Berchinger Yachtclub, der sich deshalb nach dem berühmten Grafen nennt, erhielten wir noch weitere interessante Erklärungen: Der Sohn von Istvan, ein gewisser Ödön Graf Szechenyi, hatte 1867 mit seiner Dampfyacht UNDINE den ehrgeizigen Plan verfolgt, von Ungarn aus bis nach Paris zu reisen, gewissermaßen als Beweis für die Bedeutung des Ludwig-Kanals. Der Graf steuerte die Donau aufwärts bis Regensburg, dann durch den kleinen Kanal an Berching vorbei und weiter über Main und Rhein bis nach Frankreich, 2000 Kilometer weit. Nach 43 Tagen gelangte er auf der Seine ins Herz von Paris, der damaligen Metropole Europas. Für seine Entdeckungsreise erhielt er von Kaiser Napoleon III. das Kreuz der Ehrenlegion und außerdem den Grand Prix der damaligen Weltausstellung. Zum 130jährigen Jubiläum dieser Pioniertat veranstaltete der Ungarische Yachtverein 1997 eine Gedenkfahrt auf der gleichen Route.

Diese historischen Zusammenhänge beeindruckten mich. Da hatte also ein ungarischer Graf vor langer, langer Zeit schon die gleiche Idee verfolgt, die mir vorschwebte: die Bedeutung der Wasserwege für Europa durch eine private Fahrt im kleinen Boot zu demonstrieren!

Bei Kelheim passierten wir den Übergang vom gebaggerten Bett des neuen Kanals, der hier bereits die Wasserscheide der Fränkischen Alp hinter sich hat, in die gute alte Donau, die ihrerseits vom Schwarzwald her quer durch ganz Bayern angeflossen kommt. Ab Kelheim ist die Donau auch für große Fahrzeuge schiffbar, auch wenn der Flußlauf noch schmal ist und sich eher schüchtern zwischen den Hügeln seinen Weg sucht. Damit befanden wir uns in den Wassern des großen Stroms: Von hier aus bis ins Schwarze Meer... Unsere Reise würde länger sein als die des ungarischen Grafen!

Nur wenige Kilometer trennten uns von Regensburg, aber das dämmrige Tageslicht reichte nicht mehr, um noch bis zur Stadt zu fahren. Komfortabel eingerichtet, mit Wasser- und Stromanschluß, war die Marina Saal der international bekannten Firma Rammelmeyr, in der wir übernachteten. An der erstaunlichen Zahl zum Teil

24

sehr hochwertiger Motoryachten, die hier aufgereiht lagen, an den Werkstätten und Restaurants war deutlich zu erkennen, welche Belebung auch der Wassersport durch die Fertigstellung des Kanals erfahren hatte. Ich bin überzeugt, daß er in naher Zukunft, wenn erst Zwistigkeiten und Elend in den Balkanländern überwunden sind, von größter Bedeutung für den wirtschaftlichen Aufschwung und für eine Verständigung unter den Völkern in ganz Südosteuropa sein wird.

Abschied und Ausblick

Wir erreichten Regensburg in den Morgenstunden und fanden schnell unseren Liegeplatz. Freunde hatten für die SOLVEIG VII einen Ponton der Berufsschiffahrt unterhalb der Stählernen Brücke ausgespäht, der uns für einige Tage zur Verfügung stand. Direkt gegenüber entfaltete sich die Kulisse von Regensburg. Ein großartiger Anblick: Der kräftig dahinströmende Fluß, der mich unablässig anspornte: »Nun fahr doch endlich weiter!«, und über den Wellen die gewölbten Bögen der Steinernen Brücke mit ihrer tausendjährigen Geschichte. Sie schwingen sich hinüber zur Altstadt, deren Häuserrand von den beiden Türmen des Doms überragt wird. »Der Brukken gleicht keine in Deutschland«, sagte Hans Sachs, und er hatte recht. Sie ist nicht nur schön, sie ist auch die älteste voll funktionsfähige Brücke am Donaustrom; fast tausend Jahre hält sie schon der Wucht der anstürmenden Fluten und dem Eis im

Regensburg

25

Sigmar hielt eine den Delphinen im Schwarzen Meer gewidmete Ansprache...

Winter stand. Die Strömung ist gerade an dieser Stelle besonders stark, schon von fern sieht man die Strudel hinter den mächtigen Pfeilern hervorquellen. Ein Wunderwerk der damaligen Baukunst! Es gibt keinen zweiten Standort in Regensburg, an dem die Kulisse der Altstadt ein derart eindrucksvolles Bild bietet.

Wir fühlten uns glücklich, und auch die Sonne meinte es gut mit uns. Entsprechend froh war die Stimmung bei unserer Abschiedsfeier. Freunde, Verwandte, Vertreter der Stadt, an ihrer Spitze Oberbürgermeister Hans Schaidinger, vor allem aber unsere Mitstreiter von der GRD, der »Gesellschaft zur Rettung der Delphine«, waren zu uns an Bord gekommen. Besonders freute mich die Anwesenheit von Segelfreund und Schauspieler Sigmar Solbach. Er hielt eine den Delphinen im Schwarzen Meer gewidmete Ansprache und überreichte eine beträchtliche Spende. Diesen Betrag würde ich auf der Krim dem Leiter des Delphinschutzprojekts für das Schwarze Meer, Dr. Alexei Birkun, persönlich überreichen. Die GRD, die ich 1991 nach der Rückkehr von Australien gegründet hatte und deren Vorsitzender ich bin, hat ein Projekt zur Erhaltung der Meeressäuger im Schwarzen Meer ins Leben gerufen, deren Überleben durch Raubfischerei und Industriegifte gefährdet ist. Die nötigen Schutzmaßnahmen sollten in Zusammenarbeit mit dem Biologischen BREMA-Institut der Universität Simferopol fortgeführt werden. Im Schwarzen

26

Meer würde unser Boot für die Unterstützung der wissenschaftlichen Arbeiten des Instituts eingesetzt werden, ohne dabei die GRD finanziell zu belasten. Im Gegenteil: Wir wollten Spendengelder, vor allem die von Sigmar Solbach, auf direktem Weg und somit spesenfrei dem Institut übergeben.

Gleichzeitig wollten wir die Voraussetzungen für den Besuch westlicher Yachten auf der Krim erkunden. Dabei erhielten wir Unterstützung von verschiedenen Seiten. Auch ein erfahrener Flußschiffer war zum Abschied gekommen: Kapitän Kravchenko, der Direktor der Deutsch-Ukrainischen Verkehrsgesellschaft. Er versorgte uns mit neuesten Informationen und den Telefonnummern der Ukrainischen Donauflotte.

Erwin Brandl war mit seinem bayerischen Blasorchester aus München angereist, um mit zünftiger Musik dem Fest einen musikalischen Rahmen zu geben. Unser zwölf Meter langes und vier Meter breites Stahlboot trug die Last der zahlreichen Gäste, ohne zu wanken. Viel Bewunderung und Anerkennung bekam ich zu hören für den schönen Neubau, dem man die Eignung als Expeditionsschiff durchaus ansehen konnte. Es gab aber auch Erstaunen: »Mit einem so tollen Schiff wollt ihr in den Balkan?« Kopfschüttelnd äußerten einige ihre Sorgen: »Hast du denn gar keine Bedenken, durch das krisengeschüttelte Jugoslawien zu fahren?« Derartige Einwände waren nicht von der Hand zu weisen. Nur wenige Tage zuvor hatten wir eine Absage erhalten, die uns zunächst verunsicherte: Ein Journalist, der uns auf einem Teil der Strecke begleiten wollte, mußte plötzlich aufgeben. Denn Meldungen waren durch die Blätter gegangen, wonach professionelle Banden, eine Art Flußpiraten, in Jugoslawien ihr Unwesen trieben; mit Waffengewalt würden Schiffe überfallen und ausgeraubt. Danach waren weder seine Redaktion noch seine Familie willens, ihn auf einem kleinen Boot in die gefährdete Zone reisen zu lassen. In Anbetracht der Verarmung in Jugoslawien und Bulgarien erschienen uns solche Vorfälle durchaus glaubhaft. Um so bemerkenswerter, daß sich Fritz Schneider, ein befreundeter Fotograf aus Augsburg, kurzfristig bereiterklärte, ab Budapest unsere Crew für die Fahrt durch Jugoslawien zu verstärken.

Auch Volker Kirchgeorg, ein Vorstandsmitglied des »Ost-West-Wirtschaftsclubs«, war aus München mit seiner Familie zum Abschied angereist. Er hatte uns bei der Beschaffung der nötigen Visa geholfen und wollte ebenfalls in Budapest an Bord kommen.

Wirbel und Windungen

Gegen 16.00 Uhr wurde es höchste Zeit, die Leinen loszuwerfen. Angelika und ich waren schrecklich aufgeregt, denn nun hatte unsere Unternehmung auch offiziell begonnen. Mit doppelter Konzentration hielt ich das Steuerrad und versuchte, den Blick nicht von der Wasserfläche und den Ufern abschweifen zu lassen. Es ging jetzt zu Tal, und dadurch erreichten wir fast immer eine Geschwindigkeit von mindestens 15 km/h, was bedeutet, daß man auf ein Hindernis mit entsprechender Wucht aufprallen würde. Regensburg liegt bei Donaukilometer 2379, gemessen von Kilometer Null in Sulina, der Mündung ins Schwarze Meer. Von Holland hatten wir in 25 Tagen rund 1000 Kilometer zurückgelegt, uns allerdings mit Motorkraft gegen die Strömung bergan geschoben. Jetzt würden wir bergab fast doppelt so schnell sein. Durfte ich also mit nur einem Monat Fahrzeit rechnen? Wohl kaum. Die Geschwindigkeit des Stroms ist in erster Linie vom Wasserstand abhängig, der jeweiligen Regenmenge und dem Schmelzwasser aus den Gebirgen. Außerdem konnte es Verzögerungen geben durch Veränderungen im Fahrwasser, durch längere Abfertigungszeiten an den Grenzen und durch Schwierigkeiten bei der Beschaffung von Treibstoff.

Bei Straubing steuerten wir in einen Seitenarm nahe der Stadtmitte und machten am Anleger des Wasser- und Schiffahrtsamts (WSA) fest. An fremdem Ort einen geeigneten Anlegeplatz zu finden, ist immer spannend, und ein so auffälliges Boot wie die SOLVEIG VII läßt sich nicht verstecken. So kam denn nach kurzer Zeit ein Beamter des WSA, um nachzusehen, wer hier so frech angebunden hatte. Wir konnten ihm erklären, daß wir nur für die eine Nacht bleiben wollten und außerdem gute Freunde des WSA Regensburg seien. So durften wir bleiben, mußten aber versprechen, den schönen, an einem Park gelegenen Liegeplatz am Morgen möglichst zeitig zu verlassen.

Vor der Weiterfahrt besorgte Angelika noch frisches Brot, dann glitten wir aus unserem gemütlichen Winkel hinaus. Wie auf dem Rhein waren auch hier alle Fahrwassermarkierungen gut erkennbar und zuverlässig angebracht. Das Boot ließ sich sanft steuern, und nach kurzer Zeit erreichten wir Deggendorf, wo ich die Fahrt noch einmal unterbrechen wollte. Deggendorf ist ein Zentrum der Flußschiffahrt und besitzt sogar die Rechte eines Freihafens. In der bekannten Werft fand an diesem Tag eine große Schiffstaufe statt, zu der ich eingeladen war. Ein hochmodernes Spezialschiff für den Transport von Flüssiggas erhielt seinen Namen. Es gehörte der Lehnkering AG in Duisburg, war 110 m lang und sollte auf dem Rhein eingesetzt werden. Ohne den neuen Kanal hätte die Werft in Deggendorf die GAS 84 natürlich nicht bauen können. Auch daran ist die wirtschaftliche Bedeutung dieses Wasserwegs erkennbar.

Mit ziemlicher Wucht ergriff uns am nächsten Morgen die Strömung mit ihren Wirbeln und Wellen. Wenn uns die Markierungen nicht so klar und zuverlässig das Fahrwasser gewiesen hätten, wäre ich sehr schnell in Schwierigkeiten geraten. Auf der gesamten deutschen Strecke der Donau muß man die Tonnen genau beachten, denn die Wassertiefen sind knapp. Seit Jahren wird von Wirtschaft und Schiffahrt um eine weitere Staustufe gerungen, die aber bei den Naturschützern auf entschiedene Ablehnung stößt. Bei solchen Kontroversen sind meine Gefühle gespalten: Wenn mir die Erhaltung der Natur auch dringend am Herzen liegt, so sehe ich doch ebenso die Notwendigkeit, unsere Wirtschaft und damit unseren Lebensstandard zu fördern. Außerdem könnte man sich gerade bei einem Wasserkraftwerk darüber streiten, ob nicht die Erzeugung sauberer Elektrizität und die Unterstützung der Binnenschiffahrt für die Natur von größerer Bedeutung sind als die Erhaltung einiger Kilometer Flußufer.

Unterhalb von Passau, beim Kraftwerk Jochenstein, hatten wir bereits das relativ kurze Stück der schiffbaren deutschen Donau hinter uns gelassen und passierten die Grenze nach Österreich; irgendwelche Formalitäten waren nicht erforderlich. Die geschichtsträchtige Stadt Passau sahen wir leider nur vorbeiziehen, denn an der Kaimauer dort findet sich kein günstiger Anleger für Sportboote. Bei der Domstadt vereinen sich die Wasser von Inn und Ilz mit denen der Donau, die sich von da an als mächtiger Strom nach Südosten wälzt. Bald schon treten die Berge des Bayerischen Waldes und des Mühlviertels näher ans Flußbett heran, alte Burgen grüßen von den Felsen herab. Wir näherten uns der Schlögener Schlinge, dem vielleicht landschaftlich schönsten Abschnitt der oberen Donau. Hier bildet der Strom eine doppelte Schleife, und vom Boot aus genossen wir den herrlichen Blick auf die dunkelgrünen Wälder und die steilen Berghänge. Beim Umfahren der Stromkehre kann man gleich von drei Seiten aus die romantische Burgruine Haichenbach bewundern. Hier kämpften vor mehr als 2000 Jahren schon Römer gegen Germanen, aufständische Bauern versuchten im Mittelalter, die Feste zu stürmen.

Die Schlögener Schlinge bietet für Sportschiffer neben der malerischen Landschaft noch eine weitere Attraktion: die erstklassig ausgestattete Marina mit zwei großen, gut geschützten Hafenbecken von sechs bis sieben Metern Wassertiefe, mit Trinkwasser- und Stromversorgung sowie Einkaufsmöglichkeiten. Ganz abgesehen von seiner landschaftlichen Schönheit erlaubt dieses stille Fleckchen ein längeres Verweilen mit Wanderungen in sauberer Luft, weil keine Straße den Frieden der Flußufer stört.

Jenseits von Schlögen nimmt die Strömung auf einer Strecke von mehreren Kilometern deutlich ab, da der Fluß vom Kraftwerk Aschach aufgestaut wird. So entstand wie bei den anderen Staustufen ein langer See, der sich zwischen Bergen und Wäldern in immer neuen Windungen hindurchzieht und dem Schipper ein Stündchen entspanntes Steuern auf ruhigem Wasser gönnt. Wie zum Abschied zwingt sich die Donau danach noch um einige weitere Schlingen, bis sie sich endlich bei Aschach durch ein weites Wiesengelände windet. Es folgt eine weitere Schleuse bei Ottensheim. Inzwischen hatten wir soviel Routine entwickelt, daß wir uns ganz gelassen mit nur einem Tampen an der Wand der Kammer halten konnten, bis sich das Tor wieder öffnete. Auch bildeten sich bei der Abwärtsschleusung durch das ruhig abfließende Wasser nur geringe Strudel.

Der Grenze entgegen

Wenige Kilometer waren es noch bis Linz, und hier wollte ich unterbrechen. Linz ist nicht nur eine reizvolle, geschichtlich und künstlerisch interessante Stadt, sondern auch ein idealer Platz zum Einkaufen. Die Preise sind niedriger als in Wien, die Entfernungen kleiner, und der Hafen (Winterhafen) liegt nahe genug bei der Stadt. Mit Linz verbinden sich für mich eine Reihe schöner Erinnerungen an zahlreiche Vortragsreisen, an freundschaftliche Beziehungen und glückliche Tage. Doch auch ein Zwischenfall, der beinahe ein tragisches Ende gefunden hätte, ereignete sich während meiner ersten Donaufahrt 1975 an gleicher Stelle. Mein kleines 7-m-Boot besaß keine Heizung, dabei war es Anfang April ungewöhnlich kalt. Ich half mir mit einem Heizungsaufsatz auf einer Gaspatrone. Nachts aber ging die Flamme aus, und das restliche Gas strömte in die enge, gut verschlossene Kajüte. Ich erwachte mit schweren Vergiftungserscheinungen und landete auf der Intensivstation des Linzer Krankenhauses. Erst nach drei Tagen konnte ich die Reise fortsetzen, hatte aber noch wochenlang mit Kopfschmerzen und Übelkeit zu kämpfen.

Und jetzt? Wieder lag mein Boot im Hafen von Linz. Nichts sollte diesmal dem Zufall überlassen bleiben. Um so öfter geriet ich ins Grübeln, je näher wir der Grenze des früheren Eisernen Vorhangs kamen. Was hatte sich alles geändert? Durften wir uns »drüben« frei bewegen? War die Überwachung noch immer streng? Andererseits: Die Bewachung hatte damals auch Sicherheit bedeutet. Wie sah es jetzt damit aus? Vor Rumänien wurden wir ständig gewarnt, ebenso vor Jugoslawien.

Unterhalb von Linz fielen uns die umfangreichen Verladeanlagen, Kohlehalden und Speicher der Stahlwerke VOEST ins Auge, die für den Wohlstand der Region verantwortlich sind. Bald danach passierten wir Mauthausen, ein Name, der uns beim Gedanken an die dort geschehenen Grausamkeiten schaudern ließ. Grein dagegen ist ein gemütlicher Schifferort und mit seiner mächtigen Burg, den malerischen Gassen und seinem Schiffahrtsmuseum, den alten Gasthöfen und sogar einem kleinen Theater durchaus sehenswert. Viele der Häuser sind mit Malereien verziert, die das Leben an und auf dem Fluß darstellen.

31

Dicht unterhalb der eng an die Hügel gelehnten Ortschaft begann früher einer der gefährlichsten Abschnitte der Donau. Kein Schiff oder Boot durfte sich ohne Lotsen in das Labyrinth von Klippen und Stromschnellen wagen. Bis zur Fertigstellung des Stauwerks Ybbs-Persenbeug war hier so manches Schiff an den Felsen zerschellt, wenn die Strudel stärker zogen, als das Ruder gegenhalten konnte. Wenn die Lage am Fluß besonders gefährlich erschien, mußten die Güter sogar über Land befördert werden. Von den Strudeln im Strom erhielt die ganze Landschaft ihren Namen: Strudengau.

Im Lauf des 18. und 19. Jahrhunderts, teils schon unter der Herrschaft von Maria Theresia (die kaiserliche Yacht war hier auf Grund gelaufen) begann man mit Regulierungsarbeiten. Erst 1959 aber wurde aus dem reißenden Strom ein zahmeres Gewässer, das jetzt auch mit kleinen Sportbooten ohne Bangen befahren werden kann. Während der Regulierungsarbeiten fand man zahlreiche Münzen und andere Gegenstände aus dem Mittelalter, die vermutlich als Opfergaben in den Fluß geworfen wurden. Unheimliche Geschichten erzählt man sich über die Schlösser und Burgen an den steilen Ufern. Wer zum Beispiel den »schwarzen Mönch« sah, der in einem Turm lebte oder geisterte, mußte angeblich darauf gefaßt sein, daß sein Leben nicht mehr lange währte. Vergleiche mit dem Rhein bei der Loreley oder dem Binger Loch drängen sich auf. Hat die Donau auch keine Loreley, so weiß die Sage doch von Nixen und anderen wundersamen Gestalten zu berichten. Eine tatsächliche Verbindung zwischen Rhein und Donau findet man aber im Nibelungenlied. Nimmt man das große deutsche Epos wörtlich, dann zieht sich die Nibelungenstraße von Worms bis nach Gran, dem heutigen Esztergom in Ungarn.

Auch unsere Passage war mit einer gewissen Aufregung verbunden, denn Angelika war in Grein geblieben, um dem Boot mit einem geliehenen Auto an Land zu folgen und dabei möglichst eindrucksvolle Filmszenen einzufangen. Ich steuerte die SOLVEIG VII und bedauerte nur, daß Angelika ausgerechnet hier die großartige Kulisse, die zu beiden Seiten vorbeizog, nicht mit mir bewundern konnte. Denn vom Fluß aus wirkt das Panorama bedeutend vielfältiger als von der Straße her. Auch heute noch sieht man Wirbel im Strom, und an einigen Stellen, wo sich das Tal schluchtartig verengt, läßt die Donau ihre Kraft spüren. Man kann sich also recht gut vorstellen, wie die Fluten früher einmal weiß schäumend und dunkel quirlend die leichten Holzschiffe zu Tal rissen.

Von Zeit zu Zeit, wenn ich mit den Augen das Ufer absuchte, konnte ich Angelika erkennen, wie sie, auf einem Felsen sitzend oder am Ufer stehend, durch den Sucher der Kamera blickte. Bald würde ich sie wieder an Bord nehmen. Aber wir verloren uns aus den Augen. Die Straße entfernte sich ziemlich weit vom Fluß, vergebens wartete ich an der nächsten Schleuse. Nur über Telefon und mit Hilfe des Schleusenmeisters konnten wir uns nach Stunden des Suchens verständigen, um endlich spät abends ein Wiedersehen zu feiern.

Je näher wir Wien kamen, um so bekannter wurden die Namen der Ortschaften, Burgen und Klöster: Melk, Schönbühel, Spitz, Dürnstein, Krems, Tulln, Klosterneuburg... Etliche Kilometer vor Wien machten wir im Yachthafen Kuchelau fest, unweit vom Kahlenberg und Nußdorf. Nach einer Fahrstrecke von insgesamt 2210 km hatte auch das brave Boot, das sich als ideal für eine längere Reise erwiesen hatte, ein paar Ruhetage verdient. Der Hafen ist idyllisch gelegen, aber für eine Stadt von der Größe Wiens unglaublich klein. Fast alle Liegeplätze in der Kuchelau sind von Dauerliegern zweier Yachtklubs belegt, und es bedarf einiger Mühe, um im Einverständnis mit dem Hafenmeister einen Steg zu finden, der zumindest vorübergehend nicht benötigt wird. Um diesen Engpass zu beseitigen ist eine große Marina nahe der Stadtmitte auf der Praterinsel im Bau. Nachdem es keinen Eisernen Vorhang mehr gibt, also die Fahrt unterhalb von Wien zumindest bis Budapest keine Schwierigkeiten mehr bereitet, ist gewiß mit einer rapiden Vermehrung der Sportboote zu rechnen.

Einstweilen jedoch war die Lage unseres Hafens bei Kahlenberger Dorf günstig für uns, denn direkt daneben befand sich eine Haltestelle der S-Bahn, mit der wir die weite Strecke zur Stadtmitte ohne langes Warten zurücklegen konnten. Wien liegt nicht mehr an den Ufern der Donau, denn der alte Flußlauf wurde im 19. Jahrhundert zum Donaukanal ausgebaut und mit großen Schleusen abgetrennt, zunächst zum Schutz gegen die gefährlichen Hochwasser, die immer wieder ganze Stadtteile überfluteten, dann aber auch als jederzeit schiffbarer Zugang zur Innenstadt. Das heutige Hauptfahrwasser der Donau ist eine Umleitung des alten Betts, das in respektvoller Distanz am Stadtkern vorbeiführt. Zwischen dem Donaukanal und dem

Strom liegt die berühmte Praterinsel mit Prater, Riesenrad und UN-Gebäuden.

Wien ist keine eigentliche Hafenstadt. Vielleicht wäre es eine geworden, wenn die Donaumonarchie, nomen est omen, nicht 1918 zugrunde gegangen wäre. Nur von Wien aus könnten die Donauländer an die Mitte Europas herangeführt und die alte Kaiserstadt damit zum Wirtschaftszentrum des Ostens werden. Die geographischen Voraussetzungen wären gegeben, liegt doch Wien am Schnittpunkt der Nord-Süd-Achse Kopenhagen-Berlin-Prag-Wien-Triest einerseits und der großen West-Ost-Verbindung entlang der Donau vom Böhmerwald zum Kaukasus andererseits. Aber noch hat das Vereinte Europa am Stadtrand von Wien sein vorläufiges Ende gefunden.

Budapest –
Perle der Donau

Neben der Terrasse der Donau-Raststätte Kuchelau füllten wir an der Bunkerstation unsere Tanks noch einmal bis zur obersten Marke. Es war die letzte Gelegenheit, garantiert sauberen Diesel zu erhalten. Angelika gab sich große Mühe, wieder und wieder neue Lappen zum Schutz des Teakdecks um den Einfüllstutzen zu legen, denn ein paar Tropfen gehen meist daneben. Dann Deckel schließen, Lappen weg, Leinen los! Wir wollten auf jeden Fall noch am selben Tag bis Bratislava, das frühere Preßburg, kommen, und das möglichst bei vollem Tageslicht. Aber die Fahrzeit war wegen des Zolls und der Schleuse nur schwer einzuschätzen. Erst vor wenigen Jahren war das neue Stauwerk bei Freudenau in Betrieb genommen worden.

Der Grenzübergang in die ehemaligen Ostblockländer hatte sich bei mir aufgrund früherer Erfahrungen zu einer Angstschwelle aufgebaut. Was mochte uns diesmal begegnen? Die starke Strömung erfaßte das Boot schon beim Ablegen, und ich mußte das Ruder sehr vorsichtig handhaben. In flotter Fahrt glitten wir an der Praterinsel vorbei, an den Liegeplätzen der großen Kreuzfahrtschiffe und am Direktionsgebäude der DDSG, der Donau-Dampfschiffahrtsgesellschaft. Die Entfernung von der Kuchelau bis zur Zollstation Hainburg bei Donaukilometer 1884 beträgt nur 55 km. Dank rechtzeitiger Anmeldung über UKW-Kanal 18 beim Schleusenmeister durften wir sogleich in die Kammer einfahren und wurden in der riesigen Anlage allein geschleust. In der großen Schleusenkammer kamen wir uns als einziges Boot recht verloren vor. Ich mußte mir klarmachen, daß wir keine Verschwendung der enormen Wassermassen verursachten, weil die Schleuse für den nächsten Bergfahrer in jedem Fall heruntergefahren wäre.

Hinter Hainburg begann noch vor zehn Jahren der Eiserne Vorhang, die Grenze zur ehemaligen Tschechoslowakei. Ich erinnerte mich, wie damals auf meiner ersten Donaufahrt, kurz nachdem ich mein kleines Boot vom österreichischen Zollponton losgemacht hatte, sogleich ein ganzer Trupp Wachsoldaten den Berghang hinunter gestürmt war und sich auf drei Schnellboote verteilt hatte – wie in einem James-Bond-Film, wenn in der Festung des »bösen« Herrschers Alarm ausgelöst wird und schwer bewaffnete Zombies losrennen, um den Feind zu vernichten. James Bond kommt am Ende immer davon, ich dagegen hatte keine Fluchtmöglichkeit, meine Waffe war die Langsamkeit. Wie frustrierend muß es für die tschechischen Soldaten gewesen sein, als sie auf ihren mit Kanonen und Torpedos bestückten Schnellbooten als »Gegner« nur den kleinen Segler vor sich sahen! Durch große Lautsprecher wurde das Kommando: »Folgen Sie uns!« gebrüllt und: »Fahren Sie schneller!« Ich gab Zeichen, daß ich nicht schneller fahren konnte.

Darauf erhielt ich Befehl, an einem der Bollwerke festzumachen. Aber inzwischen war es dafür zu spät. Ich fuhr zwar sofort im Bogen zurück, kam aber mit meinem 10-PS-Motor gegen den Strom nicht mehr an. Nur knapp gelang es mir, die Einfahrt in den Handelshafen zu erreichen. Den Zorn der Offiziere, die zu meinem Liegeplatz einige hundert Meter zu Fuß gehen mußten, bekam ich bei der Einklarierung zu spüren.

Spannender Grenzübertritt

Wie würde es diesmal gehen? Schnell näherten wir uns der österreichischen Zollstelle von Hainburg. Es war genau die gleiche kleine Holzhütte auf dem schwarzen Ponton wie damals. Zu meiner Überraschung sah ich, daß oberhalb des Pontons Bauarbeiten im Gang waren. Man war dabei, das Ufer und den Damm der Eisenbahnstrecke zu verstärken. In weitem Bogen schwenkte ich in Gegenrichtung, um mein Anlegemanöver gegen den Strom zu fahren. Der Zöllner war aus seiner Tür getreten und rief mir zu, der Strom habe sich durch die Bauarbeiten geändert, ein Neerstrom laufe jetzt in entgegengesetzter Richtung, und ich solle noch einmal wenden. Das war zwar schwierig, weil bis kurz vor dem Anleger die Strömung talwärts zog, doch das Manöver gelang, wir machten fest, und ich ging in die Amtsstube.

Der Beamte war kameradschaftlich und freundlich, ein liebenswürdiger Österreicher. Er erzählte mir viel von den Vorkommnissen
an der Grenze und von den Veränderungen nach dem Fall des
Eisernen Vorhangs. »Sie haben jetzt drüben bei den Slowaken nichts
mehr zu befürchten«, sagte er. »Aber die starke Strömung ist geblieben, nur hat sich durch die Baumaßnahmen die Richtung teilweise
umgekehrt. Dadurch ist alles noch schwieriger geworden. Die
Strömung erreicht bis zu 15 Stundenkilometer.«

»Ja«, sagte ich, »vor 23 Jahren konnten wir hier keine Formalitäten
durchführen, ich mußte sofort weiter. Das kleine Boot war am Ponton nicht zu halten.«

Er nickte. »Manchmal müssen wir um unser Leben fürchten, denn
wenn sich ein großes Frachtschiff vom Anker losreißt und auf den
Ponton treibt, dann geht der sofort unter. Da bleibt uns nur die
schnelle Flucht an Land.«

Hainburg ist eine alte Grenzbefestigung, die schon in den
Türkenkriegen und vor tausend Jahren eine wichtige Rolle spielte.
Hier verläßt die Donau das Wiener Becken, man hat die Berge der
Karpaten vor sich und auf der anderen Seite die der Alpen, die dicht
an den Strom herantreten und eine Enge bilden, die Porta Hungarica.
Einst war hier die Grenze zu Ungarn, heute ist es der Übergang zur
Slowakei, auch Deviner Tor oder Preßburger Pforte genannt. Devin
ist jetzt der Grenzposten der Slowakischen Republik.

Nachdem wir ein Formular ausgefüllt hatten, ließ ich mir vom
Zöllner noch erklären, wo genau auf der anderen Seite des Stroms
der Posten für die Slowakei zu finden war. Er gab mir freundlich
Auskunft und verabschiedete mich mit Handschlag. Auch in seinen
Augen war die Überquerung der Grenze noch immer ein Wagnis, ein
Abenteuer.

Ein kurzer Schwenk nur auf dem schnell fließenden Wasser, dann
sah ich den Hügel wieder, von dessen Höhe damals die Soldaten zu
ihren Schnellbooten gestürmt waren. Jetzt nahm ich anderes wahr:
eine malerische Ruine, die Burg Theben auf dem Kamm des Hügels;
die Franzosen unter Napoleon hatten sie um 1809 zerstört. Ohne
Mühe erkannte ich dann dicht hinter der Einmündung der March
den beschriebenen Anleger; wir machten fest und warteten. Wohl
sah ich eine kleine Baracke und daneben den Mast mit der slowakischen Flagge. Aber nichts rührte sich, kein Uniformierter kam auf das

Boot zu. Schließlich faßte ich mir ein Herz: »Bleib du an Bord«, bat ich Angelika, »ich gehe an Land und sehe mal nach, wo der Zoll ist.«

Langsam, um nicht irgendwie aufzufallen, ging ich auf das Holzhaus zu. Ich klopfte vorsichtig, öffnete die Tür und sah in die Augen eines Mannes, der mir an seinem Schreibtisch entgegenlächelte. Er sprang auf und streckte mir die Hand entgegen: »Willkommen in der Slowakei!« rief er strahlend und auf deutsch.

Ich zögerte, so baff erstaunt war ich, und fand kaum Worte. Bis jetzt hatte mich die Erinnerung an meinen Grenzübertritt in den siebziger Jahren verfolgt. Nun aber sah sich der Beamte unsere Pässe an und entließ mich – wieder mit der größten Höflichkeit. So erlebte ich mit einem Jahrzehnt Verzögerung die »Wende«. Vielleicht ist es kein Zufall, daß die ersten Entscheidungen zum Übergang in ein freiheitliches Zeitalter gerade hier, im Raum Ungarn-Slowakei-Österreich, gefallen sind.

Auf Bratislavas schiefem Turm

Bratislava grüßte uns mit seiner romantischen Burg, und bald schob sich unsere SOLVEIG unter der mächtigen Brücke hindurch, deren Stahlträger die Vorstadt Petrzalka mit der Altstadt von Preßburg verbinden. Eingebaut in die Brücke erkannte ich den schrägen Turm wieder, in dessen oberstem Stockwerk ein großes Restaurant schönste Aussicht verspricht und wo ich damals eingekehrt war. Schon der freundliche Empfang beim Zoll hatte mir deutlich gemacht, daß sich die Verhältnisse grundlegend geändert hatten. Statt von bewaffneten Schnellbooten umkreist an einer alten Schute im Handelshafen festmachen zu müssen, suchten wir jetzt den etwas unterhalb der Stadt gelegenen Yachthafen. Vorsichtig steuerten wir in den schmalen Nebenarm und machten an einem attraktiv ausgestatteten Ponton »Bei Milan« fest.

Mehrere Stege boten Platz für Gastlieger, und in dem kleinen Restaurant kochte und grillte Milan selbst. Ein idyllisches Plätzchen! An jedem Steg waren Wasserleitung und Stromanschluß vorhanden. Was wollte ich mehr? In Wien jedenfalls hatten wir auf solche Be-

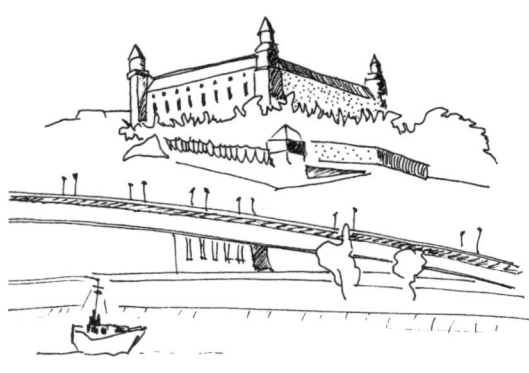

Bratislava

quemlichkeiten verzichten müssen. Milan betreute uns wie gute alte Freunde und bestellte über »Privatfunk« ein Taxi, das uns für einen vorher ausgemachten, bescheidenen Preis mit höllischem Tempo durch die leeren Straßen in die 15 km entfernte Stadtmitte von Bratislava brachte. Der geschichtsträchtige Ort, der seine große Zeit als wichtige Bastion des Habsburgerreichs erlebte und heute, seit der Unabhängigkeit der Slowakei, eine neue Periode des Aufbaus versucht, lud zu längerem Bummel ein.

Während die Neubauten dem Stil entsprachen, den man in den Ländern des ehemaligen Ostblocks gewohnt ist, bot die verwinkelte Altstadt ein ausgesprochen malerisches Bild. An mancher Häuserfront bewunderten wir den Glanz alter Zeiten in Wappen und Inschriften. Dann standen wir wieder am Ufer der Donau, die hier schon in beachtlicher Breite dahinfließt, und schlenderten über die mehrspurige moderne Brücke mit ihrem schrägen Turm. Hinter uns lag die historische Kaiserburg, ein imposanter Bau, dessen Geschichte ins Mittelalter, ja bis in die Römerzeit zurückreicht. Mit dem Lift fuhren wir im Turm hinauf zu einer großen Plattform, die als Restaurant ausgebaut ist und eine herrliche Rundsicht über Strom und Stadt bietet. Ich wollte mit Angelika noch einmal den fabelhaften Ausblick genießen, den ich auf meiner ersten Donaufahrt kennengelernt hatte. Damals war die Brücke noch neu und eine Sensation im ganzen Ostblock. Nur Funktionäre mit Sondergenehmigung und Ausländer mit harten Devisen durften im Turm speisen. Er war ein Prestigeobjekt. Kellner im Frack reichten eine internationale Speisenkarte, kurzum, es herrschte eine luxuriöse Atmosphäre.

Jetzt, 23 Jahre später, sah hier alles anders aus. Schon der Eingang zum Fahrstuhl war ziemlich mitgenommen. Den Speisesaal erkannte ich kaum wieder: Tische, Stühle, Decken, aber auch die Bedienung und deren Kleidung machten einen eher durchschnittlichen Eindruck. Die Speisenkarte enthielt zwei oder drei Gerichte – und das Lokal war so gut wie leer. Wir nahmen einen Imbiß für Ausflügler. Ich wäre sehr enttäuscht gewesen, hätten wir nicht – durch schmutzige Scheiben zwar – den einmaligen Ausblick auf Stadt und Flußufer genießen können. Er entschädigte uns für entgangene Essensfreuden. Nirgends sieht die mächtige Burg so prächtig, so wuchtig aus wie von der Höhe des Turms. Unter uns glänzten die Wellen des breiten Stroms, der ruhig seine Fluten zum Schwarzen Meer hin wälzte.

Ein Korsett aus Beton

Wir hatten uns in Wien um einen Tag verspätet, wollten aber unsere Ankunft in Budapest nicht verschieben, da wir dort mit den künftigen Mitfahrern Volker und Fritz verabredet waren. So machten wir schon am nächsten Morgen, sehr zur Enttäuschung von Milan, die Leinen los und steuerten ins Fahrwasser hinaus. Aus dem Seitenarm wieder in den breiten Strom! In solchen Minuten überkommt mich immer ein Glücksgefühl ganz eigener Art. Ich genieße dann ein an Land nie gekanntes Empfinden der Freiheit, eine Loslösung von allen Zwängen des Lebens. Dabei erwartete uns durchaus kein geruhsames Fahren, im Gegenteil. Der Abschnitt zwischen Wien und Budapest, speziell zwischen der Grenzstadt Hainburg und dem Stauwasser unterhalb von Bratislava, führt die stärkste Strömung des Donaulaufs. Besondere Vorsicht war deshalb geboten bei der Begegnung mit großen Schubverbänden, die zum Teil drei Leichter nebeneinander und in doppelter Reihe vor sich her schoben. Doch die Stauwerke, die erst vor wenigen Jahren in Betrieb genommen wurden, haben die Gefahren des Stroms auch unterhalb von Wien stark vermindert: zunächst das schon erwähnte Kraftwerk Freudenau und dann vor allem das riesige, wegen seiner schwerwiegenden Naturschädigung umkämpfte Kraftwerk Gabcikovo, dem wir uns jetzt näherten.

Der gesamte Donaulauf der Slowakei ist durch die Talsperre zu einem einzigen großen Stausee ausgebaut worden, leider ohne jede Rücksicht auf Natur und Landschaft. Nun hatten wir auf unserer bisherigen Fahrt bereits eine große Zahl von Staustufen passiert, etwa die Kraftwerke im Main oder unterhalb der Donauschlinge bei Schlögen. Stets aber war der Fluß in einem Tal gestaut worden, so daß zu beiden Seiten natürliche Ufer entstanden. Bei Gabcikovo dagegen ist der Strom in ein künstliches Tal zwischen Betonmauern gepreßt worden, die sich über eine Entfernung von 25 km durch die Landschaft ziehen. Deshalb sieht man vom Wasser aus keine einzige grüne Wiese und von außen, von den Wiesen und Äckern, den Dörfern und Höfen aus nur eine steile Böschung.

Zur Zeit der Volksrepubliken auf sowjetischen Druck geplant, sah das Projekt als Ergänzung noch ein zweites Kraftwerk in Ungarn vor, gegen das sich die Bürger aber durch Demonstrationen und Proteste energisch und erfolgreich zur Wehr setzten. Als Folge wurde der auch auf ungarischer Seite schon begonnene Bau 1989 eingestellt. Die Auflehnung gegen den slowakischen Partner war gleichzeitig eine Auflehnung gegen das seelenlose, durch und durch materialistische System der roten Diktatur. Eigentlich zerbrach schon damals die europäische Teilung von Jalta; in Moskau wußte man, daß sie ein zweites Mal mit Gewalt, mit Panzern wie 1956, nicht mehr aufrecht zu halten war. Die »Wende« hatte in der Seele der Menschen bereits festen Fuß gefaßt. Die Slowakei konnte den Vertragsbruch Ungarns nicht mehr verhindern und mußte sich mit dem alleinigen Bau des gigantischen Projekts begnügen. Es folgte die Öffnung des Eisernen Vorhangs an den Grenzen Ungarns und damit der Zusammenbruch des gesamten Sowjetimperiums. Die geschichtliche Bedeutung dieser Vorgänge kann zur Zeit kaum abgeschätzt werden, zumal die internationalen Verhandlungen um slowakische Ersatzforderungen noch nicht abgeschlossen sind.

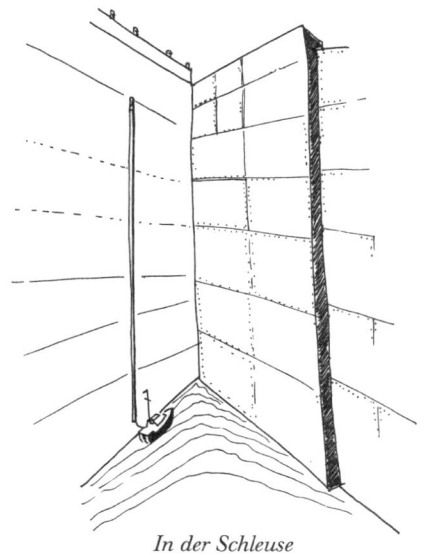

In der Schleuse

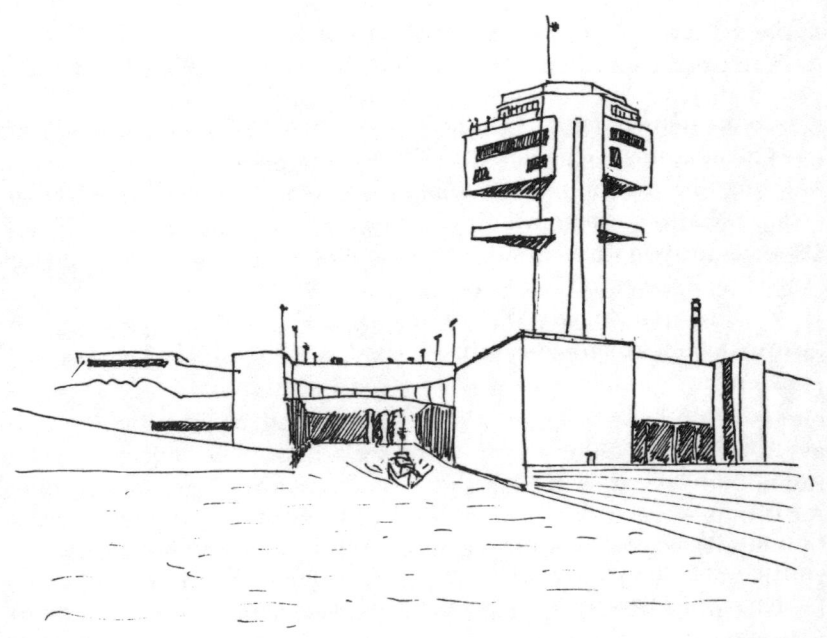

Soviel aber steht fest: Die Slowakei hatte Tatsachen geschaffen. Der Bau des Kraftwerks wurde vollendet, Natur und Landschaft dabei unwiderruflich beschädigt und das Fahrwasser der Donau beidseitig auf slowakisches Staatsgebiet umgeleitet. Früher gehörte Ungarn das rechte Ufer, und der Strom bildete die Grenze. Jetzt führt das alte Flußbett nur noch wenig Wasser und ist für den Verkehr gesperrt.

Unsere Fahrt über den Stausee wäre eigentlich keiner Erwähnung wert, wenn uns nicht ein besonders liebenswürdiger Schleusenmeister über Funk mit großer Höflichkeit und sogar in deutscher Sprache eingeladen hätte, sogleich in die Kammer einzufahren. In kurzer Zeit hatten wir somit die vorläufig letzte Staustufe der Donau hinter uns gelassen.

Verschleiertes Esztergom

Noch am selben Tag klarierten wir in Komarno aus, dicht unterhalb des Staudamms. Gegenüber, in Komarom, besorgten wir die Einklarierung für Ungarn, nicht ohne einen kleinen Zwischenfall. Angelika war an Land gegangen und hatte die Behörden gesucht. Sie sprach zuerst mit dem Grenzbeamten der Polizei, wurde aber an den Zoll verwiesen. Der Zoll kam dann auch an Bord, stempelte die Crewlisten und erklärte nach der Kontrolle der Pässe, wir könnten weiterfahren. Die Formalitäten verliefen langsam, aber problemlos, und wir setzten unsere Fahrt stromabwärts in bester Stimmung fort. Doch nach einer halben Stunde sah ich in der Ferne ein Zollboot mit Höchstfahrt näher kommen. »Angelika!« schrie ich, »die wollen noch was von uns!«

Ihre Antwort sollte mich beruhigen, aber da ertönte schon der Zuruf über Lautsprecher: »Kommen Sie längsseits!« Verärgert und verunsichert manövrierte ich dicht neben den Zollkreuzer. Der Offizier – derselbe, der vorher bei uns an Bord gewesen war – hob das Mega-

Anlegen kostet Geld...
Hier die Gebühren im ungarischen Komarom.

phon: »Sie müssen zurück nach Komarom, die Polizei braucht Ihre Pässe!« Ich protestierte, aber es half nichts. Wir mußten zurück. Stromauf brauchten wir fast eine Stunde, um die Zollstation wieder zu erreichen, und mußten dann nochmals warten. Nach einer Zeitspanne, die uns endlos erschien, kam schließlich der Polizeioffizier, der zuvor schon mit Angelika gesprochen hatte. Er blieb auf dem Ponton stehen, warf einen Sekundenblick auf die Pässe, ohne diese zu stempeln, und hieß uns dann mit einer Handbewegung weiterfahren. Wir empfanden dieses Vorgehen als Schikane und fragten uns, ob wir vielleicht einer internen Rivalität zwischen Zoll und Polizei zum Opfer gefallen waren.

Nach 50 km, ein leichter, heller Nebel zog über den Strom, sah ich wie durch einen Schleier die Silhouette eines gewaltigen Bauwerks, das mit seiner hohen, runden Kuppel eindeutig dem Petersdom in Rom nachempfunden war. Kein Zweifel, das konnte nur die mächtige Rundkuppel der Kathedrale von Esztergom sein. Ab dem Jahr 1820 wurde lange Zeit an dem Bau gearbeitet, und der Dom ist noch heute die größte Kirche Ungarns. Als wir uns der Stadt näherten, erkannte ich dunkle Schatten vor mir, die sich mit Hilfe der Karte als die Pfeiler einer zerstörten Brücke identifizieren ließen, die offenbar nach dem Zweiten Weltkrieg nicht wieder aufgebaut worden war. Wegen der kräftigen Strömung und der schlechten Sicht wirkten diese Ruinen mitten im Strom bedrohlich. Lagen vielleicht Trümmer der alten Brücke unter oder im Wasser? Fahrwasser-Markierungen waren auf weiten Strecken nicht zu erkennen, und die Stadt selbst wie die ganze Wasserfront bot ein Bild der Verlassenheit. Vorsichtig fuhren wir weiter. Esztergom ist eine der ältesten Städte an der Donau und kann mit zahlreichen Kunstschätzen aufwarten. Im 4. Jahrhundert v. Chr. siedelten hier schon die Kelten, später die Römer, und noch ein paar Jahrhunderte später drangen türkische Scharen ein, bis es 1683 den Österreichern gelang, die Stadt von der Herrschaft der Ottomanen zu befreien.

Bald legten sich erste Schatten über die Ufer. Wir beschlossen, so lange wie möglich zu fahren und dann in einem Seitenarm der Donau zu ankern. Diese erste Nacht in der Natur war ein unvergeßliches Erlebnis. In der völligen Stille des Nebenarms, weit ab von jeder Ortschaft, schliefen wir wunderbar. Jetzt im Frühjahr hatten wir noch nicht unter der Belästigung durch Insekten zu leiden. Wir wußten nun, daß wir später jederzeit wieder auf ruhigen Ankerplätzen nächtigen konnten, wo wir ohne Störung oder Kontrollen die Natur um uns herum genießen würden. Damit hatte sich die Tür in eine neue Dimension der Flußfahrt geöffnet.

Die Königin der Donau

Nach dieser erholsamen Nacht setzten wir die Reise zeitig am Morgen fort. Die Fahrrinne verlief zwischen sandigen Inseln und zahlreichen Untiefen, die aber in der Regel durch Tonnen gekennzeichnet waren. Stetige Aufmerksamkeit und Gebrauch der Karte – meist hielten wir beide gemeinsam Ausschau – war daher mehr als angebracht. Wir schafften die restlichen Kilometer bis Budapest ohne Mühe, und schon am frühen Nachmittag erkannten wir Brücken und Häuser der Hauptstadt. Ein erstes großes Ziel war damit erreicht! Die Sturdy schaffte rund 14 km/h und brauchte noch keine sieben Stunden für 100 km, denn die Strömung half mit einer Geschwindigkeit von vier km/h nach. Drei Tage dauerte somit unsere Bootsreise von Wien nach Budapest. Ein lohnender Ausflug, auch wenn man für die Rückfahrt stromauf sicher die doppelte Zeit rechnen muß.

Nachdem wir den Stadtrand von Budapest erreicht hatten, ging alles sehr schnell: Unter der Eisenbahnbrücke hindurch glitten wir rasch auf die Margareteninsel zu. Neben und unter einer weiteren Brücke waren dann unschwer eine Bunkerstation und die Marina zu erkennen. Hier also hatte der bekannte Wiking-Yacht-Club seine Heimat! Langsam, denn die Wassertiefe nahm rasch ab, rundete ich die Landspitze zwischen der Donau und dem Seitenkanal, an dessen Ufern sich die Marina mit ihren Bootsstegen und Werkstätten befand. Fast wäre ich auf Grund gelaufen, denn ich merkte erst im letzten Augenblick, daß das Wasser in der Mitte flacher war als an den Seiten. Man rief uns zu, wir sollten ganz nach hinten fahren und an der Brücke festmachen. Nur knappe 1,50 m betrug dort die Tiefe, aber für uns reichte es aus. Ich suchte in der Backskiste ein Kabel mit passendem Stecker und verband das Bordnetz mit dem Landanschluß am Steg. Einen Schlauch zum Nachfüllen der Wassertanks konnte ich ebenfalls anschrauben.

Angelika erkannte schon von weitem Volker und Fritz, die rasch von der höher gelegenen Straße aus über eine Treppe zu uns herabstiegen. Beide hatten Budapest am Vorabend mit dem Auto erreicht und waren jetzt sichtlich froh, daß auch wir zur Stelle waren. Angelika erschien sofort mit einem Begrüßungstrunk im Cockpit, und wir tauschten unsere Erfahrungen aus. Volker hatte durch seine geschäftlichen Beziehungen zu Jugoslawien, die er schon früher als Repräsentant einer großen Firma angeknüpft hatte, einige Freunde in und um Belgrad. Fritz war Fotograf bei der Bundesbahn gewesen und hatte private Beziehungen zu Budapest. Für beide war es daher eine besondere Freude, auf unserer Donaufahrt alte Bekannte wiederzusehen. Zehn Tage hatten sie sich für diese Reise Zeit genommen, in Prahovo waren sie mit Freunden verabredet, die sie mit dem Auto nach Belgrad zurückbringen würden.

Ich machte mich daran, die Fahrzeit bis Prahovo anhand der Karte auszurechnen. Danach blieben uns höchstens drei Tage für Budapest. Das war schade und sicher viel zu kurz für diese große und außerordentlich interessante Stadt, die allein schon durch ihre Theater dem Besucher viel zu bieten hat. Doch wir würden uns eben auf die notwendigsten Einkäufe von Lebensmitteln beschränken.

Fritz, der mit dem Auto nach Ungarn gekommen war, lud uns zu einer Besichtigungsfahrt in die Altstadt ein. Das Bild der Straßen hatte sich seit 1975 vollständig geändert. Statt der leeren, verstaubten Schaufenster von einst sahen wir elegante Auslagen, saubere und gepflegte Lokale und renovierte Häuserfronten. Die Stadt war nicht wiederzuerkennen! Zu Recht wird Budapest als »Königin der Donau« bezeichnet. Die Wasserfront der alten Residenzstadt ist einmalig schön und kann nur mit Paris oder London verglichen werden, wobei weder die Themse noch die Seine die majestätische Kraft und Größe der Donau besitzen.

Auch mit dem Boot unternahmen wir einen Ausflug flußabwärts ins Zentrum, vorbei an der langgestreckten Margareteninsel, die in ihren Parkanlagen ein beliebtes Heilbad mit heißen Quellen beherbergt. Staunend blickten wir nach oben, als wir mit unserem Schiffchen unter den großen Brücken durchfuhren. In einer Breite von bis zu 600 m glänzt die Wasserfläche des Stroms zwischen den meist grünen Ufern der Innenstadt. Die berühmteste der Brücken und ein Wahrzeichen von Budapest ist die weithin bekannte Ketten-

Budapests berühmte Kettenbrücke um 1920

brücke, die von dem Engländer Adam Clark auf Veranlassung von Istvan Graf Szechenyi konstruiert und 1842 fertiggestellt wurde. Der Graf gründete zuvor einen Brückenbauverein, der dann wiederum die britische Firma mit der Bauausführung beauftragte. Welche Bedeutung die Kettenbrücke für die Stadt und ganz Ungarn besaß, geht schon daraus hervor, daß erst nach ihrer Fertigstellung die Stadtteile Buda und Pest zusammenwuchsen und daraus 1872 die große Hauptstadt entstand.

Graf Szechenyi war ein großer Ungar und nicht nur Initiator der Ungarischen Akademie der Wissenschaften. Er begann auch als erster mit Regulierungsarbeiten an den gefährlichen Stromschnellen des Eisernen Tors. Weitsichtig erkannte er, daß der Ausbau der Donau eine entscheidende Voraussetzung für die Entwicklung aller Donauländer und speziell Ungarns sein würde.

Budapest, überreich an Sehenswürdigkeiten, ist seit dem Ende der Sowjetherrschaft voll pulsierendem Leben und wird sich schon in naher Zukunft zu einem der großen Zentren des Fremdenverkehrs und der Wirtschaft östlich von Wien entwickeln. Dazu trägt der Präsident des Yacht-Clubs, Istvan Varga, einen Großteil bei. Unermüdlich setzt er sich für die Verbesserung der technischen Anlagen des Klubs und der Marina ein und motiviert seine Leute und die Verwaltung entsprechend. Die Marina besitzt eine eigene Werkstatt mit Volvo-Vertretung, außerdem Wasser und Strom an allen Liegeplätzen. 1977 organisierte Varga die Geschwaderfahrt ungarischer Motorboote nach Paris, ließ die Marina weiter ausbauen, sorgte für eine Tankstelle am Strom und ließ eine Sportbootkarte der ungarischen Donau drucken. Mit der den Ungarn eigenen Gastfreundschaft und Höflichkeit bemüht er sich um seine Gäste und versucht, jeden ihrer Wünsche zu erfüllen.

Zum Abschied lud er uns zu einem Essen auf dem Restaurantschiff ein. Dabei fragte er mich: »Brauchen Sie noch etwas? Kann ich Ihnen Karten von der Donaukommission besorgen, es sind gerade einige neue herausgekommen? Ich lege sie ins Geschäftszimmer, dort können Sie sich aussuchen, was Sie brauchen. Wir erhalten die Bände nämlich etwas preisgünstiger.« Ich war hoch erfreut über dieses Angebot und bedankte mich entsprechend. Auf diese Weise war ich für den weiteren und besonders schwierigen Teil der Flußfahrt bestmöglich ausgerüstet.

Die Donaukommission ist ein Unikum und betreut die internationalisierte Donau. Sie besteht bereits seit der Kaiserzeit, hat seit dem Ende des Ersten Weltkriegs ihren Sitz in Budapest und ist zuständig für den Verkehr auf dem Strom. Sie sorgt für die Instandhaltung des Fahrwassers, für die Baggerung und ebenso für Ufermarkierungen und Fahrwassertonnen. Die Karten der Kommission sind im Maßstab 1: 25.000 gezeichnet und in russischer und französischer Sprache beschriftet. Etwa zwölf Bände enthalten das gesamte Kartenwerk, das zu einem horrenden Preis und nur gegen Bestellung in bestimmten Buchhandlungen erhältlich ist.

Durch »meeresflache Weiten«

Unser dreitägiger Aufenthalt in Budapest verging wie im Flug. Wir hatten das schmerzliche Gefühl, noch gar nicht richtig dagewesen zu sein, als wir am 22. Mai morgens zur Bunkerstation der Marina verholten. Noch einmal füllten wir guten Diesel in unsere Tanks, bevor wir die Fahrt ins sogenannte Restjugoslawien fortsetzten. Wir waren verunsichert durch die vielen abenteuerlichen Geschichten, die wir über dieses von Krieg und Unruhen geplagte Land gehört hatten. Zu viert fühlten wir uns aber stark genug, um mit möglichen Schwierigkeiten fertig zu werden.

In mein Tagebuch schrieb ich:»In die unendliche Freude über das neue Boot, das ich als ideal für meine Bedürfnisse empfinde, mischt sich oft die Sorge um ein glückliches Ende dieser Reise. Zu viele Warnungen vor der Donau, vor ihren Tücken und den Menschen, die ihre Ufer bewohnen, sind an unsere Ohren gedrungen, als daß ich leicht und unbeschwert die Unternehmung beginnen könnte.« Und weiter:»Das schöne Budapest liegt hinter uns. Letzte Fotos vom Fluß aus: Parlament, Brücken, Burg. Wie im Traum sehen wir die prächtigen Bauten aus der großen Zeit der Habsburger Monarchie an uns vorbeiziehen. Um 13.00 Uhr haben wir die letzte Brücke passiert, einen Neubau für die Autobahn. Mächtig breitet sich der Strom in der Landschaft aus. Ruhig brummt der Motor, am Mast wehen die Flaggen im Fahrtwind aus.«

Angelika war nach innen gegangen, Volker und Fritz saßen auf dem Achterdeck und unterhielten sich angeregt. Ich fühlte mich glücklich, am Ruder zu stehen und mein Boot steuern zu dürfen. Leicht, mit einer kleinen Verzögerung, gehorchte die SOLVEIG VII jeder Bewegung des Rades. Vom Oberdeck aus genoß ich einen freien Blick auf die grünen Ufer und die weite Wasserfläche, sah die Bugwelle zu beiden Seiten schäumen und fühlte das leise Vibrieren der Maschine.

Die Strömung unterhalb der Stadt ist gering, etwa 4 bis 5 km/h, denn die Donau windet sich hier durch die große Ungarische Tiefebene, bekannt als die Pußta (das ungarische Wort bedeutet soviel wie verlassen). Man sieht vom Boot aus leider nur wenig von der Landschaft, weil die Ufer des Stroms, der hier immer breiter und weiter dahinströmt, mit Bäumen und Büschen bewachsen sind. Um weiter zu blicken, müßte man anlanden, aber die Sicht auf ein paar hundert Meter Weideland rechtfertigt kaum das zeitraubende Manöver. Außerdem mangelt es wie überall an Liegemöglichkeiten für kleinere Schiffe.

Die Verse des ungarischen Nationaldichters Sándor Petöfi geben ein schönes Bild der Stimmung dieser Landschaft:

»Meine Heimat, wo ich einst geboren, sind des Tieflands meeresflache Weiten,
frei wird meine Seele wie ein Adler, seh' ich dieser Welt Unendlichkeiten.«

Die Navigation war leicht auf diesem Abschnitt. Zwar konnte ich die meisten Kilometermarken an den Ufern nicht mehr finden, aber einige Tonnen waren doch vorhanden. Ich korrigierte die alten Karten der Kommission entsprechend. Daneben besaß ich auch Sportbootkarten aus Ungarn und Jugoslawien, aber die großen Blätter der Stromatlanten gaben mir die entscheidenden Fahrwasserwechsel deutlicher an. Hatte ich die eigene Position verloren, so verhalfen mir bestimmte Details an den Ufern zur Orientierung. Ein wenig Glücksache wird die Navigation erst, wenn zu viele Kilometerschilder fehlen. Von der Brücke eines großen Schiffes hat man einen besseren Überblick, kann zum Beispiel über eine lange Insel hinwegsehen und erkennen, wo das Fahrwasser zu finden ist. Ich war deshalb auf der unteren Donau immer froh, wenn uns ein Schiff begegnete und ich sehen konnte, aus welchem Arm des breiten Stroms es herauskam.

Etwas abseits, leider nur durch einen Seitenkanal erreichbar, liegt das Städtchen Baja, ein Hafen und Ferienort. Baja erlangte geschichtliche Bedeutung, weil hier 1921 der Versuch unternommen wurde, die neuerliche Krönung eines Habsburgers durchzusetzen. Der Versuch scheiterte noch am selben Tag. Ein britisches Kanonenboot brachte den gefangenen Kaiser Karl, den letzten Herrscher der Donaumonarchie, und Kaiserin Zita die Donau abwärts über Istanbul und Gibraltar in ihr Exil nach Madeira.

Vielleicht war ich durch das entspannte Fahren zu leichtsinnig geworden, vielleicht war auch die oft fehlende Markierung schuld oder eine Unterhaltung mit Fritz, die ich anfangs immer vermieden hatte, wenn ich am Ruder saß. Jedenfalls gab es bei Kilometer 1542 gegen 18.30 Uhr eine unsanfte Grundberührung: Knirschend schob sich der Kiel über Steine, Sand und Kies. Wir blieben ein paar Minuten stecken, bis es mir gelang, mit Hilfe des Bugstrahlruders und voller Kraft zurück, gegen den Strom, die SOLVEIG VII allmählich wieder frei zu manövrieren. Der Schreck war uns in die Glieder gefahren. Es zeigte sich aber bald, daß weder Propeller noch Welle größeren Schaden genommen hatten. Wir befanden uns zwischen den auf der

unteren Donau so berüchtigten wandernden Sandbänken. Das Fahrwasser ist hier schon sehr tief, meist sechs bis acht Meter und mehr.
Auch das hatte mich zum Leichtsinn verführt. Große Inseln teilen
den Strom oft in mehrere Arme, und diese Verzweigungen erschweren die Orientierung, haben aber auch eine gute Seite: Sie schenkten
uns geschützte Ankerplätze in völliger Einsamkeit. Dort konnten wir
fast frei von Strömung liegen, um eine Mittags- oder Kaffeepause ein-
zulegen oder eine romantische Nacht zu verbringen.

Unzählige Wasservögel nisten auf diesen großen und kleinen Ei-
landen, ebenso aber erfreuen sich auch Frösche und Milliarden von
Insekten des stillen Wassers. Keine Menschenseele weit und breit
stört den Frieden der Natur. Wo gibt es das noch im übervölkerten
Mitteleuropa? Manche Tage hätten wir an solchen Plätzen bleiben
mögen, zumal wir genügend Verpflegung und dank der Entsalzungsanlage auch genug Trinkwasser zur Verfügung hatten. Bei einer künftigen Donaufahrt würde ich mehr Zeit für spontane Unterbrechungen
einplanen. Dann nämlich wäre die Donau nicht nur der Weg, sondern auch das Ziel einer großen Erlebnisreise.

Trauer um Vukovar und Novi Sad

Als wir bei Kilometer 1300 die Grenze zu Jugoslawien passierten und
um 17.00 Uhr vor der serbischen Zollstation Bezdan an einer Schute
festmachten, waren wir alle reichlich nervös. Jetzt würde es sich zeigen, ob die Berichte über schwierige Verhandlungen und unmäßige
Forderungen der Serben noch immer zutrafen. Wir sahen keine besonders freundlichen Gesichter, aber auch keine Waffen oder
Absperrungen, die uns Angst eingeflößt hätten. In Begleitung eines
alten Donauschiffers, den der umsichtige und im Verkehr mit Behörden erfahrene Volker mit einer Schachtel Zigaretten um Dol-
metscherdienste bat, gingen wir an Land. Angelika und Fritz blieben
als Wache an Bord. Vor dem großen Verwaltungsgebäude standen
mehrere Posten mit Gewehr, nahmen aber kaum Notiz von uns oder
vom Boot. Danach folgten wir dem freundlichen Schiffer in die Amtszimmer. Die Polizei war sehr zurückhaltend, und aus dem Verlauf der

Formalitäten konnte ich schließen, daß wir diesen Leuten nicht willkommen waren. Sie stammten offensichtlich noch aus der Schule des Titoregimes und sahen ihre Aufgabe darin, dem Fremden zu demonstrieren, welch ein Geschenk es war, in ihr Land einreisen zu dürfen. Aber unsere Pässe und Visa waren in Ordnung.

Als nächstes und ohne auf die Bemerkungen der Polizisten einzugehen, brachte uns der erfahrene, routiniert übersetzende Schiffer zum Hafenkapitän. In dessen geräumigem Amtszimmer herrschte ein sachlicher Ton. Der Hafenkapitän war ein energischer, aber freundlicher Herr mittleren Alters und wollte offenbar die Abfertigung zügig durchziehen. Deshalb füllte er die Formulare selbst mit der Schreibmaschine aus und sprach mit der Polizei. Zähneknirschend knallten die uniformierten Beamten ihre Stempel auf die in siebenfacher Ausfertigung vorgelegten Formulare. Danach wieder zurück zur Polizei, dann zum Zoll, dann zurück zum Hafenmeister. Am Ende hatten wir noch eine besondere Prüfung zu bestehen: die Devisenkontrolle.

Im ersten Stock des arg mitgenommenen Gebäudes führte uns der Schiffer etwas verlegen in ein kleines Zimmer. Dort saß eine äußerst attraktive junge Dame, groß, schlank, mit hüftlangem, leuchtend schwarzem Haar. Ihre Fingernägel waren sorgfältig schwarz lackiert, ihre Kleider elegant. So stelle ich mir – im Idealfall – eine »Carmen« auf der Bühne vor. Doch vom Gesichtsausdruck her wäre die Dame für einen Spionagethriller besser geeignet gewesen. Bei mir klingelten sämtliche Alarmglocken. Sie musterte uns mit mißtrauisch-haßerfülltem Blick. Ich fühlte mich unbehaglich, besonders wegen der größeren Geldsumme für das BREMA-Institut, die wir im Boot versteckt hatten und die ich keinesfalls melden wollte. Wie kam dieser exzentrische Typ Frau in das kleine, abgelegene Büro? War sie vom Geheimdienst? Oder die Freundin des Kommandanten? Mit funkelnden Augen und unverhohlenem Haß prüfte sie unsere Dokumente, fragte in schroffem Ton und kurzen Sätzen nach unserem Woher und Wohin, nach den Pässen und nach jeder Art von Geld oder Schmuck. Diesmal füllten wir die Formulare selbst aus. Sie prüfte, stempelte, legte die Blätter auf die Theke und drehte sich um. Fertig. War jetzt eine Durchsuchung des Bootes geplant? Erst als wir vom Ponton losmachten, Volker unserem Helfer noch eine Packung Zigaretten gegeben hatte und niemand gekommen war, um weitere Fragen zu stellen, atmete ich auf. Nur los jetzt! Eine Stunde hatte die Prozedur gedauert. Das kam uns zunächst lang vor, aber genaugenommen verlief die Abfertigung völlig reibungslos und gemessen an dem, was man uns erzählt hatte, auch sehr schnell.

Wir waren nun ab Bezdan in einem Gebiet, in dem der Bürgerkrieg zwischen Kroaten auf dem rechten und Serben auf dem linken Ufer der Donau besonders heftig gewütet hatte. Als wir am nächsten Morgen an Vukovar vorbeiglitten, sahen wir die schweren Schäden auf der kroatischen Seite mit Bedrückung und Zorn. Die fast völlig zerstörte Stadt starrte uns mit ihren zerschossenen Häusern, abgebrannten Fabriken und Kirchen trost- und hilflos an. Die serbische Artillerie hatte hier kein Gebäude am Donauufer verschont: Krieg mitten in Europa. Irgendwie hatten wir doch alle geglaubt, das könne es in unserer Nähe so bald nicht mehr geben. Bei mir wurden Erinnerungen an den Zweiten Weltkrieg wach. Damals allerdings waren solche Zerstörungen in den Balkanländern – trotz der Partisanenkämpfe – die Ausnahme geblieben. Jetzt erlebte ich ein Stück Gegenwartsgeschichte an einem Strom, der schon seit den Römern so unendlich viel Geschichte – hauptsächlich kriegerische – gesehen hatte.

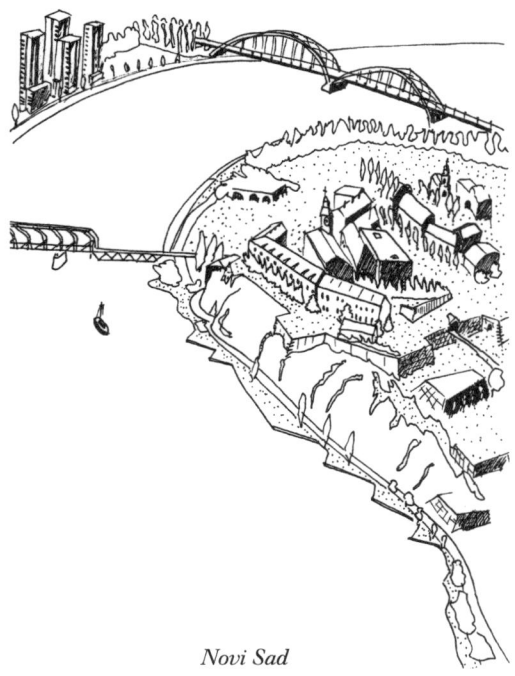

In Novi Sad, so hatte uns Istvan Varga beim Abschied noch gesagt, sollten wir in einen Kanal neben der Donau steuern, um den Yachtklub zu finden. Zunächst aber tauchte vor unseren Augen die bedeutende Festung Peterwardein auf, die sich beherrschend über der Donau erhebt. Sie erinnert an die große Zeit Österreichs und an die Gründung der Stadt, früher Neusatz genannt. Bei Peterwardein berei-

Novi Sad

53

tete Prinz Eugen dem türkischen Heer 1716 eine vernichtende Niederlage und verhinderte so ein weiteres Vordringen des Islam nach Mitteleuropa. Dank Vargas Beschreibung fanden wir den Seitenarm und den Anleger des Yachtklubs. Doch dort erlebten wir eine Überraschung, die unsere Gedanken in andere Richtungen lenkte.

Auf dem Anleger standen vier Herren in dunklen Anzügen, und einer von ihnen war der Präsident des Yachtklubs. Sie empfingen uns nicht nur freundlich, sondern feierlich, indem sie mir einen Vereinswimpel überreichten und uns mit völlig unerwarteter, überschäumender Herzlichkeit begrüßten. Wir wurden sogleich eingeladen zu einem üppigen Abendessen, so reichhaltig, daß ich mich am nächsten Tag vor einer weiteren Einladung drückte. Am Vormittag fand ein großer Empfang im Rathaus statt. Der Bürgermeister begrüßte uns im historischen Saal, Presse und Fernsehen waren vertreten. »Novi Sad heißt soviel wie ›Neue Stadt‹«, erklärte der Bürgermeister, »und wurde von Kaiserin Maria Theresia zwar nicht gegründet, wohl aber als neues Zentrum mit dem Namen ›Neoplanta‹ aufgebaut und mit Deutschen und Ungarn, Slowaken, Ukrainern und Kroaten besiedelt.« Der lateinische Name wurde deshalb gewählt, weil in Ungarn seinerzeit Lateinisch die Amtssprache war. Offenbar kamen die Beamten der Monarchie mit dem aus der Uralregion stammenden Ungarisch nicht zurecht. Noch bis zum Ende des Zweiten Weltkriegs hatte Novi Sad einen starken deutschen Bevölkerungsanteil, der aber unter der Herrschaft von Marschall Tito vertrieben wurde.

Der Präsident fuhr uns hinauf zur großen Festung und ließ uns den herrlichen Blick auf die Donau genießen. »Hier, am Fuß des Burgfelsens, soll schon im nächsten Jahr eine große neue Marina mit allen Bequemlichkeiten und modernen Einrichtungen entstehen«, erklärte er. Der Plan schien mir gut durchdacht. An der Festung kommt jedes Sportboot vorbei, das die Donau abwärts fährt, und es fehlt deutlich an Yachthäfen mit Treibstoffversorgung, Strom und Wasseranschlüssen. Hoffentlich wird dieses Projekt, das der Präsident des Yachtklubs mit so viel Begeisterung erläuterte, trotz aller Schwierigkeiten verwirklicht. Dann hätten die Wasserwanderer auch unterhalb von Budapest ein lohnendes Ziel und einen zuverlässigen Stützpunkt, einen der schönsten Yachthäfen an der Donau.

Doch ein Jahr später, der Bau der Marina hatte vielleicht schon begonnen, wurden Novi Sad und seine Donaubrücken von amerika-

nischen Bomben schwer heimgesucht. Angelika und mir kamen fast
die Tränen, als wir in der Tagesschau die rauchenden Trümmer der
Brücke sahen, unter der wir mit so viel Hoffnung für ein Aufblühen
des Wassersports an der Donau hindurchgefahren waren. Wieder
hatte sich kriegerische Geschichte in dieser Region ereignet, und
wieder in unserer Zeit! Beim Gedanken an den Zweiten Weltkrieg
fiel mir der deutsche Soldatensender Belgrad ein und sein Pro-
grammschluß mit »Lili Marleen«. Wer weiß schon, daß dieses Lied
einst von Belgrad aus seinen Siegeszug um die Welt antrat?

Heiße Rhythmen in Belgrad

Am 26. Mai setzten wir von Novi Sad aus unsere Fahrt fort. Eine
schwierige Strecke mit vielen Sandbänken war zu bewältigen.
Nachmittags näherten wir uns Belgrad, nach Wien und Budapest die
dritte große Metropole an der Donau. Unsere Suche nach einem
Liegeplatz blieb zunächst erfolglos, denn in dem kleinen Yachthafen
an der Donau waren die Stege zu kurz für unser 12-Meter-Boot. »Wir
könnten in die Save hineinfahren, die hier mündet«, überlegte ich.
»Damals, 1975, habe ich das auch getan, aber ich wurde sofort von
der Polizei verjagt.«
    Volker hatte weniger Bedenken: »Versuch's doch wenigstens, wir
werden schon sehen, ob's geht.«
    Die Yachtklubs von Belgrad liegen alle an der Save, aber dieser
Fluß ist im Gegensatz zur internationalen Donau ein nationales ser-
bisches Gewässer, die Einfahrt für Ausländer ohne Sondergenehmigung daher nicht erlaubt. Der Konsul in München hatte mir dies
ausdrücklich bestätigt. Aber wir versuchten es dennoch. Der Ponton
eines Klubs, bei dem wir fragten, war überfüllt. Mit Handzeichen
wies man uns weiter flußaufwärts. Ich fuhr ein ganzes Stück die Save
hinauf, aber wir fanden keinen Klubanleger, nur die typischen Ver-
ladeschuppen und Kräne eines großen Handelshafens. Doch dann sahen wir mitten in der Stadt, dicht neben der großen Brücke, einen

Belgrad

Ponton, auf dem anscheinend ein Tanzlokal eingerichtet wurde. Junge Männer waren dabei, die Discohütte in bunten Farben zu streichen und einen neuen Holzboden zu verlegen.

»Ein guter Platz, und hier stören wir niemand«, meinte ich, während ich auf dem breiten Fluß einen Kreis fuhr. »Das Lokal ist noch nicht eröffnet. Ich fürchte nur, daß uns die Polizei spätestens in einer Stunde vertreibt.«

»Ach was, die Polizei!« Volker war sorglos. »Die werden es uns nicht verbieten, wenn die Besitzer des Lokals es erlauben.«

So spricht eine Landratte, dachte ich. Hat keine Ahnung von den Hafenvorschriften. Aber viel konnte wirklich nicht passieren, und einen Versuch war die Sache wert.

»Also gut«, sagte ich, »wir fahren jetzt dicht ran, und du fragst die Jungs.«

Die waren zunächst verblüfft, stimmten dann aber zu. Also machten wir unsere Leinen an der Reling des Pontons fest und lagen tatsächlich mitten in der Hauptstadt Serbiens, gegen jede Vorschrift, neben einer Brücke im innersten Zentrum der Stadt. Ein wenig störte der Lärm der Straßenbahn, die mit lautem Getöse alle paar Minuten über die alte Stahlbrücke donnerte. Aber Polizei, nein, die kam nicht. In den folgenden Tagen sah ich öfter ein Polizeiboot, aber man hielt eine solche Frechheit offenbar nicht für möglich; auch hatte ich die Nationalflagge ein wenig versteckt. Die Strömung der Save war nur leicht, wir lagen hier sehr sicher. Selbst eine Wache an Bord war unnötig, denn niemand kam von Land aus unbemerkt über den Ponton, so lange die Handwerker daran arbeiteten.

Wir hatten viel Freude während unserer zwei Tage in Belgrad, durchstreiften die Innenstadt und erlebten einen denkwürdigen Pfingstgottesdienst, der vom Patriarchen der orthodoxen Kirche Serbiens zelebriert wurde. Erstaunlich war die Zahl der Gläubigen, die sich in und um die Kathedrale versammelten. Aber noch erstaunlicher war für mich die Hingabe, mit der vor allem auch junge Menschen Kerzen, Bilder und Bücher kauften. Mit Lautsprechern wurde der Gottesdienst in den umgebenden Park übertragen, und selbst hier war die intensive Andacht zu beobachten, mit der Hunderte von Menschen dem Gesang der Priester und mächtigen Männerchöre lauschten. Angelika gelang es sogar, in die Kirche einzutreten und von der Empore aus sehr einrucksvolle Filmaufnahmen von der Zeremonie zu machen. Am Ende sahen wir noch den Beginn der Prozession, die ebenfalls vom Patriarchen geleitet wurde und durch die gesamte Innenstadt von Belgrad führte.

Zwei Tage danach erlebten wir die Menschen, vor allem die Jugend von Belgrad, von einer ganz anderen, uns bisher unbekannten Seite. Die Arbeiten an der Disco, an der wir festgemacht hatten, kamen zum Abschluß, und zwar am Abend vor unserem Start. Wir wurden zur Eröffnung eingeladen und wollten bleiben, denn jede Stunde in Belgrad war interessant. In den vergangenen Tagen hatten wir uns mit den Inhabern der Disco angefreundet. Ihre fleißige Arbeit von morgens bis abends spät hatte uns imponiert, und ihnen hatte wohl unser schmuckes Schiff gefallen. Wir kannten inzwischen jeden einzelnen aus der Gruppe und freuten uns mit ihnen auf die Eröffnung. Was wir nicht wußten: Es wurde Techno gespielt, nicht auch, sondern nur. Riesige Lautsprecher ermöglichten eine grandiose Baßabstrahlung, und die tiefen Töne ließen schon bei den Proben den Ponton und mit ihm das Boot erzittern.

Angelika und Fritz wollten an der großen Party teilnehmen, ich dagegen brauchte für die Weiterfahrt am Morgen wenigstens ein paar Stunden Schlaf und blieb deshalb an Bord. Volker versuchte es mit einer Kombination aus Schlaf und Fete. Am Abend strömten die Gäste herbei, nur junge Leute, unter ihnen sehr viele, sehr hübsche Mädchen. Ich blieb auf dem Boot und beobachtete den Fortgang der wilden Party nebenan. Was sich da im Tanz bei den donnernden Techno-Rhythmen tummelte, war ein ausgesprochen gutes Publikum, denn am Eingang standen strenge Wächter. Nur wer eingeladen war, durfte den Ponton betreten. Bis Mitternacht war an Schlaf nicht zu denken. Gegen Morgen hoffte ich, auf meiner Koje vom dumpfen Dröhnen der Bässe geschüttelt, auf ein Ende – aber vergeblich. Erst gegen sechs Uhr früh verstummten die Lautsprecher. Ich holte mir eine Stunde Schlaf, nachdem auch Angelika ihre Koje aufgesucht hatte.

Wir verschoben die Abfahrt ein wenig, und Fritz ging noch einmal in die Stadt um frisches Brot. Auf dem Ponton lagen mehrere röchelnde Schnapsleichen, die aber am Morgen vom Reinigungspersonal, zwei resoluten Besenschwingerinnen, vertrieben wurden. Die Sonne ging auf über der Save, der Tag unserer Weiterfahrt brach an.

Vom Eisernen Tor zum Venedig des Ostens

Etwas taumelig nach der fast schlaflosen Nacht schlich ich mit meinem Boot, immer noch in Angst vor der Polizei, aus der Save hinaus auf die Donau. Unsere Planung wollte ich einhalten. Auf jeden Fall sollte genügend Zeit für den vor uns liegenden Höhepunkt der Donaufahrt verbleiben, das Eiserne Tor. Unterhalb von Belgrad liegt Smederevo, eine imponierende alte Festung, die einst zwischen Türken und Serben hart umkämpft war. Für ein paar Stunden wollten wir dort ankern, um an Land zu gehen. Ich besaß sogar einen Brief, den der Besitzer einer kleinen Marina in Smederevo an die Redaktion der Zeitschrift »boote« geschrieben hatte. Darin hieß es: »Wir können die Flußrichtung nicht ändern, so daß die Donau, trotz aller grausamen Ereignisse, durch das Territorium des restlichen Jugoslawien fließt. Das Volk und das Land werden sich langsam erholen. Wir hoffen jetzt alle, daß bessere Zeiten kommen und daß auf der Donau sich ein großer Verkehr entwickeln wird.« Auch ich möchte dazu beitragen, daß in Zukunft viele Segler und Motorbootfahrer angeregt werden, selbst eine Donaufahrt zu unternehmen.

Als wir uns Smederevo näherten und die Türme der alten Festung vor uns aufragten, konnte ich leider keinen geeigneten Landeplatz entdecken. In einem Seitenarm, der wohl zu der beschriebenen Marina führte, wurde das Wasser immer flacher, und nach einem kurzen Versuch mußten wir die kleine Bucht wieder verlassen. Auch war das Wasser auf der ganzen Länge der Burg und der Stadt so schmutzig, daß ich eine Störung im Kühlwassersystem befürchtete. Zwar steuerte ich das Boot nochmals bis auf 40 Meter ans Ufer heran, aber selbst Ankern wäre hier nicht ratsam gewesen. Zu viele eklige Dinge, darunter ein totes Schaf und eine tote Kuh, schwammen herum. Der Geruch war abschreckend, und wir hielten es für besser, die Landung nicht weiter zu versuchen.

Stattdessen gelang uns ein Zwischenstopp bei der kleinen Ortschaft Ram, die nur 20 km unterhalb von Smederevo kurz vor dem

Eingang zum Eisernen Tor recht malerisch neben einer alten Burg-ruine liegt. Ich war auf Ram und seine Burgruine durch den jugoslawischen Stromatlas aufmerksam geworden, in dem ein zwar schlechtes, aber eben noch erkennbares Foto des Städtchens abge-druckt ist. Auch im Yachtführer fand ich drei Sätze: »Nahe der Stadt sieht man die Ruinen einer ehemaligen Türkenfestung. Das ur-sprünglich römische Kastell trug den Namen Armata. Entweder macht man hier längsseits an einem alten Binnenschiff fest oder geht vor Anker.«

Aber das Festmachen hatte, wie fast überall an der Donau, so sei-ne Tücken. Es lagen da ein paar Schubmotorschiffe und Kähne, auch das erwähnte alte Binnenschiff war vorhanden, doch wurde es als Fähranleger genutzt. Das mit Passagieren voll beladene Fährschiff kam gerade von der gegenüber gelegenen Einmündung des Donau-Theiß-Kanals. Dieser Kanal beginnt weit oberhalb bei der ungarisch-jugoslawischen Grenze und führt danach in weitem Halbkreis paral-lel zur Donau bis Ram, ist also eine Art Donau-Seitenkanal.

Den Fährbetrieb durften und wollten wir nicht stören, also blieb uns nur übrig, an einem Motorschiff längsseits zu gehen. Dessen Kapitän nahm uns sogleich wahr und bedeutete uns durch Hand-zeichen, wir sollten die SOLVEIG VII an seiner Reling festmachen. Später führte er mich stolz durch sein ganzes Schiff. Obwohl er als Serbe kein Deutsch verstand und fast kein Englisch, konnten wir uns erstaunlich gut durch einzelne Worte und Gesten verständigen. Er zeigte mir den Maschinenraum und die zwei großen Motoren von je 2000 PS Leistung. Sie gaben dem Schubschiff die nötige Kraft, um bis zu neun große Schuten von je 80 m Länge und 1600 t Tragfähigkeit mit etwa 12 km/h zu schieben.

Unterdessen kam die nächste Fähre vom anderen Ufer. Langsam, in großem Bogen, hielt sie auf den Anleger zu. Fasziniert beobachte-te ich die gut 50 Menschen in dem offenen Fahrzeug, die sich ausge-lassen auf dem alten Kahn bewegten, dessen Maschine jeden Augen-blick versagen konnte. Sie trugen Trachten oder festlich dunkle Klei-dung, und im Fernglas erkannte ich: Da reiste eine Hochzeitsgesell-schaft an!

Ein bühnenreifer Brautzug wurde am Ufer zusammengestellt, und die ganze Gesellschaft marschierte in Richtung Dorfgasthaus. Auch meine Crew, die in der Gastwirtschaft einen Imbiß genommen und die Hochzeitsfeier fotografiert hatte, war bester Laune, als sie wieder an Bord eintraf. Schließlich erwartete uns eines der spektakulärsten Landschaftsbilder der Donau: das Eiserne Tor!

Vom Kampf mit den Naturgewalten

Früher eine gefürchtete, fast unpassierbare Schlucht, sorgen heute riesige Staudämme dafür, daß selbst große Fracht- und Passagierschiffe die einst so berüchtigte Enge gefahrlos bewältigen können. Mit über hundert Kilometer Länge ist das Eiserne Tor eines der großen Naturwunder Europas.

Früher teilte die Enge die Donau in einen oberen und einen unteren Abschnitt, aber diese Zäsur wurde durch den Bau der Staudämme praktisch aufgehoben. Dennoch stellte sich der verkehrsmäßige Erfolg bisher noch nicht ein. Nun, da nautisch die freie Fahrt durchs Eiserne Tor möglich wurde, waren es politische Beschränkungen und später der Bürgerkrieg in Jugoslawien und die daraus folgenden UN-Sanktionen, die eine günstige Verkehrsentwicklung verhinderten.

Zu Beginn unserer Zeitrechnung gelang es dem römischen Kaiser Trajan, erstmals eine Straße entlang der Schlucht zu bauen – aber unter welchen Mühen! Er ließ Löcher in den Fels bohren, ließ starke Pfähle hineinschieben und darüber Planken und Bretter legen, damit Pferde und Wagen über den schäumenden Wassern vorwärts kamen. Nur so konnte er für seine Legionen den Nachschub sichern, den sie zum Kampf gegen die wilden Völkerschaften aus dem Osten, die Daker, benötigten. Danach bildete die Donau nach Norden und Osten hin die Grenze des Römischen Reiches. Deshalb waren es auch die Römer, die am großen Strom die meisten Städte und Festungen anlegten, die heute noch von Bedeutung sind, von Regensburg bis Konstanza.

Voller Spannung näherten wir uns der Öffnung in den Bergen. Und dort, auf den Felsen, leuchteten in der Sonne die hoch aufragenden Mauern einer imponierenden Burg! Ich stoppte die Maschine, um den Anblick zu genießen.

Um diese Burg Golubac, die nach 1428 drei Jahrhunderte lang in türkischer Hand war, rankt sich eine Geschichte mit märchenhaften Zügen: Der Burgherr, ein türkischer Pascha, verbannte seine christliche Geliebte auf einen kleinen Felsen in der Mitte des Stroms und ließ sie dort festbinden, weil sie es gewagt hatte, einem ungarischen Edelmann schöne Augen zu machen. Doch der tapfere Ungar konnte sie befreien. Seither heißt das Inselchen der Babakaij-Felsen, von türkisch »ba-bakai«, auf deutsch »Sünden büßen«. Allerdings gibt es auch eine weniger freundliche Variante dieser Geschichte, wonach die Schönheit auf dem Felsen elend verhungert ist. Ich fürchte, letztere Fassung ist wahrscheinlicher.

Die Insel war inzwischen von den aufgestauten Fluten überschwemmt, nur ein paar Baumstämme ragten noch aus dem Wasser. Auch die Burg selbst stand mit ihrem Fundament im Strom. Wie lange noch?

Ich setzte die Fahrt fort, und bald wurde der Eingang zwischen den Bergwänden voll sichtbar. Wir standen alle an Deck und genossen den großartigen Ausblick. In einem alten Lexikon aus der Jahrhundertwende fand ich die folgende Beschreibung: »Clissura, berühmte Felsenenge, welche die Donau auf der Grenze zwischen Serbien und der österreichisch-serbischen Militärgrenze durchströmt. Am gefährlichsten ist der eigentliche Eiserne Thor-Paß mit der berüchtigten Felsbank Prigrada, wo der Strom auf eine Breite von 117 m bei 51 m Tiefe eingeengt wird. Felsbänke und Felsvorsprünge, kolossale Steinklippen, heftige und gefährliche Wirbel, Wasserstürze und Widerströme mit einer rapiden Geschwindigkeit des Gefälles von 3–5 m/Sek. machen bei der großen Enge im Verhältnis zur Tiefe die Schiffahrt durch diesen Paß äußerst gefährlich. Gewöhnliche Ruderschiffe können es kaum wagen, ihn zu befahren, und selbst mancher stolze Dampfer (zuletzt 1862 das türkische Kriegsschiff SILISTRA) fand hier seinen Untergang. An Bemühungen, die Clissura fahrbar zu machen, hat es schon im Altertum nicht gefehlt. Die landschaftliche Szenerie des Eisernen Thors, dessen Pässe und höhlenreiche Steilwände von Kalk und Glimmerschiefer durch eine prachtvolle Waldflora gehoben werden, übertrifft an Großartigkeit jede andere europäische Stromlandschaft.«

Dies schildert den Zustand vor mehr als hundert Jahren. Aber wie ging es weiter? Von 1891 bis 1896 wurde der Strom auf 2,5 km Länge kanalisiert, wodurch die Umfahrung einiger besonders gefährlicher Klippen erleichtert wurde. Aber der Kanal wies danach nicht weniger Strömung auf. Man ließ deshalb einen Kettenschlepper bauen, der sich an einer Kette auf dem Grund weiterziehen konnte. Als auch dies keine wesentliche Beschleunigung brachte, versuchte man es mit einer Eisenbahnlinie am Ufer. Wie im Panamakanal zog eine kräftige Lokomotive an einer Trosse die Schleppverbände stromauf. Aber erst seit dem Bau des Damms gibt es hier keine wilde Strömung mehr, der Wasserlauf hat sich teilweise zum See verbreitert. Dennoch war der Anblick der Wassermassen, die sich zwischen den Felsen drängten und schoben, noch immer überwältigend. Das Echolot zeigte Wassertiefen von 50 m und mehr. Meine Hände verkrampften sich am Steuerrad, denn ich war jeden Augenblick auf eine plötzliche Änderung der Stromrichtung gefaßt. Unseren Augen bot sich ein jede Minute wechselndes Bild: senkrecht aufsteigende Felswände zu beiden Seiten, am rechten Ufer etwas Baumwuchs, Geröll am Ufer...

Graf Dracula zürnt

Auf diesen Augenblick hatte ich gewartet: »Hier, an dieser Stelle, habe ich mir ein Foto von der SOLVEIG vorgestellt, genau hier!« Damit bat ich Fritz, sich bereit zu machen und mit der Leica irgendwie an Land zu springen. Seit langem hatte ich das Motiv vor meinem inneren Auge gesehen. Daß es aber fast unmöglich sein würde, mit der Kamera an Land zu kommen, hatte ich mir vorher nicht klar gemacht. Erst nach mehreren vergeblichen Anläufen entdeckten wir eine Felsplatte, die geeignet schien, daß Fritz mit der Kameraausrüstung den Sprung wagen konnte. Er schien nicht sehr begeistert, aber ich sah absolut keine andere Möglichkeit.

Die Felsplatte war flach und niedrig und lag vielleicht 30 cm über der Wasserfläche. Nur vom Heckbrett des Bootes aus konnte Fritz den Schritt versuchen. Dazu mußte ich rückwärts in der Strömung an den Stein heranmanövrieren und lange genug verharren, um ihm einen sicheren Sprung zu ermöglichen. Ich wußte, das war Wahnsinn, ich riskierte einen Unfall oder eine schwere Beschädigung am Heck. Aber von dieser Aufnahme hatte ich geträumt.

Und es klappte! Dank des Muts und Geschicks von Fritz und der guten Manövriereigenschaften unseres Boots waren die Aufnahmen nach einer halben Stunde im Kasten. Der Sprung zurück war noch schwieriger. Dabei hatten wir Glück, denn kaum stand Fritz wieder an Bord, zogen schwarze Wolken über die Schlucht. Innerhalb weniger Minuten begann sich ein grandioses Naturschauspiel zu entwickeln. Tief jagte schwarzes Gewölk, vom stürmischen Wind über den Himmel getrieben, über uns dahin. Es wurde Nacht, und von Fels zu Fels dröhnten die Donnerschläge. Die Wilde Jagd, so mußte sie ausgesehen haben! Aber so weit brauchte ich meine Phantasie gar nicht anzustrengen, denn auch ganz in der Nähe war das Unheimliche zu Hause: Auf der rumänischen Seite lag hier Transsilvanien, die Heimat von Dracula.

Die zahlreichen Blitze hatten jeweils für Augenblicke die Szenerie beleuchtet, ich konnte mich etwas orientieren. Erst der wolkenbruchartige Regen, der folgte, nahm mir völlig die Sicht. Ich drosselte den Motor. Es fiel nicht schwer, in dieser Urlandschaft an bösen Zauber oder an höllische Magie zu glauben – Graf Dracula ließ grüßen. Doch bald war der Spuk vorbei, die Ufer wurden wieder sichtbar, und wie ein Traumbild, das sich plötzlich auflöst, verschwand die düstere Stimmung. Ich überlegte, wo wir einen geschützten Platz für die Nacht finden konnten. Unsere Karten waren neu genug, sie zeigten Strom und Ufer nach dem Bau des Damms. Da das aufgestaute Wasser auch die Nebentäler gefüllt hatte, fanden wir bei km 1016 eine vor Strömung und Wellen gut geschützte Ecke und ließen das Eisen auf zehn Meter Tiefe fallen. Es wurde eine bezaubernde Nacht mit Mondschein, hohen Bergen ringsum und ruhig strömendem Wasser: eine märchenhafte Stimmung.

Eine archäologische Sensation

Schon am frühen Morgen hieß es: »Anker auf!« Eine frische Brise brachte munteren Wellenschlag auf dem nun immer weiter werdenden Stausee, der im Becken von Milanovac sogar über zwei Kilometer Breite erreicht. Wir machten bei dieser Ortschaft an einer erst-

1 Überglücklich wünscht Angelika der neuen SOLVEIG VII »Allzeit gute Fahrt!«

2 Geschichtsträchtige alte Schlösser und Burgen verleihen den Ufern der Donau in Österreich ihren besonderen Reiz.

3 Unterhalb von Bratislava findet man in einem Seitenarm gut geschützte Liegeplätze und Restaurants.

4

5

4 *SOLVEIG VII vor dem Parlaments-
gebäude in Budapest, der
schönsten Stadt an der Donau.*

5 *Belgrad: Der Patriarch führt die
Prozession des orthodoxen
Pfingstgottesdienstes an.*

6

6 Donauabwärts steuern
   wir unter der berühmten
   Kettenbrücke von
   Budapest hindurch.

7 Hoher Besuch auf der
   SOLVEIG: Dr. Volker
   Pellet, deutscher Bot-
   schaftsrat in Belgrad
   (ganz rechts), neben ihm
   Volker Kirchgeorg.

8 Die gewaltige Festung Smedevero,
   einst von Türken und Serben hart
   umkämpft.

9 Zwischenstopp im kleinen serbischen
   Dorf Ram: Nicht immer war es
   möglich, einen Anleger zu finden.

10

11

10 und 12
Im Eisernen Tor: Erst seit dem Bau des Stauwerks ist die gefährliche Enge für kleine Boote passierbar. Unseren Augen bot sich ein märchenhaftes Bild.

11 Die sagenumwobene Burg Golubac bewacht den Eingang zum Eisernen Tor.

13 Kapitän Boris Leshan von der Ukrainischen Donauflotte lotst SOLVEIG VII durch die zahlreichen Verzweigungen des Donaudeltas.

14 Im gut organisierten Yachtklub von Ruse in Bulgarien finden wir gastfreundliche Aufnahme.

15/16 Schönheit und Charme begegnen uns häufig in der Ukraine, hier auf dem Markt von Izmail.

17 Die untere Donau strömt breit und ruhig dahin. Sie wird von zahlreichen Inseln in mehrere Arme geteilt.

18 Wir übernachten vor Anker in einem der vielen Mündungsarme des Donaudeltas.

19 Unterwegs im Dschungel des Deltas.

17

18

19

20

20 Nach allen Seiten teilen sich
die Wasserwege im Delta
und bilden oft Teiche und
größere Seen, dicht bedeckt
mit blühenden Seerosen.

21/22 »Stadtverkehr« und
Bauernkaten in Wilkowo,
dem »Venedig des Ostens«
im nördlichen Mündungs-
gebiet der Donau.

21

klassigen Brücke fest, füllten die Tanks mit Wasser, das dort – o Wunder – kostenlos aus der Leitung lief, und kauften frische Lebensmittel. Der Bau des Staudamms, der ja nun seit einem Vierteljahrhundert vollendet ist, hatte zur Folge, daß mehrere Ortschaften überflutet und an höherer Stelle wieder neu aufgebaut wurden. Dadurch konnten alle Häuser, aber auch die Straßenführung und weitere Einrichtungen großzügig modernisiert werden. Dieser erfreulichen Entwicklung hatten wir nicht nur die komfortable Landungsbrücke von Milanovac zu verdanken, sondern auch das saubere Städtchen, das mit seinen netten Häusern und angenehmer Atmosphäre zu einem Rundgang einlud.

Wenig später bewunderten wir auf der Weiterfahrt staunend eine Schlucht zwischen gigantischen Felswänden, die an beiden Ufern senkrecht aus dem Wasser stiegen: die zweite Enge und der letzte Höhepunkt des Eisernen Tors. Diese dramatische Strecke verläuft zwischen Kilometer 974 und 971. Das Echolot machte binnen Sekunden Sprünge über zehn oder zwanzig Meter Unterschied in der Wassertiefe. An der Oberfläche bildeten sich entsprechend starke Wirbel. Fünf Kilometer stromabwärts entdeckten wir dann die berühmte Trajanstafel, die zum Ruhm des römischen Kaisers errichtet wurde. Hier hatte er die erste Straße in den Fels hauen lassen, eine für den damaligen Stand der Technik unglaubliche Tat. Mit Ehrfurcht vor der organisatorischen und militärischen Leistung des Imperators drehte ich mehrere Ehrenrunden neben dem Denkmal, das ihm seine Legionen gesetzt hatten. Der Text lautet in deutscher Übersetzung:

TABULA TRAIANA

»Der Imperator, Sohn des göttlichen Nerva, Nerva Trajanus Augustus Germanicus, Pontifex Maximus, zum vierten Mal Tribun, zum vierten Mal Vater des Vaterlandes und Konsul, hat Gebirge und Strom überwunden und diese Straße erbaut.«

Eine archäologische Sensation ist ebenfalls erwähnenswert, die ihre Auffindung dem Stauwerk zu verdanken hat.

Als der Bau des Damms für das Kraftwerk begann, dachte man daran, eine kleine Siedlung aus der Steinzeit näher zu untersuchen und notfalls ein Stück höher zu verlegen, bevor das Wasser in der Djerdap-Schlucht um 30 Meter stieg. Niemand ahnte damals, daß auf der unzugänglichen Donauterrasse Lepinski Vir der Mittelpunkt einer großartigen vorgeschichtlichen Kultur seine Geheimnisse versteckt hielt. Unter den schon bekannten Resten der Steinzeitsiedlung fand man bei den Bauarbeiten sieben große, von Fischern, Jägern und Ackerbauern stammende Niederlassungen mit kunstvoll angelegten Bauten, Gräbern und Werkzeugen. Bald schon stellte sich heraus, daß es sich um die Reste einer 8000 Jahre alten Zivilisation und um die frühesten erhaltenen Werke europäischer Bildhauerkunst überhaupt handelte! Die Archäologen vermuteten sogar, daß auf dieser Terrasse einst das Zentrum der ganzen Kultur lag. In kürzester Zeit wurden dann tatsächlich zehn weitere, ähnliche Ansiedlungen im Bereich der Djerdap-Schlucht freigelegt. Später fanden sich sogar noch Beweise, daß hier 20 000 Jahre vor unserer Zeitrechnung Höhlenbewohner gelebt hatten.

Außerordentlich interessant ist die Inneneinrichtung dieser Häuser. Unter anderem fand man darin Heiligtümer, und zwar Skulpturen, die an Fischgötter erinnern, deren Bedeutung aber noch nicht geklärt ist. Wenn die Datierung stimmt, dann ist die Lepinski-Kultur älter als die Mesopotamiens und war möglicherweise eine Keimzelle der europäischen Zivilisation.

Angstpartie im Dunkeln

Um 18.00 Uhr kam die Schleuse Djerdap II in Sicht. Es begann schon zu dunkeln. Sollten wir jetzt noch eine Schleusung versuchen? Wir machten im Vorhafen fest und nahmen über ein vorsintflutliches Telefon Verbindung mit dem Schleusenmeister auf. »Ja, Sie können in einer halben Stunde noch in die Kammer einfahren«, lautete die Antwort. Das Licht müßte noch reichen, dachte ich, um danach einen Ankerplatz zu finden. Doch die Zeit verstrich. Wir hatten einem Angestellten Zigaretten für den Meister mitgegeben. Waren es zu wenige gewesen? Die versprochene halbe Stunde war längst vorbei. Wir warteten verzweifelt und wurden von Viertelstunde zu Viertelstunde unruhiger. Als wir gegen 22.00 Uhr endlich das Unterwasser der

Schleuse erreicht hatten, umgab uns tiefe Finsternis. Nur mit Hilfe von zwei starken Scheinwerfern, die ich auf dem Kajütdach hatte montieren lassen, konnte ich den Weg aus der Kammer finden und trotz der Dunkelheit einen Ankerplatz suchen.

Dennoch wurde die kurze Fahrt zu einer Angstpartie. Nach dem Bau des Kraftwerks waren einige Inseln überflutet worden, und ihre Bäume ragten, für mich unerklärlich, noch immer aus dem Wasser. Erschrocken sahen wir ständig tote Wipfel und gebrochene Stämme im Licht der Scheinwerfer auftauchen. Nur nach Gefühl und auf Zuruf lavierte ich um die Inseln herum und fand nach einiger Zeit eine Stelle mit drei Meter Wassertiefe und wenig Strömung. Angelika ließ den Anker fallen, ich das Ruder los, wir deckten die Instrumente zu und feierten mit Fritz und Volker unsere gelungene Fahrt durch Ungarn und Jugoslawien. Angelika hatte zum Abschied ein tolles Menu gekocht. Ein wenig traurig waren wir alle, hatten wir uns doch sehr gut verstanden und manches Abenteuer zusammen erlebt.

Für Volker und Fritz begann am Morgen des 2. Juni der letzte Tag ihrer Donaufahrt. Um 11.30 Uhr erreichten wir bei km 851 die bulgarische Grenze in Prahovo. Die Formalitäten verliefen reibungslos, und wir bekamen sogar noch Gelegenheit, in einem kleinen Duty-free-Shop unsere Vorräte an Zigaretten und Alkoholika zu ergänzen. Der Laden war sauber und bot eine erstaunliche Auswahl bester Ware zu sehr günstigen Preisen.

Unsere Durchquerung Jugoslawiens war problemlos verlaufen. Wir waren weder bestohlen worden, noch hatten wir etwas von der befürchteten feindlichen Stimmung bemerkt. Vielmehr wurde an unseren Besuch von vielen Menschen die Hoffnung geknüpft, daß der Verkehr mit Sportbooten auf der Donau wieder zunehmen möge und dadurch auch die wirtschaftlichen und menschlichen Kontakte mit dem Westen belebt würden.

Der versprochene Wagen für Volker und Fritz stand pünktlich neben dem Zollhaus bereit, die jugoslawischen Freunde hatten Wort gehalten. Winkende Hände hinter den Scheiben, ein letztes Lächeln, und der Wagen entfernte sich. Wir waren wieder mit unserer SOLVEIG VII allein. Schnell brachten wir die Tüten mit Einkäufen an Bord und setzten die Fahrt fort.

Lange Kontrollen, lange Finger

Nach dem Passieren der zweiten großen Schleuse, der letzten auf der Donau, ändert sich allmählich die Landschaft. Für eine Weile ragen noch Hügel und Berge auf, dann wird der Strom auf der linken Seite von der Rumänischen Ebene, der Walachei, begrenzt, und am bulgarischen Ufer sind in der Ferne die Berge des Balkans erkennbar. Obwohl wir ein Visum für Rumänien besaßen, zog ich es vor, auf der bulgarischen Seite zu bleiben. Zu beängstigend schlecht war damals der Ruf Rumäniens, was die persönliche Sicherheit betraf.

Unterhalb der Grenze zu Bulgarien, bei der Einmündung des Timok, fielen mir die sauberen Dörfer auf und das Fehlen von Abfall und Schrott. Ich notierte im Logbuch:»Kilometer 820. Tonnen und Wassertiefen sind korrekt in der Karte angegeben. Wir haben heute glühende Sonne, die Donau leuchtet in strahlendem Blau. Ein Traumtag! Das bulgarische Ufer ist wunderbar sauber. Schafe liegen unter den Bäumen, Holzboote sind am Strand hochgezogen oder schaukeln ordentlich vertäut am Ufer. Auf der rumänischen Seite dagegen immer wieder gesprengte Betonbunker und Mauern. Außerdem Wachttürme auf beiden Seiten, meist verlassen, aber nicht immer; in Bulgarien sind sie mit Scheinwerfern und Radaranlagen ausgerüstet. In Rumänien wird der Ausblick in die herrliche Weite von zahllosen kreuz und quer errichteten Strommasten begrenzt.«

Die Donau war hier so breit, daß sie mehr einem Binnensee glich als einem Fluß. Inseln, Sandstrände und Vegetation bestimmten das Bild. Die Strömung schien mir mäßig, ich schätzte sie auf vier Stundenkilometer. Die Ufer waren von der Mitte des Stroms aus kaum mehr erkennbar. Sehr große Inseln erschwerten die Orientierung zusätzlich, denn ich konnte nicht sehen, in welche Richtung das Fahrwasser verlief. Bei Kilometer 815 notierte ich: »Bulgarischer Wachtturm, mit zwei Mann besetzt. Rumänische Seite mit Bäumen dicht bepflanzt, dahinter Wiesen. Gegen 13.30 Uhr kommt uns bei Kilometer 801 ein Wachboot mit hoher Fahrt entgegen. Wir müssen stoppen, der rostige alte Kahn beschädigt unsere Bordwand. Bulgarische Paßkontrolle. Man verlangt in barschem Ton die ›Dokumente‹.« Fünf Mann in ziemlich zerlumpter Kleidung, zum Teil in Zivil, saßen darin, und mir wurde zum ersten Mal bange. Ich war mit Angelika allein, und die Burschen konnten leicht die polizeiliche Kontrolle nur vortäuschen. Ihr Boot sah aus wie vom Schrottplatz.

Der »Kommandant« wollte unsere Visa sehen, die wir aber als Deutsche nicht brauchten. Es gab eine hitzige Debatte, dann griff er zum Telefon und sprach längere Zeit. Mit seiner Dienststelle? Schließlich hatte er verstanden. Er stellte noch viele Fragen, dann durften wir weiterfahren. Offenbar waren wir die ersten Deutschen, die hier die Grenze überschritten hatten.

Gegen 15.00 Uhr machten wir in Vidin am Ponton Nr.5 fest. Die Einklarierung wurde zu einer großen Aktion. Fünf Beamte kamen an Bord, und wir wurden mehr oder weniger gezwungen, einen Agenten zu nehmen. Dem zahlten wir 25 US-Dollar, ein sehr mäßiger Preis für die Erledigung der Formalitäten. Anschließend kam noch ein Trupp von acht Mann und durchsuchte das Boot. Alles verlief routinemäßig und in freundlichem Ton, aber es wurde 17.30 Uhr, bis wir frei waren und an Land gehen konnten.

Der Agent lud uns danach zu einem Drink ein, kaufte sogar mit uns Brot und Butter in der Uferstraße und zahlte für uns an der Kasse, da wir noch kein eigenes Geld gewechselt hatten. Auf den ersten Blick fielen mir ganze Horden von Rumänen auf, meist Zigeuner, die mit der Fähre vom anderen Ufer herübergekommen waren, um Einkäufe zu machen. Mit ihren Säcken, Koffern und Taschen wurden sie zunächst in einem abgetrennten Teil des Zollgebäudes untergebracht. Dennoch schloß der Agent sein Büro sorgfältig zu, während er auf die Toilette ging. Wir hielten den Mann für übervorsichtig, mußten aber schon bald eine bittere Erfahrung machen.

Vidin ist eine freundliche Stadt, hat eine schöne, mit Parkanlagen gezierte Wasserfront und kann auf eine mehr als 2000jährige Geschichte zurückblicken. Beachtlich war das reiche Angebot an Obst, Gemüse, Fleisch und anderen Lebensmitteln. In Bulgarien war es auch in der kommunistischen Zeit üblich, daß fast jede Familie einen kleinen Garten besaß, und die Erzeugnisse dieser Gärten wanderten auf den Markt.

Wir hatten uns am Vormittag auf den Weg gemacht, um frische Lebensmittel zu beschaffen. Sorgen machten wir uns allenfalls um das Boot und seine Sicherheit, weil keinerlei Bewachung vorhanden war. Deshalb wollten wir möglichst schnell zurück. Gemüse und Eier waren bald gekauft, und zum Schluß suchten wir noch Brot. Es war mir aufgefallen, daß sich eine Zigeunerin mit einem kleinen Jungen neugierig mehrmals neben mich drängte. Eine lange Schlange stand vor der Holzhütte des Bäckers, und wieder war die Zigeunerin in unserer Nähe. Als wir an der Reihe waren und Angelika zahlen wollte, fehlte ihre Geldbörse. Sie suchte in ihrer Einkaufstasche und fand statt dem Beutel einen langen Schlitz im kräftigen Plastikgeflecht. Das Werk des Jungen! Der Schreck für uns war deshalb so groß, weil Angelika ihre Kreditkarten und einen ansehnlichen Geldbetrag im Portemonnaie gehabt hatte. Sie glaubte die Tasche an ihrem Arm sicherer als im Boot. Außer dem Geld verloren wir noch viel Zeit mit Telefonieren, um die Kreditkarten sperren zu lassen. Wir hatten jedenfalls unsere Lektion gelernt und nahmen später nur noch so viel Geld mit an Land, wie für den jeweiligen Einkauf nötig war.

Inselhüpfen im Strom

Am Nachmittag verließen wir Vidin und steuerten weiter stromab. Das Wetter war hochsommerlich warm, und in herrlichem Blau leuchtete das Wasser der Donau. Die Strömung war kaum spürbar, und das Echolot zeigte genügend Wassertiefe. Während die rumänische Seite verlassen wirkte, herrschte am bulgarischen Ufer reges Strandleben. Die Bulgaren betrachten das Donauufer als ideales Feriengebiet und verbringen jede freie Minute am Strand. Wir beobachteten Urlauber beim Baden und Fischen; selbst am Abend rollten gelegentlich Autos von der Straße ans Ufer. Eilig sprangen Männer heraus, holten Angelruten hervor und genossen so, am großen Strom hockend und auf einen guten Fang wartend, ihren Feierabend.

Das Navigieren war entspannt. Schubverbände begegneten uns nur selten, und die Wassertiefe betrug in der Regel zehn Meter und mehr. Etwa 50 Kilometer unterhalb von Vidin passierten wir die Stadt Lom, entschlossen uns aber zur Weiterfahrt, um besser in Ruse, wo wir einen Yachtklub wußten, länger zu unterbrechen.

Die Donau war hier zum kleinen Meer geworden. Man fuhr nicht mehr zwischen Ufern, sondern zwischen Inseln. Ins Logbuch trug ich ein: »Der Strom liegt glänzend wie eine Scheibe vor uns, eine unendliche Fläche, darüber ein blaßblauer Himmel. Auf beiden Seiten Hügel und weit in der Ferne flaches Land. Auf der rumänischen Seite sind kaum Menschen zu sehen, die Gegend scheint unbewohnt oder das Ufer wird gemieden. Vielleicht war es früher nicht erlaubt, in der Nähe der Grenze zu arbeiten? Auf der bulgarischen Seite dagegen bilden Hügel und Felsabbrüche eine reizvolle Landschaft. Es sind wunderbare Tage, und ich stelle mir vor, welche großartigen Möglichkeiten dieses Revier für Wassersportler und besonders für Motorbootfahrer bieten könnte, wenn die Infrastruktur verbessert und mehr Liegeplätze geschaffen würden.«

Auf das Vorhandensein von Kilometertafeln und eine zuverlässige Betonnung konnte ich mich allerdings nicht verlassen. Ich notierte: »Wir mußten hinter einer Sandbank umkehren und fünf Kilometer zurückfahren, um ein neu betonntes Fahrwasser zu erreichen: eine völlige Änderung der Sandbänke gegenüber der Karte! Das war erstmalig und hat uns fast eine Stunde gekostet. Dafür fahre ich jetzt schneller mit 7,5 kn und 1750 U/min. Wetter ist traumhaft schön: kleine weiße Wolken am Horizont und Sonne den ganzen Tag, dabei eine kühle Brise.«

Die beiden folgenden Nächte bis zum 6. Juni verbrachten wir in Nebenarmen hinter größeren Inseln. Unsere reichhaltige Ausrüstung enthob uns aller Sorgen, auch der um Frischwasser. Treibstoff freilich mußten wir von Land beziehen, und da wir in der Hauptstadt Belgrad keinen Diesel bekommen hatten, war jetzt ein Nachfüllen der Tanks dringend notwendig geworden. Doch weder in Rumänien noch in der Ukraine wollte ich mich auf die Sauberkeit des Kraftstoffs verlassen.

Wir gewahrten viele tote Fische, deren weiße Bäuche im Fluß aufschimmerten. Einer Zeitungsmeldung zufolge waren in einer Fabrik bei Budapest Gifte ausgetreten, mit verheerenden Folgen für die Fischbestände. Fast alle Abwässer von Industrie und Haushalt wurden ungereinigt in die Donau geleitet. Daher wirkte sich der Zusammenbruch vieler Industriewerke, besonders in Rumänien, für Tiere und Pflanzen günstig aus.

Unser Ziel war der große Hafen von Ruse oder Russe, den wir am 6. Juni vormittags erreichten. Ruse besitzt den größten Donauhafen Bulgariens und einen gut organisierten Yachtklub. Dort empfing man uns überaus freundlich, und einer der Segler verlegte bereitwillig das

Boot seines Freundes, um den günstigsten Liegeplatz für uns frei zu machen. Aber auch in Bulgarien war die Verarmung der letzten Jahre deutlich zu erkennen, und weder die Wasserleitung noch das Kabel der Stromversorgung reichte vom Klubhaus, das auf einer Anhöhe lag, bis zum Schwimmsteg der Yachten. Zum ersten Mal bot sich daher die Gelegenheit, alle Schläuche und Kabel, die ich im Bauch meines Boots verstaut hatte, zu verbinden, um die Entfernung von etwa 70 Metern zu überwinden. Das Experiment gelang, und ich war mächtig stolz, so gut ausgerüstet zu sein. Auch die bulgarischen Segler neben mir benützten freudig meine provisorische Wasserleitung.

Tanken mit Hindernissen

Im Büro des Klubs hatte ich schon am ersten Tag um Mithilfe bei der Beschaffung von Diesel gebeten, und man zeigte sich rührend bemüht, einen Lieferanten herbeizurufen. Dazu waren eine Reihe von Telefonaten erforderlich, aber dann erhielten wir die Zusage, daß nach dem Wochenende ein Tankwagen 1000 Liter heranbringen würde. Wir nutzten die Zeit bis dahin, denn Arbeit gab es genug an Bord: Das Deck mußte gewaschen werden, ebenso die Bordwände. Natürlich wollten wir auch die Stadt sehen. Ruse ist ein kleines Kulturzentrum und wäre nach der Bildung des Staates Bulgarien damals fast Hauptstadt geworden. Es besitzt einen attraktiven Stadtkern im Barock der Jahrhundertwende. Auffällig viele Jugendliche bevölkerten die Boulevards und Straßencafés. Kaffee ist eine Art Nationalgetränk. Im Zentrum entdeckten wir ein kleines Spezialgeschäft mit sorgfältig aufgereihten Säcken voller Kaffeebohnen aus aller Welt. An die zwanzig Sorten wurden angeboten.

Mit etwas Unruhe sahen wir dem Montag entgegen. Würde der Tankwagen überhaupt kommen? Zwei Stunden mußten wir warten und bereiteten inzwischen das Boot auf die Weiterfahrt vor. Dann sah ich das große Fahrzeug auf dem gegenüberliegenden Ufer anrollen, denn beim Yachtklub hatte der Fahrer keine Parkmöglichkeit gefunden. Für uns bedeutete das, daß wir auf der anderen Seite am Anleger einer kleinen Fähre festmachen mußten. Ich hatte große Bedenken, den Verkehr dadurch zu stören, aber mir blieb keine Wahl. Das Einfüllen des Kraftstoffs ging sehr langsam vor sich, denn der Schlauch des Tankwagens war viel zu dick für unseren Stutzen. So lief der Kraftstoff vorsichtig durch einen kleinen Trichter. Ich schwor mir, für solche Fälle in Zukunft einen passenden großen Trichter bereit zu halten.

Bevor zwei Mann das mühsame Werk vollendet hatten, kam wie befürchtet das Fährboot. Jetzt gibt es Ärger, dachte ich, und machte mich auf eine Auseinandersetzung gefaßt. Aber weit gefehlt. Weder der Steuermann der Fähre noch die Passagiere beschwerten sich auch nur mit einem Wort. Bereitwillig und lachend wagten sie den Sprung von dem mit nur einer Leine an der Ecke des Pontons festgemachten Schiff auf die Landungsbrücke. Ich fühlte mich beschämt bei dem Gedanken, daß solche Höflichkeit einem Gast gegenüber in unserem Land kaum denkbar gewesen wäre.

An die 1000 Liter konnten wir bunkern und unsere Fahrt in dem guten Gefühl fortsetzen, für die nächsten Wochen ausgesorgt zu haben. Über unsere Stimmung schrieb ich ins Logbuch: »Wir machen etwas weniger Fahrt. Wir sind schwerer geworden – aber im Herzen leichter!«

Ohne Stempel durch Rumänien

Gegenüber von Ruse liegt das rumänische Industriezentrum Giurgiu. Von dort gab es eine Verbindung nach Bukarest. Während des Weltkriegs hatte ich diese einst prächtige Hauptstadt, auch »Paris des Ostens« genannt, ein wenig kennen gelernt, war sogar in die Oper gegangen. Auch 1975 hatte ich eine Busfahrt gewagt und unglaubliche Gastfreundschaft erlebt. Aber diesmal wollte ich Rumänien lieber meiden, so lange es ging. Bukarest ist durch den Modernisierungswahn des Diktators Ceausescu nicht schöner geworden, und die neue Freiheit hat leider mehr Armut und Kriminalität über die Menschen gebracht als Lebensqualität.

Auf einer Strecke von 100 Kilometern hatten wir am rechten Ufer noch bulgarisches Staatsgebiet, danach gehörten beide Seiten des Stroms und das Mündungsgebiet der Donau zu Rumänien. In

Silistra, dem letzten bulgarischen Hafen, klarierten wir aus und versuchten anschließend gegenüber in Rumänien die Einklarierung. Die Bulgaren zeigten sich als besonders nette Beamte. Einer der Männer sprach sogar deutsch, er hatte lange Zeit in meiner alten Heimatstadt Dresden beim Konsulat gearbeitet. Die Kontrolle der Papiere ergab, daß bei unserer Einreise in Vidin die Liste der Devisen und Wertgegenstände nicht ausgefertigt worden war. Doch bei einem Gläschen Bier, einer Flasche Cola und einer Stange Zigaretten ließ sich die Angelegenheit unkompliziert regeln. Die Donau ist eben ein internationales Gewässer, das erleichtert manches, erlaubt vor allem jedem Schiff mit gültigen Papieren die Befahrung von Regensburg bis zum Kilometer eins bei Sulina. Aber der Schiffer muß, wenn er an Land gehen will, in jedem der angrenzenden Länder die Formalitäten der Ein- und Ausreise absolvieren.

Andererseits kann man jetzt ohne spezielle Genehmigung fast überall ankern, was aus Angst vor Spionage und Sabotage vor 1990 verboten war. Damit verlor eine Donaufahrt damals weitgehend ihren Reiz. Wir aber verbrachten viele Nächte auf dem Strom in Nebenarmen und hinter großen Inseln. Himmlische Ruhe und ein Naturerlebnis besonderer Art waren der Lohn dieser Nächte.

In Silistra verlegten wir unser Boot einen Ponton weiter zu den Rumänen und hatten auch dort einen netten Gesprächspartner. Nach Prüfung unserer Pässe meinte er: »Bei mir können Sie nicht einklarieren, ich bin dazu nicht befugt. Versuchen Sie es in Cernavoda.«

»Nun gut«, sagte ich zu Angelika, »dann laß uns weiterfahren, wegen des Kanals ist dort sicher eine große Abfertigungstelle.« Dieser Kanal war eine »Errungenschaft des Sozialismus«. Obwohl mit seinem Bau bereits 1949 begonnen wurde, war er 1975 noch nicht fertig gewesen, deshalb kannte ich ihn nicht. Unter menschenverachtenden Bedingungen hatte man ein Heer von Zwangsarbeitern zusammengetrieben: Bauern, Kriminelle und Parteigegner mußten ohne Rücksicht auf ihre Gesundheit schuften. An die 100 000 Menschen sollen dort bis 1953 elend gestorben sein. Danach bekam der Kanal den bezeichnenden Namen »Canalul Mortii« und wurde nicht mehr weitergebaut. Erst Ceausescu ließ die Arbeiten 1973 wieder aufnehmen, und 1984 erreichte die neue Wasserstraße bei Constanza das Schwarze Meer. Man kann nicht sagen, daß die Anstrengungen sinnlos waren. Der Weg zum Meer wurde damit um fast 400 Kilometer verkürzt, denn die

Donau beschreibt vor ihrer Mündung bei Sulina zunächst noch einen weiten Bogen nach Norden und Osten. Für die Berufsschiffahrt brachte der Kanal eine enorme Ersparnis an Zeit und Treibstoff. Das Mündungsdelta der Donau ist eine landschaftliche Rarität, eines der letzten ganz großen Naturreservate Europas. Natürlich hatten wir schon deshalb kein Interesse, durch den Kanal zu schippern. Also steuerte ich bei Cernavoda nur bis zur Abzweigung des Kanals und suchte eine Zollstelle oder Kommandantur. Mangels einer Anlegestelle ging ich bei einem rumänischen Tonnenleger längsseits. Ich konnte mich verständlich machen, und ein Mann der Besatzung marschierte mit mir bis zum Hafenamt. Es war ein elend langer Weg, etwa drei Kilometer, und das bei glühender Hitze. Als wir das dritte Stockwerk eines riesigen Gebäudes erreicht hatten, stand ich endlich vor dem Schreibtisch des Hafenmeisters. Wieder wurden unsere Pässe eingehend geprüft. Danach – als wüßte in Rumänien niemand, wie mit einer ankommenden Yacht zu verfahren war – reichte mir auch der Hafenmeister dieses großen internationalen Hafens die Papiere mit der Bemerkung zurück:»Sie haben ja Ihre Visa, was wollen Sie denn noch? Es ist alles in Ordnung.«

Danach kam ich mir schon ein wenig dumm vor, und auch der Seemann, der mich begleitet hatte, meinte, den Weg hätten wir uns sparen können. Todmüde, mit schmerzenden Füßen und irgendwie verunsichert, kehrte ich zu Angelika zurück.»Ich weiß nicht warum, aber wir brauchen nicht einzuklarieren«, berichtete ich.»Trotzdem gefällt mir die Sache nicht. Ich habe keinen Stempel bekommen, keinen Nachweis, daß ich mich anmelden wollte. Es wird besser sein, wenn wir in Rumänien überhaupt nicht an Land gehen.«

Die Donau wird müde

Wir wollten den nördlichen Arm der weit verzweigten Mündungsgewässer befahren und möglichst schnell in die Ukraine. Doch bis zur Grenzstation hatten wir noch 200 Kilometer Stromfahrt vor uns. Immerhin konnten wir jetzt telefonisch mit unseren Freunden Verbindung aufnehmen und den Termin für unsere Ankunft in Izmail festlegen.

Hinter Cernavoda wird die Donau müde. Träge wälzt sie ihre braunen Wasser dem Ende ihres Laufs zu. Sie bildet keine Einheit mehr, ihre Kraft teilt sich in viele Arme. Zwei dieser Arme sind groß und tief genug, um den Verkehr von Hochseeschiffen zu tragen. Und so gehen von hier aus die Frachten von Mitteleuropa bis Ägypten und durch den Suezkanal weiter nach Ostasien oder an die Küsten Ostafrikas. Eigenartig ist der Anblick, wenn sich große Containerschiffe zwischen grünen Bäumen und alten Bauernhäusern langsam und schwerfällig vorwärts schieben. Nachts ankerten wir wieder hinter Inseln, dicht am Ufer, um von vorbeifahrenden Schiffen nicht gefährdet zu werden. Sowohl der herrlichen Natur wegen als auch um die Großstädte und Hafengebiete von Braila und Galati zu meiden, hielten wir uns fern von den Ufern. Auf diese Weise hoffte ich, keinen weiteren Kontakt mit rumänischen Grenzwachen zu haben. Aber als wir wieder einmal am späten Nachmittag in der Mündung eines Nebenarms geankert hatten, kam ein großes rumänisches Wachboot und legte sich nur ein paar Meter entfernt neben uns. Sollten wir jetzt die Flucht ergreifen, einfach ankerauf gehen und weiter? Das würde uns verdächtig machen. Wir blieben also und warteten ab, was geschah.

Von der Brücke aus beobachtete man uns mit Ferngläsern. Man ließ ein Beiboot zu Wasser und kam längsseits. Der Offizier kletterte an Bord der SOLVEIG VII. Er musterte unsere Papiere, und ich erklärte ihm, daß wir nur übernachten und dann die Fahrt fortsetzen wollten. Das schien in Ordnung zu gehen. Bei einbrechender Dunkelheit kamen Fischer in großen Holzbooten mit Außenbordmotoren herangebraust und drehten ein paar Kreise um uns. Wir wußten zuerst nicht, daß es Fischer waren, und befürchteten einen Überfall. Aber die Sorge war überflüssig, wir schliefen die ganze Nacht tief und fest.

Am Morgen machten wir es uns gemütlich, denn wir hatten noch genügend Zeit, unsere Verabredung am nächsten Tag in Izmail einzuhalten. Deshalb beschlossen wir, noch ein paar Stunden vor Anker zu bleiben. Doch offenbar gefiel das dem Kommandanten des Wachboots nicht. Er schickte nochmals sein Beiboot und ließ uns wissen, wir möchten doch nunmehr den Platz verlassen. Warum eigentlich? Trotzdem ließen wir uns Zeit mit der Vorbereitung unserer Unterlagen für die Einreise in die Ukraine, und ich erledigte meine tägliche Routine für den Motorstart. Dazu gehörte die Kontrolle des Öls im Motor und im Getriebe, ein Blick nach dem Kühlwasser und nach dem Lager der Welle. Weiter sah ich noch nach dem Lager am Ruderschaft und preßte auch dort ein wenig Fett hinein. Nach einer Stunde holten wir dann die Kette hoch und steuerten langsam, nicht ohne unseren Bewachern freundlich zum Abschied zu winken, in den Strom hinaus.

Der erste große Abschnitt unserer Reise – über 3000 Flußkilometer – näherte sich seinem Ende. Zu Ende gingen auch die Tage der trauten Zweisamkeit auf dem Boot, die ich so liebe. In der Ukraine würden wir kaum eine Stunde ohne Begleitung, Dolmetscher oder Berater, unterwegs sein. Und ich würde zum ersten Mal in das Land zurückkehren, das ich als Soldat 1944 verlassen hatte und von dem ich so sicher geglaubt hatte, es nie wiederzusehen!

Langsam ging die Donau schon hier in das Meer über. Die Markierungen am Ufer zeigten Seemeilen, die großen Hafenstädte Rumäniens, Braila, Galati und Reni, erstreckten sich über viele Kilometer, und an den Ufern lagen die Frachtschiffe in endloser Reihe hintereinander, zum Teil auch dicht gepackt nebeneinander. Schwarzer Rauch aus den Schloten verdeckte den Himmel, und die Hitze – wir hatten noch immer 35 Grad in der Kajüte – war hier schwerer zu ertragen als unter klarem Himmel. Während eines Gewitters peitschten stürmische Böen das Wasser und warfen dem Boot kurze, steile Wellen entgegen: ein kleiner Vorgeschmack auf das Schwarze Meer. Bei Tulcea teilt sich die Donau in drei große Arme, die das riesige Sumpfgebiet des Deltas umschließen: im Süden der St. Georg-Arm, in der Mitte der kanalisierte Wasserweg nach Sulina, der bis zur Eröffnung des Cernavoda-Kanals den gesamten Verkehr von Mitteleuropa zum Schwarzen Meer aufnahm, und im Norden der Kilija-Arm.

Da die nördliche Verzweigung zur eben erst unabhängig gewordenen Ukraine gehört und wir später die Krim und damit die ukrainische Küste des Schwarzen Meeres ansteuern wollten, ergab es sich fast zwangsläufig, daß wir diesen bisher kaum bekannten Weg durch das Delta nehmen würden. Seit 1944 Teil der Sowjetunion, war der Kilija-Arm der sowjetischen Schiffahrt und Militärmacht vorbehalten gewesen und somit kein Teil der internationalisierten Donau.

Großer Empfang in Izmail

Am 12. Juni trafen wir nach einer weiteren Nacht vor Anker in Izmail ein. Über Funk gab man uns Anweisungen: »Machen Sie an der Landungsbrücke fest, dort, wo die Offiziere stehen!« Erstaunt sah ich mich um. Die Landungsbrücke, ja, das war eine riesige Anlage, offenbar für die großen Passagierschiffe bestimmt, und dahinter lag eine ebenso große Empfangshalle. Aber es war alles leer, kein Schiff zu sehen. »Da stehen die Beamten!« Angelika hatte zwei Uniformierte entdeckt. Mit unserem kleinen Schiff sollten wir an der großen Brücke festmachen? Ein Mann kam aus dem Haus, um unsere Leinen wahrzunehmen. Wir wurden tatsächlich erwartet! Hinter einer Glastür entdeckte ich unseren offenbar von der Krim angereisten Freund Dr. Alexei Birkun. Er winkte uns zu. Neben ihm wartete eine Gruppe sorgfältig gekleideter Damen und Herren, ein richtiges Empfangskomitee. Auf der Terrasse standen die Offiziere mit ihren breiten Tellermützen.

Wir hatten im Cockpit einen Tisch aufgestellt, und sogleich begannen die Beamten ihr mühsames Werk mit den Dokumenten. Schon bei dieser ersten Begegnung in einem Land der ehemaligen Sowjetunion zeigten sich die zwei grundsätzlichen Probleme, die nach dem Zusammenbruch des Kommunismus entstanden waren: Weil Anweisungen für die Abfertigung von Sportbooten fehlten, andererseits ein privates Schiff nicht die Möglichkeit hat, die Prozedur nach Muster der Berufsschiffahrt durchzuführen und entsprechende Listen, Dokumente und Genehmigungen vorzuweisen, wußten die Beamten nicht, wie sie den »Fall« behandeln sollten, und versuchten, das Bestmögliche aus ihrer schwierigen Lage zu machen. Auf jeden Fall wollten sie eine spätere Rüge ihrer Vorgesetzten vermeiden. Dieses Bemühen führte zu einer Flut von Fragen.

Obwohl, und dies war das zweite Problem, die Verständigung in Englisch nur mühsam und vielleicht auch mißverständlich erfolgte, gaben die Herren freundlich und unumwunden zu, daß sie nicht wüßten, welche Formulare und Vorschriften für uns galten. »Besitzen Sie ein amtliches Zeugnis über das Fassungsvermögen Ihrer Abwassertanks?« Nein. »Haben Sie wenigstens ein Entrattungzertifikat?« Nein. Immerhin hatte ich eine vollständige Crewliste mit allen Daten des Bootes angelegt und war stolzer Besitzer eines amtlichen Schiffszertifikats des Amtsgerichts Emden. Die von einer attraktiven Beamtin geforderte Auflistung unserer Devisenbestände nebst Gold- und Schmuckreserven ließ sich in wenigen Minuten erstellen und abstempeln. Mein Laptop leistete uns dabei Hilfe und vor allem mein schöner runder Bootsstempel. Der wurde bei uns zulande als Spielerei angesehen, hier aber schlug seine große Stunde.

Auch wenn meine Geduld ziemlich strapaziert wurde, empfand ich ein gewisses Mitleid für die Beamten, die zeitlich unter gewaltigem Druck standen. Denn hinter der Glastür warteten noch immer die zivilen Instanzen wie Bürgermeister, Schiffahrtsdirektor, Touristikleiter und Wissenschaftler ungeduldig darauf, endlich mit uns Kontakt aufnehmen zu können. Nach einer knappen Stunde konnten wir unsere Freunde begrüßen. Alexei Birkun hatte in den letzten Monaten sämtliche Hebel in Bewegung gesetzt und alle seine Beziehungen aktiviert, um unsere Fahrt zur Krim von Anfang bis Ende vorzubereiten und zu betreuen. Alexei ist ein groß gewachsener, breitschultriger Mann in den besten Jahren, kräftig und muskulös, aber sehr zurückhaltend. Er dolmetschte für die Gastgeber von der Ukrainischen Personenschiffahrtsgesellschaft.

Schon an diesem ersten Tag war jede Minute verplant mit Besichtigungen, Gesprächen, Stadtrundfahrten und am Abend mit einem großen Essen im Restaurant der Ukrainischen Schiffahrtsgesellschaft. Wir wurden behandelt wie eine Wirtschaftsdelegation. Hatte ich überhaupt die richtige Kleidung dabei für einen solchen Empfang? Noch nie waren wir so aufwendig begrüßt worden. Zu verdanken hatten wir die Ehrung der Tatsache, daß wir seit Jahrzehnten, praktisch wohl seit 1918, das erste Sportboot waren, das den Hafen von Izmail anlief und auf diesem Weg das Schwarze Meer ansteuerte. Man erhoffte sich für die Zukunft eine systematische Erschließung der Küstengebiete zwischen Odessa und Jalta für westliche Yachten und damit die Entstehung eines für Europa völlig neuen Segelreviers im Schwarzen Meer.

Izmail ist eine interessante Stadt, die bereits vor 2600 Jahren geschichtlich erwähnt wird. Antifilia hieß die erste Siedlung der Griechen, später kamen die Römer, dann die Türken. Von ihnen stammt der Name Izmail. 1770 geriet die Stadt unter russische Herrschaft, wurde danach wieder türkisch und gehörte von 1877 bis 1918 abermals zum Zarenreich. Seit 1944 waren dann Izmail und der gesamte nördliche Donauarm sowjetisches Militärgebiet und für Ausländer gesperrt.

Wir besichtigten die Sehenswürdigkeiten, wobei mir die Kathedrale und das große Schlachtenpanorama, das in einem eigenen, tempelartigen Gebäude untergebracht ist, in besonderer Erinnerung blieben. Der russische Marschall Suwarrow besiegte bei Izmail Ende des 18. Jahrhunderts, zur Zeit von Katharina II., die Türken und gründete die heutige Stadt, wie es hieß. 1856 mußte Rußland infolge des Krimkriegs im Frieden von Paris die Donaumündung wieder abgeben. Ein großes Denkmal stand in Form eines Schnellboots aus dem Zweiten Weltkrieg im Zentrum der Stadt, zur Erinnerung an die sowjetische Donauflotte, und ein weiteres, das indirekt ein Ende der Sowjetherrschaft ankündigte, für die russischen Gefallenen des Krieges in Afghanistan. Was hat dieses Rußland alles mitgemacht! Was haben die russischen Menschen erduldet, seit das riesige Reich Stück um Stück erkämpft wurde – von der Oder bis zu den Strömen Sibiriens und bis zu den Aleuten, vom Eismeer bis zum Kaukasus und zur Halbinsel Krim.

Auch die Wikinger sind ein Teil dieser Geschichte, denn sie waren an der Gründung des russischen Reiches beteiligt. Vom Norden herab, vom Ladogasee, konnten die Nordmänner zwei Flußläufen folgen: über Wolchow und Lovat zum Dnjepr oder weiter östlich auf der Wolga bis zum Kaspischen Meer. Über den Dnjepr erreichten die Wikinger später Kiew und bildeten dort um 879 zusammen mit den einheimischen Fürsten die Keimzelle des großen russischen Reiches.

Im Labyrinth des Donaudeltas

Meinen Gastgebern in Izmail hatte ich eine wichtige Bitte vorgetragen: Ich besaß keine Seekarte des nördlichen Donauarms, denn weder im deutschen noch im britischen Angebot war sie enthalten. Ich rechnete damit, daß in Izmail eine russische Karte erhältlich war. Aber die Sowjets hatten wohl auf keinen Fall eine Orientierung er-

möglichen wollen, es
gab also auch hier kei-
ne Karte. Stattdessen
stellte uns der Direk-
tor der Ukrainischen
Donauflotte einen sei-
ner Kapitäne als Lot-
sen durch das Delta
zur Verfügung. Ein
richtiger Kapitän in
weißer Uniform stand
also am Morgen des
14. Juni an unserem
Ruder und steuerte
das 12-m-Schiffchen
durch die verworre-
nen Wasserläufe des
Mündungsgebiets.

Das Wetter hatte
sich über Nacht geän-
dert. Statt der Hitze
vom Vortag hatten wir
plötzlich nur noch küh-
le 25 Grad. Schwarze
Wolken ließen die

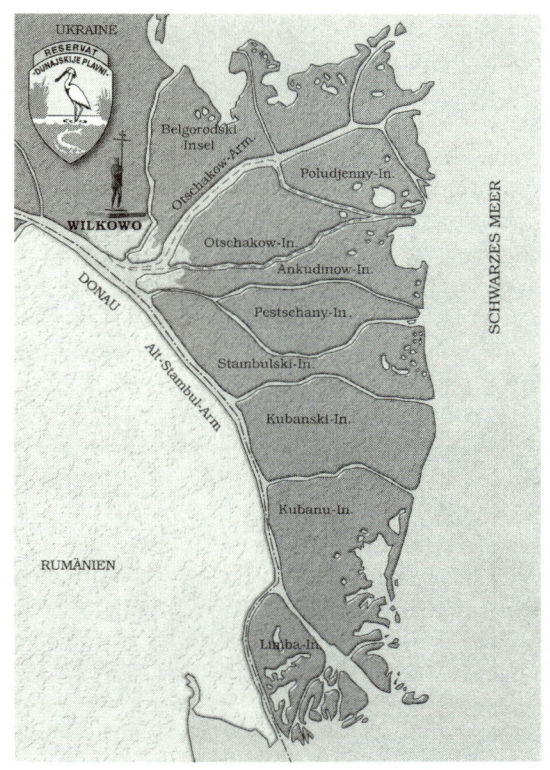

Ukrainisches Donaudelta

eher eintönige grüne Schilflandschaft in dramatischen Farbspielen
leuchten. Die unendliche Weite der unberührten Natur wurde zur
vielgestaltigen Bühnenlandschaft. Kapitän Boris P. Leshan führte das
Ruder mit fester Hand, es machte ihm sichtlich Spaß, unser hübsches
kleines Boot auf Kurs zu halten. Gegen 11.00 Uhr begann es leider zu
regnen, aber wir hatten eine Persenning als Sonnendach, die auch die
Regentropfen abhielt. So blieben wir alle zusammen an Deck. Angelika hatte einen Tisch aufgestellt und versorgte unsere Gäste mit
leichten und nicht ganz so leichten Getränken. Alexei betätigte sich
unermüdlich als Dolmetscher, und wenn er auch nicht jede Äuße-
rung von Kapitän Boris übersetzen konnte, so hielt er doch eine an-
geregte Unterhaltung in Gang. Außer Alexei befand sich noch sein
wissenschaftlicher Assistent an Bord, der junge Sergei, ein liebens-

würdiger Bursche von beachtlicher Körperstatur. Beide wollten uns bis Odessa begleiten.

Etwa zehn Seemeilen unterhalb von Izmail verzweigte sich der Kilija-Arm erneut in drei schmale Fahrwasser, die wiederum untereinander teilweise verbunden waren. Ohne Kapitän Boris hätte ich kaum eine Möglichkeit gehabt, den rechten Kurs zu steuern. Ich notierte, daß wir gegen 10.45 Uhr die sogenannte Tataren-Insel voraus hatten und daß wir um 12.00 Uhr die Stadt Kilija und das auf der anderen Seite des Donauarms in Rumänien gelegene Chilia Veche passierten. »Ein armes Nest«, schrieb ich im Vorüberfahren.

Allmählich wurde der Regen stärker, und wir verließen das Deck, um unten im Salon Schutz zu suchen. Kapitän Boris setzte sich an die Innensteuerung. Draußen sah alles grau in grau aus.

Nachdem uns der Kapitän in Wilkowo, dem letzten Hafen vor der Mündung, verlassen hatte, übernahm die Führung unserer kleinen Expedition der Direktor des Naturparks Donaumündung. Er kam nicht an Bord, sondern fuhr mit einem kleinen Motorboot als eine Art Pfadfinder voraus – abseits der großen Fahrwasser, tief hinein in den Dschungel des Deltas. Für die Erhaltung der Natur war die militärische Sperrung hilfreich gewesen: Weder Häuser noch Straßen, weder Wege noch Anlegestellen oder Holzbrücken störten das freie Leben von Pflanzen und Tieren. Wir sahen Pelikane, Störche, Reiher, Kormorane und natürlich unzählige Möwen und anderes Wassergetier. Der Strom verliert sich hier in einem selbstgeschaffenen, 5600 Quadratkilometer großen Wunderland aus Wasser, das Pflanzen und Tieren eine paradiesische Heimat bietet.

Wie reich das Leben auf unserem Planeten ist und wie jeder Teil einer von Stahl oder Zement nicht verstümmelten Natur davon erfüllt ist, sah ich in kleinster Form in meiner Hand. Die Wissenschaftler des Reservats hießen mich am Ufer beliebig mit den Händen ein wenig Wasser schöpfen und dann beobachten. Was ich sah, verschlug mir den Atem: In jedem Zentimeter des Handbeckens tummelten sich unzählige kleine und kleinste Lebewesen, schwammen im Kreis, sprangen in die Höhe, zappelten hin und her. Wahrscheinlich waren gleichzeitig noch Tausende nur im Mikroskop erkennbare Individuen in diesen wenigen Tropfen Wasser am Leben. Welch eine Fülle! Und wie deprimierend schlecht fügen wir Menschen uns in diesen Kreislauf ein!

Das Reservat, 1981 noch von der Sowjetregierung ins Leben gerufen, umfaßt etwa die Hälfte des Kilija-Arms, über den sich wiederum zwei Drittel des Donauwassers ins Meer ergießen. An die 800 Arten mikroskopisch kleiner Algen haben sich hier entwickelt. Das Delta ist aber auch Heimat für eine beachtliche Anzahl großer Tiere wie Adler, rosa Pelikane, vier Arten von Delphinen, drei Arten des ebenfalls im Aussterben begriffenen Störs oder die leider sehr selten gewordene Mönchsrobbe. 1986 wurde im Delta noch ein Stör von 635 Kilo Gewicht gefangen! Etwa 2860 verschiedene Spezies von Pflanzen und Tieren sind registriert, nicht eingerechnet die unzähligen Arten von Bakterien, Pilzen, Insekten und anderen Organismen. Von den endlos vielen Wasserwegen zweigen nach allen Seiten kleine und kleinste Adern ab und münden allerorts in Teiche und größere Seen, die dicht bedeckt sind mit herrlich blühenden Seerosen, mit grünem Laub oder Gräsern.

Wir übernachteten vor Anker in der Mündung eines Nebenarms und waren am nächsten Tag eingeladen, für viele Stunden in einem kleinen Motorboot der Naturparkverwaltung kreuz und quer durch die Schilfwälder zu gleiten und immer neue Schönheiten und Eigenarten zu bewundern. Noch einen weiteren Tag der Delta-Besichtigung durften wir erleben und genossen am letzten Abend auf dem Achterdeck unseres Boots gemeinsam mit den Mitarbeitern des Reservats ein reichliches Abendessen. Es gab frisch gefangenen Fisch, allerlei Gemüse aus den Gärten von Wilkowo und einen ganz besonderen Wein, der nur im Schlammboden des Deltas gedeihen kann. Unsere Freunde hatten die Gerichte in ihrer Station vorbereitet und brachten bei Einbruch der Dunkelheit die vollständige Mahlzeit an Bord. Ein stimmungsvoller, dunkelroter Sonnenuntergang krönte diesen unvergeßlichen Tag zwischen Traum und Wirklichkeit.

Für das als »Venedig des Ostens« angekündigte Wilkowo hatten wir einen weiteren Tag vorgesehen. In früheren Jahrhunderten waren die verschlungenen Arme des Deltas für Landfahrzeuge und auch für Reitpferde unzugänglich gewesen, ein willkommenes Versteck für entflohene Gefangene oder für Menschen, die wegen ihrer Glaubensrichtung oder ihrer politischen Überzeugung staatliche Verfolgung befürchten mußten. Dazu gehörten auch eine Gruppierung von Kosaken und eine sehr strenge Glaubensgemeinschaft der orthodoxen Kirche. Um den Gefahren zu entgehen, die eine Verfolgung der entflohenen Sträflinge mit sich bringen konnte, hielten Wachtposten und Wegelagerer gute Freundschaft.

So fand sich in dem Dschungel der Donaumündung eine bunte Gesellschaft zusammen: Türken und Tscherkessen, Zigeuner und Neger, Bulgaren und Walachen, Russen und Serben, Matrosen aller Nationen, Abenteurer und Deserteure. Daneben gab und gibt es seit jeher die Fischer und Jäger und seit dem 17. Jahrhundert vor allem die Lippowaner, strenggläubige orthodoxe Russen, die aus ihrer Heimat fliehen mußten, weil sie nicht der zaristischen Kirche angehören wollten. Tausende von Flüchtlingen siedelten sich im Lauf der Zeit im Marschland der Donaumündung an.

Außer der maritimen Umgebung hat das Städtchen Wilkowo freilich nichts mit dem prunkvollen Glanz der Lagunenstadt Venedig gemein. In Wilkowo kann man dennoch staunend erleben, was Menschen buchstäblich mit ihrer Hände Arbeit aus den Materialien, die eine reiche Natur liefert, zu gestalten vermögen. Ein Vergleich mit den Inseln der Südsee drängte sich uns auf. Auch hier hatten wir diese ganz auf die Gegenwart bezogene Lebenseinstellung der Einwohner gefunden.

Ein Monstrum läuft Amok

Unser Besuch war angekündigt worden, und so verschaffte uns ein Anruf von Alexei den Liegeplatz an der kleinen Brücke für Ausflugsboote nahe dem Stadtzentrum. Wilkowo ist einer der romantischsten und beschaulichsten Plätze an der ganzen Donau. Man hat Zeit. Noch heute fördern die Einwohner täglich Unmengen von Schlamm aus dem Flußbett und erreichen damit zweierlei: Sie baggern die Kanäle frei, die als Verkehrswege für ihre schmucken Holzboote dienen, und sie verwenden den getrockneten Schlamm zum Bau ihrer Häuser. Ganz Wilkowo ist aus Schlamm gebaut.

Über Fußwege und Sträßchen, die immer wieder mit Brücken über die schmalen Kanäle verbunden waren, begleitete uns eine freundliche Dame zum Rathaus und zur Kirche, die dem strengen Glauben der Lippowaner anhing. Renovierungsarbeiten waren im Gange. Ich führte ein langes Gespräch mit dem greisen Popen, der einen glücklichen Eindruck machte, weil er sein Lebensziel erreicht sah: Es war ihm gelungen, nach der Sowjetdiktatur eine stattliche Anzahl alter und neuer Anhänger in seinem Glauben zu vereinen und regelmäßige Gottesdienste abzuhalten.

Gegen Mittag fühlte ich mich durch die Hitze sehr ermüdet. Die Sonne strahlte unbarmherzig vom wolkenlosen Himmel, und das Laufen fiel mir schwer. Da ich zudem vor der endgültigen Ausfahrt ins Schwarze Meer Motor und Antrieb gründlich überprüfen wollte, entschloß ich mich, nach dem Mittagessen allein an Bord zu bleiben und auf weitere Erkundungen zu verzichten.

Nicht ahnend, was in unserer Abwesenheit geschehen würde, hatten wir das Boot ohne Aufsicht zurückgelassen. Am Morgen hatte sich nämlich ein riesiger Schwimmkran unserem Liegeplatz genähert. Das sah bedrohlich aus. Besorgt beobachteten wir die Manöver des riesigen Ungetüms. Der Kran mochte 40 bis 50 Meter hoch sein, und der verrostete Ponton darunter hatte entsprechendes Format. So ein Gerät zu manövrieren, noch dazu in der Strömung, ist alles andere als leicht. Aber alles ging gut, etwa 30 Meter unterhalb unseres Anlegers machten die Männer den Kran am Ufer fest.

»Da haben wir noch mal Glück gehabt«, meinte Angelika, und auch ich hielt die Gefahr für beseitigt. Der Kran war offenbar bestellt worden, um ein Denkmal anzuheben, das dicht am Ufer stand und Teil eines Baugeländes war. Der Ponton wurde mit dicken Trossen mehrfach vertäut. Wir gingen an Land und stiegen in den Kleinbus der Stadtverwaltung. Als ich später allein zurückkehrte fand ich unser Boot an seinem Platz, nahm einen Imbiß und kroch dann in den Motorraum, um Reinigungsarbeiten zu erledigen.

Plötzlich ließ mich ein harter Stoß kopfüber fallen, das Werkzeug flog mir aus der Hand. Dazu ein scharfer, metallischer Krach. Das Boot war gerammt worden! Entsetzt kletterte ich nach oben an Deck: Unsere Sturdy war gegen den stählernen Anleger gedrückt worden, der sich dabei verschoben hatte. Der rostige alte Ponton des Krans streifte den Bug unseres Bootes! Ein Blick auf die Bordwand zeigte mir, daß der starke Stahl eingedrückt wurde und mehrere lange Kratzer im Lack entstanden waren.

Ich versuchte erst einmal, meine Fassung wiederzugewinnen, und kletterte dann an Land. Auf englisch rief ich nach dem Kranführer, der seinen riesigen Kasten inzwischen ein Stück zurückgezogen hatte. Niemand reagierte. Als sich zwei Polizeibeamte näherten, sprach ich sie an. Die beiden hatten eine andere Aufgabe und zeigten sich ebenfalls nicht interessiert. Auch verstanden sie mich wohl nicht. Wenn nur Alexei wenigstens dagewesen wäre! Was konnte ich tun? Eigentlich nichts. In diesem Land, wo Armut herrschte und Verfall, wo kaum eine Maschine, kaum ein Gerät voll funktionsfähig waren, konnte der Schaden an einem fremden Fahrzeug nicht beeindrucken. Wer hätte auch die Reparatur bezahlen sollen? Das war meine bittere Erkenntnis. »Nur weg von hier, bevor noch mehr passiert«, dachte ich, vor Aufregung und Ärger wie benommen, und machte die SOLVEIG VII klar zum Ablegen. Aber wohin sollte ich steuern? Ich mußte auf jeden Fall in der Nähe bleiben, bis Angelika und Alexei wieder an Bord waren. Also ankerte ich auf der anderen, der rumänischen Seite des Stroms, in reichlicher Entfernung vom Ufer. Angelika und Alexei würden sich über UKW-Funk melden, so hoffte ich. Tatsächlich rief mich Angelika gegen 17.00 Uhr, und ich deutete ihr an, was geschehen war und wo sie mich finden konnte.

Mit einem geliehenen Ausflugsboot setzten dann alle drei, Sergei, Alexei und Angelika, zur SOLVEIG über. Angelika war ebenso aufgeregt wie ich und berichtete, daß der offenbar ungelernte, vielleicht auch angetrunkene Kranführer mit seinem gewaltigen Monstrum die große Anlegebrücke der ukrainischen Passagierschiffahrt gerammt und völlig verbogen auf das Ufer gedrückt hatte und daß sie zunächst glaubte, ich sei deshalb geflohen. Wir besprachen die Lage, und ich bedauerte, daß unser erfolgreicher Aufenthalt in Wilkowo durch dieses Mißgeschick überschattet wurde.

Aber Angelika sah die Begebenheit anders: »Du mußt so einen Vorfall, wenn er nicht mehr zu ändern ist, gelassen hinnehmen. Wir sind auf einer Abenteuerfahrt, da gehört so etwas dazu. Ganz gleich, wer den Schaden verursacht hat, du mußt damit leben.«

Natürlich hatte sie recht. Ich mußte meinen Schreck vergessen. Es hätte viel, viel schlimmer ausgehen können. Aber eine Lehre wollte ich beherzigen: in Zukunft selbst die möglichen Gefahren abzuschätzen und mich nicht darauf zu verlassen, daß die anderen aufpaßten, um vor Schadensersatzansprüchen sicher zu sein. Solche Ansprüche gab es hier nicht.

Auch unser nächstes Vorhaben war ein Wagnis. Ohne genaue Karte wollten wir die wegen ihrer militärischen Anlagen geheime Schlangeninsel ansteuern und dort eine Landung zumindest versuchen. Seit Menschengedenken waren keine fremden Besucher auf der kleinen Felseninsel gewesen, aber Alexei hatte bei der Kommandantur eine Sondergenehmigung für uns und für sein Forschungsteam erreicht. Um so wichtiger war es, daß ich meine Aufregung meisterte und die neue Unternehmung sorgfältig vorbereitete.

Zunächst einmal wollten wir noch am Abend ausklarieren, um am Morgen zeitig in See gehen zu können. Doch dazu mußten wir noch einmal zurück nach Wilkowo.

Von der Schlangeninsel zum Dnjepr

Die Ausklarierung in Wilkowo verlief ohne Probleme, obwohl die Offiziere monierten, daß bei der Einreise in Izmail nicht alle vorgeschriebenen Dokumente ausgefüllt wurden. Als Ziel gaben wir Odessa an, denn über der Schlangeninsel, die wir zunächst ansteuern wollten, lag der Schleier des Geheimnisses. Dort eine Landung zu versuchen, war in jedem Fall ein riskantes Unternehmen.

Unsere letzte Nacht auf der Donau verbrachten wir auf einem gut geschützten Ankerplatz im Delta. Strahlend begrüßte uns nach ruhigem Schlaf ein neuer Tag. Das waren die schönsten Stunden, wenn wir unser Schiff in freier Natur, losgelöst vom Lärm des Alltags, auf sanften Wellen schaukelnd zufrieden unter unseren Füßen wußten. Dann flogen die Gedanken dem Tag voraus, dann entstanden weitreichende Pläne, und alle kleinen Beschwerden traten in den Hintergrund. Der leuchtend blaue Himmel ließ die Welt in schönstem Licht erscheinen, kein Wölkchen deutete auf Wetteränderung.

Das Fahrwasser, in dem wir aufs Meer hinaus steuern wollten, mußten wir diesmal selbst finden. Auch das war schön, denn wir trauten uns sehr wohl zu, anhand einer alten deutschen Karte aus den dreißiger Jahren den richtigen Durchstich zu finden. Außerdem half uns die Beschreibung eines einheimischen Fischers, der uns erklärt hatte, bei welchen Markierungen oder Landmarken wir den Weg aus dem Dschungel des Deltas auf die offene See erreichten.

Die alte Fahrrinne war versandet. Statt dessen hatte man einen neuen Kanal ausgebaggert, den wir nach einer kurzen Fehlorientierung auch richtig erkannten. Erst ganz am Ende der Mündung, vor der Sandbarre, die das Süßwasser vom Salzwasser trennt, wurde die Suche nach der Ausfahrt schwierig. Vor uns schob sich ein großes Frachtschiff in Richtung offene See. »Fahr dem nach!« rief Angelika aufgeregt. So langsam bewegte sich der große schwarze Pott durch das Gewirr von Sandbänken, daß ich Mühe hatte, in seinem Kielwasser zu folgen.

Gegen 10.00 Uhr endlich waren wir auf freiem Wasser. Dunkelbraun wälzte sich die Flut der Donau noch etwa eine halbe Meile weit ins blaue Salzwasser des Meeres hinaus. Es war faszinierend zu sehen, wie die verschiedenen Gewässer, scharf abgegrenzt voneinander, ihre eigenen Wege suchten. Dann endlich: Der weite Horizont lag vor uns, Schlamm und Sand der riesigen Flußmündung hinter uns.

Die See war ruhig, die Lufttemperatur betrug 30 Grad, und eine leichte Brise kräuselte die Wellen: ideale Bedingungen für ein Motorboot. Die Sonne brannte heiß, doch ein kühler Wind machte den Aufenthalt an Deck angenehm. Alexei und Sergei saßen auf der Backskiste vor der achteren Reling, ein Platz, den sie von jetzt an immer aufsuchen würden, um von dort aus bei freier Sicht Vögel oder Delphine zu beobachten.

Flucht im Schlauchboot

Ich stellte die elektronische Selbststeuerung ein und ließ die SOLVEIG VII mit sieben Knoten Fahrt auf die See hinauslaufen. Angelika versorgte uns mit Getränken und mit Keksen. Ob das Schwarze Meer im Sommer immer so sanft bleiben würde? Auf jeden Fall hatte es zur Zeit des Eisernen Vorhangs auch Bürgern der DDR eine der wenigen Möglichkeiten zur Flucht in den Westen geboten. Einfach war es aber nicht, denn ganze Heere von Grenzwachen kontrollierten die Strände, die Hotels und alle Fahrzeuge. Die Staatssicherheit bespitzelte jeden Urlauber. Dennoch gelang es einem Ehepaar aus Sachsen, vom benachbarten Bulgarien aus die Türkei zu erreichen. Berichte in deutschen Zeitungen gab es darüber nie, aber die Eheleute erzählten mir selbst von ihrer abenteuerlichen Flucht im Schlauchboot über das nächtliche Meer. Das kleine Badeboot, das sie im Urlaubsgepäck mitführten, hatte an der Grenze zunächst Aufsehen erregt, war aber so leicht und schwach, daß keiner der Beamten in Deutschland oder später an der bulgarischen Küste wirklich Verdacht schöpfte. Nach Einbruch der Dunkelheit wurde die Stoffhülle aufgepumt und an den Strand gebracht. Die Nacht war mondhell, und noch nie, so erzählten sie mir, hätten sie jemals das Mondlicht so gehaßt wie in dieser Nacht. Außerdem wurden irgendwelche Manöver abgehalten, und Posten stand neben Posten an der Küste. Leuchtkugeln wurden abgeschossen und überstrahlten den Strand. Trotzdem brachten sie ihr Boot ins Wasser. Was sie nicht wußten, war die Tatsache, daß mit den Horch-, Radar- und Sichtgeräten des Militärs jede Maus erkennbar gewesen wäre. Glück spielte also wie immer bei riskanten Abenteuern eine entscheidende Rolle.

So aber glitt ein Kriegsschiff nur wenige Meter neben ihnen über die See, ohne die Flüchtlinge zu bemerken. Vielleicht waren es gerade die Manöver, welche die Grenzer ablenkten. Einmal kam ein Wachboot so nahe, daß sich die Flüchtlinge flach hinwarfen, um nicht gesehen zu werden. Ihren Kurs suchten sich die beiden nach dem Stand von Mond und Morgensonne, bis sie nach mehreren Stunden meinten, genügend Distanz zurückgelegt zu haben. Als der Morgen heraufkam, paddelten sie zum Strand und fanden eine Zigarettenschachtel mit türkischer Aufschrift. Sie hatten es geschafft! Todesangst schwang noch vierzig Jahre später in ihrer Stimme mit, als sie ihre Not und Verzweiflung beschrieben.

Wie viele Flüchtlinge, vor allem auch aus der Sowjetunion, mögen in jenen Jahren hier ihr Leben gelassen haben? Aufgrund ihrer Lage vor dem Donaudelta, kaum 400 km von Istanbul entfernt, hatte die Schlangeninsel zur Zeit des Kalten Krieges eine strategisch bedeutsame Rolle gespielt. Jetzt gehörte sie zur Ukraine. Die Neugier war deshalb bei unseren ukrainischen Gästen noch größer als bei uns und steigerte sich zur Hochspannung, als zwei Stunden später die rötliche Felseninsel in Sicht kam.

Die Festung im Meer

In einem Reiseführer der »Ersten Donau-Dampfschiffahrtsgesellschaft« aus dem Jahr 1917 wird die Sichtung der Schlangeninsel folgendermaßen beschrieben: »Sulina ist Endstation der Ersten k.k. Privaten Donau-Dampfschiffahrts-Gesellschaft. Dem Besucher bietet sich hier (bei Sulina) der Ausblick auf das Meer, und der rege Schiffsverkehr, das Gemisch der verschiedenen Nationen, die großartigen Damm- und Uferbauten der Europäischen Donaukommission fesseln seinen Blick. Von Sulina führt ein Damm zum Leuchtturm am rechten Ufer, ein anderer Leuchtturm steht am linken Ufer. Aus dem Meere ragt die kuppelförmige, 40 m hohe Schlangeninsel empor, die von einem Leuchtturm gekrönt ist. Wir sind an die Mündung der Donau gelangt, wo der Pontus Euxinus seine Wogen mit den Fluten des bedeutendsten Stromes Europas mischt.«

Unsere Ansteuerung der Schlangeninsel verlief nicht ohne Nervosität. Wo konnten wir an den Felsen eine Landung wagen? Sergei griff zum VHF-Telefon und meldete unseren Besuch an. Im Radar hatte man das Boot längst erkannt, die Soldaten freuten sich offenbar über die Abwechslung, baten auch schon vorsorglich um Zigaretten. Je näher wir kamen, desto mehr machte ich mir Gedanken, wie eine Landung überhaupt zu bewerkstelligen war. Bei nur wenig stärkerem Wind hätte an diesen Felsen jeder Versuch einer Annäherung scheitern müssen. Ähnlich wie Helgoland ragt die Insel steil aus der See.

Rötlich gefärbte Wände ohne einen sichtbaren Zugang zeigten mir: Es wird schwierig! Es gab keinen Strand, an dem wir mit unserem Schlauchboot hätten landen können, geschweige denn einen Anleger für unser Schiffchen.

Auf der Insel erkannten wir ein größeres Gebäude und mehrere Baracken. Dort entdeckte ich auch eine Landebrücke für die Versorgungsschiffe, aber sie war erheblichem Schwell ausgesetzt und lag außerdem viel zu hoch über dem Wasserspiegel. Uns blieb nur der Versuch, auf der Leeseite der Insel zu ankern. Um 12.30 Uhr fiel das Eisen auf einer Tiefe von etwa zehn Metern. Eine Gruppe Uniformierter war inzwischen auf der Oberkante des Felsens erschienen, Zeit also für uns, das Schlauchboot vorzubereiten. Ich war verunsichert wegen unserer beiden Gäste, die sich zwar nach Kräften bemühten, im Umgang mit Booten aber wenig geübt schienen. Alle vier stiegen wir in das kleine Gummiboot, Sergei ergriff die Riemen, und langsam näherten wir uns der Küste. Eine lange Dünung lief um die Insel herum und brach sich weiß schäumend an den Steinen. Es gab wirklich nicht den kleinsten Strand, nur an einer Stelle sah ich eine schmale Felsplatte, die aber immer wieder von Wellen und Gischt überflutet wurde. Dennoch: Nur dort konnten wir aus dem flachen Boot an Land klettern.

91

Einer nach dem anderen sprangen wir auf den Stein, dann zogen wir das leichte Schlauchboot auf die Platte und banden es sicher fest. Wir begannen unsere Klettertour durch die Felswand, bis wir einen Pfad erreicht hatten, der uns auf das Plateau führte. Ein Dutzend junger Soldaten erwartete uns mit neugierigen Fragen, die Alexei alle beantwortete. Unser Besuch war eine Sensation für sie, weil sie sechs Monate lang in der Abgeschlossenheit dieses Stützpunkts ausharren mußten. Wir erfuhren, daß die Männer sich völlig selbst versorgten, Schweine züchteten, ihr Brot buken und nur zweimal im Jahr von einem Tankschiff Wasser bekamen.

Langsam schlendernd und nach allen Seiten Ausschau haltend, überquerten wir die etwa zwei Kilometer breite Insel. Außer Steppengras wuchs hier so gut wie nichts, weder Baum noch Strauch, wenn man von dem kleinen Gemüsegarten absah, den das Verpflegungskommando angelegt hatte. Auf die Frage, ob sich die Soldaten auf die Ablösung freuten, erhielten wir die überraschende Antwort: »Wir sind eigentlich gerne hier, denn es gibt auf der Insel keine Unterschiede zwischen Arm und Reich, und auch Geld hat hier keine Bedeutung.« Alle hatten sich saubere Uniformen angezogen und ihre Mützen aufgesetzt. Arbeitskleidung konnte ich nur aus der Entfernung bei einem im Küchendienst beschäftigten Trupp beobachten und bei einer Abteilung, die fleißig exerzierte. Die bis dahin recht schweigsamen jungen Männer fragten schließlich schüchtern: »Dürfen wir euch fotografieren, zusammen mit unseren Kameraden?« Daraufhin begann ein fröhliches Knipsen, wobei wir schon mit Rücksicht auf Alexei darauf achteten, daß nicht etwa militärische Anlagen im Hintergrund mit auf das Bild gerieten, denn die Insel war weitgehend als Festung ausgebaut. Radaranlagen, Satellitenantennen und Horchgeräte jeder Größe beherrschten die öde und irgendwie gespenstische Szenerie. Der höchste Antennenturm lag umgestürzt im Gras, und die übrigen Geräte zerfielen zum Teil durch Rost und Mangel an Wartung. Ich erkannte die eine oder andere unterirdische Anlage und zwei Artilleriestellungen, die vielleicht noch einsatzbereit waren.

Alles in allem ein eher trister Anblick, denn es stimmt mich immer trübe, wenn mit viel Aufwand und Fleiß erstellte Einrichtungen, gleich welcher Art, dem Verfall preisgegeben sind. Selten sah ich auf so kleinem Raum so deutliche Hinweise auf die Vergänglichkeit der

Macht, in diesem Fall der Sowjetmacht. Es machte mich auch nachdenklich, daß ein so mächtiges Reich, gegen das ich als blutjunger Soldat eingesetzt war und das am Ende siegreich meine Heimat besetzt hatte, gut vierzig Jahre später in sich selbst zusammenbrach und seine Stärke fast über Nacht verlor.

Das beherrschende Gebäude der Insel war der historische Leuchtturm aus dem 19. Jahrhundert, der seinerzeit von einer französischen Firma als Geschenk Frankreichs an den Zaren erbaut worden war und seinen Dienst noch immer Nacht für Nacht versah. Erklärungen dazu gab uns der freundliche junge Kommandant, der uns auch zu einer Besichtigung des romantischen Turms und seiner Nebengebäude einlud. Von der oberen Plattform, die wir über eine enge Wendeltreppe erreichten, bot sich ein herrlicher Blick auf die See und auf die in der Ferne schimmernde Küste des Deltas. Man erlaubte uns anschließend sogar, allein über das Plateau zu wandern, nur Aufnahmen von den Verteidigungsanlagen durfte ich nicht machen. Da nie zuvor Besucher auf die Insel gekommen waren, gab es auch keine Zäune oder Absperrungen.

Unsere Freunde von der biologischen Fakultät interessierten sich in erster Linie für den eigentlich recht dürftigen Pflanzenwuchs, für Versteinerungen und für kleine Meerestiere am Felsufer. »Die Schlangen, nach denen die Insel benannt ist, gibt es schon lange nicht mehr«, bemerkte Alexei.

Die Zeit war schnell vergangen, und plötzlich begann es zu dämmern. Um noch genug Licht für den Abstieg und die Rückfahrt zum Boot zu haben, mußten wir uns beeilen. Die günstigste Stunde für Film- oder Fotoaufnahmen von der SOLVEIG VII vor den roten Klippen der Insel war ohnehin bereits verstrichen. Dennoch war unser Besuch auf Ostrov Zmeinyy, wie die Insel auf russisch heißt, nicht nur eine interessante Episode, sondern ein ganz unvergeßliches Erlebnis.

Die Überwachung beginnt

An Bord zurück, waren meine Gedanken nun ganz auf Odessa gerichtet. Der Wind hatte sich indessen verstärkt, wir lagen nicht mehr so ruhig wie zuvor, blieben aber dennoch vor Anker bis kurz vor Mitternacht, um die Ansteuerung des Hafens von Odessa nicht schon in der Dunkelheit zu beginnen. Irgendwie war mir feierlich zumute, als ich nach einem ausgedehnten Abendessen, bei dem uns Angelika mit frischem Fisch und Gemüse vom Markt in Wilkowo verwöhnt hatte, den Motor startete und Kurs auf Odessa nahm. Was verband sich nicht alles mit diesem Namen! Seit der Schulzeit hatte Odessa einen festen Platz in meiner Vorstellung gehabt. Es ist nicht nur eine große Hafenstadt, sondern auch ein bedeutendes Kunst- und Handelszentrum im Osten Europas.

Am 27. Mai 1794 ordnete Zarin Katharina II., damals auf dem Höhepunkt ihrer Macht, die Gründung einer neuen Stadt an der Stelle der alten türkischen Festung an, die ihre Truppen erobert hatten. Visionär erkannte die große Kaiserin die Notwendigkeit und den Nutzen eines russischen Zentrums an der Küste des Schwarzen Meeres. Sie ließ Hafen und Stadt im Schnellverfahren erbauen, obwohl dort ein Naturhafen nicht vorhanden war. Der Name lehnt sich an das altgriechische Odessos an, das aber vor 2000 Jahren an ganz anderer Stelle beim heute bulgarischen Varna lag.

Gleichmäßig brummte der Motor, es kümmerte ihn nicht, daß der Wind weiter zugenommen hatte und die See sich mit immer höheren Wellen unserem Schiff entgegenwarf. Die Tourenzahl blieb absolut stabil. Alexei und Sergei hatten Mühe, sich bei den manchmal heftigen Bewegungen auf den Beinen zu halten oder in der Koje liegen zu bleiben. Ich mußte mich auf dem Sitz hinter den Instrumenten mit einer Hand festhalten. Manchmal setzte der Bug hart in die immer steiler werdende See ein, das Boot verhielt sich dabei aber stets zuverlässig und ließ sich ausgezeichnet steuern, trotz unserer sieben Knoten Fahrt gegenan. Der Autopilot war aktiviert, dennoch mußten wir abwechselnd und sehr aufmerksam Wache gehen, da in der Nacht von allen Seiten Schiffe unseren Kurs kreuzten. Ich blieb an diesem Abend lange am Ruder, dann löste Angelika mich bis 02.00 Uhr früh ab. Mit unglaublicher Kraft und Zähigkeit bewältigte sie die vielfachen Aufgaben, die sie jeden Tag und oft auch nachts zu erledigen hatte. Ganz besonders war sie belastet, seit wir in der Ukraine immer neue Gäste an Bord nahmen.

Ab 06.00 Uhr wurde es langsam hell, und bald hörte ich eine Stimme aus dem Lautsprecher. Der erste Anruf der Küstenwache! Ich alarmierte sofort Sergei, der das Gespräch annahm. Angelika bereitete Kaffee und Tee, dazu Kekse und Brot. Der Wind hatte weiter aufgefrischt, und die Bewegungen des Bootes wurden wirklich wild. Die Windstärke betrug volle sechs Beaufort.

Wir befanden uns noch fünf oder sechs Seemeilen vor der Küste, dennoch sprach uns der Offizier zu meiner Verblüffung mit dem Bootsnamen an. Waren alle Küstenstationen über unseren Kurs informiert, oder konnte man uns mit Ferngläsern beobachten und den Bootsnamen vom Kajütaufbau ablesen? Alexei meinte: »Natürlich haben die Wachen Spezialfernrohre oder elektronische Sichtgeräte, mit denen sie jede Kleinigkeit auf dem Boot erkennen.« Ich kann nicht sagen, daß diese Art der Überwachung bei mir ein »befreiendes« Gefühl auslöste. Wir sollten im weiteren Verlauf unserer Reise noch manche Überraschung mit der Küstenwache erleben.

Unsere ukrainischen Freunde hatten sich über die Liegemöglichkeiten in Odessa informiert und berichteten, daß es in der alten russischen Hafenstadt sowohl einen Yachtklub gab als auch eine moderne Marina. Der für uns entscheidende Unterschied bestand darin, daß das Gelände des Yachtklubs etwa eine halbe Autostunde vom Zentrum entfernt lag, während die neue Marina in der Mitte von Hafen und Stadt entstanden war. Ich entschied mich daher ohne langes Nachdenken für die erst kürzlich eröffnete Marina. Die Gespräche über Funk und die Fragen der Küstenwache nahmen indessen kein Ende, während wir uns der Einfahrt näherten. Schon aus großer Entfernung erkannten wir den neuen Tower der Hafenverwaltung und danach, auf der gegenüberliegenden Seite der Einfahrt, einen schönen alten Turm, den Vorontsovskij-Leuchtturm.

Eine luxuriöse Marina

In der Mitte des Hafens, vor dem großen Stationsgebäude der Passagierschiffahrt, waren dann die weiträumigen Anlagen der riesigen Marina nicht zu übersehen. Alle Plätze waren noch leer, es blieb so viel Raum, daß ich mich erst nach einer Rundfahrt entscheiden wollte, wo wir am günstigsten liegen würden. Ich wählte einen der breiten Schwimmstege, von dem aus wir am schnellsten zum Stationsgebäude und damit zur Stadt gelangen konnten. Welch ein Luxus! An jedem Liegeplatz gab es nicht nur eine Säule für Strom und Wasser, sondern auch einen eigenen Feuerlöscher. Die Lage der Marina nur 100 Meter vor der durch den Eisenstein-Film »Panzerkreuzer POTEMKIN« berühmt gewordenen Großen Treppe war einmalig. Das Beste und Teuerste, was auf dem Markt zu haben war, anscheinend aus Italien, hatte man hierher transportiert. Wie war das möglich in einem Land, in dem so offensichtlich Armut und Mangel herrschten? In einem Land, demgegenüber Russland noch als reich erscheinen mochte?

Odessa

Erst zwei Wochen zuvor war die Marina eröffnet worden, und wir hatten die Ehre, zu den ersten Gästen zu gehören. Würde diese Marina jemals voll belegt sein? Konnte sie sich überhaupt rentieren? Zwei Luxus-Motoryachten von je 20 Meter Länge lagen uns gegenüber, außerdem am Kopf des Steges eine große Schoneryacht. Alle drei Schiffe gehörten zur Marina und waren für die Vercharterung an wohlhabende Besucher ausgerüstet und bemannt.

Die neu eröffnete Marina von Odessa

Wir waren natürlich begeistert von dem idealen Liegeplatz. Hier waren wir bestens versorgt, brauchten uns keine Gedanken zu machen um die Sicherheit des Bootes und hatten nur wenige Schritte zu gehen bis zum Fuß der Großen Treppe und damit zur Stadtmitte. Jeder Stadtgang begann mit dem Aufstieg über die 192 Stufen der Potemkin-Treppe, an deren Kopf das Denkmal des Franzosen Armand Emmanuel Herzog von Richelieu steht, Odessas bedeutender Bürgermeister von 1803 bis 1814. Lebhaft sah ich die Szenen aus dem Film wieder vor mir, als ich langsam Stufe für Stufe nach oben stieg. Welch geniale Idee Eisensteins, den Beginn einer Revolution auf dem Spielfeld dieser Treppe lebendig werden zu lassen! Auf jedem Treppenabsatz hielt ich inne, denn es bot sich jedesmal ein neuer Ausblick auf Hafen und Straßen.

Auf der obersten Terrasse neben dem Denkmal beginnt der wunderbare, mit breitästigen alten Bäumen bestandene Primorsky-Boulevard, an dessen Ende sich das wie ein antiker Tempel leuchtende Rathaus und nur wenige Meter weiter das bekannte Opernhaus befinden. Es wurde 1884-87 von den Wiener Architekten Gelmer und Felmer erbaut, in ähnlichem Stil, wie ihn Semper im berühmten

Odessa

Dresdner Haus etwa zur gleichen Zeit verwirklicht hat. Eine schönere Flaniermeile als diesen Boulevard kann man sich kaum vorstellen. Er dient deshalb auch als bevorzugter Treffpunkt für Liebespaare jeden Alters.

Bei unserem Rundgang reihte sich ein großartiges Gebäude, ein Palast an den anderen. Uns wurde schnell klar, daß wir kaum Zeit haben würden, auch nur einen Bruchteil der Museen, Parks und Kunstsammlungen zu besichtigen, die Odessa zu bieten hatte. Auf etwas aber wollte ich keinesfalls verzichten: auf den Besuch einer Opernvorstellung in dem berühmten Haus. Und tatsächlich bekamen wir noch Karten für die Puccini-Oper »Madame Butterfly«. Aber so beeindruckend schön die Innenräume des Opernhauses auch gestaltet sind, so wenig entsprach das Ensemble der Sänger und Musiker meinen vielleicht zu hoch geschraubten Erwartungen. Man hörte noch, was einmal erklang, was erklingen sollte, konnte es aber wegen der schwachen Stimmen und hilflosen Inszenierung nicht mehr genießen.

Wirklich bezaubernd sind die zahllosen Straßencafés, in denen man eine beachtliche Anzahl attraktiver Frauen und Mädchen beobachten kann, die trotz der herrschenden Armut sorgfältig gekleidet und gepflegt unter schattigen Bäumen sitzen oder auf den Boulevards spazieren. Überall herrscht fröhliches Treiben, denn Odessa ist eine junge Stadt. Seinen Bewohnern schreibt man in Rußland die lustigsten Witze und beliebtesten Lieder zu. In einem öffentlichen Garten sind mehrere Skulpturen ausgestellt, Karikaturen bekannter Männer, die einst mit einem Preis – bei uns würde man vielleicht sagen: »wider den tierischen Ernst« – ausgezeichnet wurden.

Sascha kommt an Bord

Alexei und Sergei traten die Heimfahrt zur Krim an, eine ziemlich strapaziöse Reise im Schlafwagen, die mehr als 24 Stunden dauern würde. Sie versprachen, in Sewastopol oder schon früher wieder an Bord zu kommen. In Odessa trafen wir mit unserem russischen Freund, dem bekannten Pantomimen Andrey Alexander zusammen. Er kam aus Moskau, und Angelika holte ihn mit dem Taxi vom Flughafen ab. Andrey Alexander oder Sascha, wie wir ihn nennen, bezog seine Kabine im Vorschiff und trank erst einmal reichlich Tee. Schon vor Monaten hatten wir uns mit ihm verabredet, er wollte uns als Dolmetscher und Kameramann in den nächsten Wochen begleiten.

Im Boot standen zunächst einige kleinere Reparaturen an, die ich auf jeden Fall an diesem ruhigen Platz erledigen wollte. Sascha und Angelika gingen unterdessen in die Stadt, um Filmaufnahmen zu machen. In Zukunft würden wir weder Einkäufe noch Besichtigungen ohne Sascha bewältigen können, da in der Ukraine nur sehr wenige Menschen Englisch verstehen. Am ehesten findet man Sprachkenntnisse noch bei Schülern oder Studenten, aber auch ihr Wortschatz ist sehr lückenhaft.

Alexei hatte uns mit zwei Professoren der Universität Odessa bekannt gemacht, die uns Informationen über den kritischen Zustand des Schwarzen Meeres zur Verfügung stellten. Der Verlust an Biomasse, an Kleinlebewesen, die für die Ernährung der Nutzfische und ebenso der Meeressäuger ausschlaggebend sind, hatte in den letzten Jahrzehnten dramatische Formen angenommen. Zusammen mit Sascha wurden wir eingeladen, die Universität zu besuchen. Professor Zaitsev, ein international renommierter Spezialist für die biologische Forschung im Schwarzen Meer, bot uns an, mit ihm an Untersuchungen des Meerwassers teilzunehmen. Mit Freuden sagte ich zu, hatte ich es mir doch zur Aufgabe gemacht, die Ursachen für die Bedrohung der Delphine zu erforschen.

Sascha und ich wurden in einem geliehenen Auto zum Strand mitgenommen und sahen interessiert zu, wie Studentinnen in Schüsseln und Eimern Wasserproben sammelten, Muscheln zählten und Kleinorganismen im Mikroskop untersuchten. Gleichzeitig suchten

Taucher den Grund ab und holten Proben von Sand und Pflanzen zur Registrierung herauf. Besonders wichtig erschien mir die Erklärung von Professor Zaitsev, daß sich die Fischbestände im Schwarzen Meer in den letzten fünf Jahren in erstaunlichem Tempo erholt hätten: »Nach dem Zusammenbruch der Sowjetunion sind so viele Industriebetriebe geschlossen worden, daß die Giftmengen im Meerwasser jetzt rasch absinken. Zur Zeit gibt es wieder deutlich mehr kleine Organismen, aber vor allem auch größere Fische als noch vor zehn Jahren. Auch der selten gewordene Stör hat sich vermehrt.« Und er fügte noch hinzu: »Der wirtschaftliche Rückgang hat natürlich auch eine sehr traurige Seite. Überall fehlt es am Nötigsten, und unser Institut in der Universität kann sich nur noch durch freiwillige und unentgeltliche Arbeit halten.«

Sascha hatte auf dem Markt ähnliche Auskünfte erhalten. Die Marktfrauen erzählten ihm, daß es Ende der achtziger Jahre keinen Fisch mehr gegeben hätte, jetzt aber wieder reichlich Fische jeder Größe angeliefert würden. Die wirtschaftliche Katastrophe hat also eine Naturkatastrophe im Schwarzen Meer verhindert. Erstaunlich für die Wissenschaftler war vor allem das Tempo, mit dem sich die Bestände erholt hatten.

Gefährdete Delphine

Bei den Delphinen sah die Bilanz trauriger aus, ihr Bestand im Schwarzen Meer war ernsthaft gefährdet. War man in den fünfziger Jahren noch von einer Population von rund einer Million ausgegangen, so hatte sich diese Zahl in den sechziger Jahren bereits auf weniger als 300.000 verringert. Zählungen, die von Schiffen und Flugzeugen der Sowjetunion durchgeführt wurden, ergaben 1986 einen bedrohlichen Rückgang auf nur noch 60.000 Delphine. Da eine rasche Vermehrung bei Meeressäugern bekanntlich nicht stattfinden kann und andererseits durch intensivierten Fischfang immer mehr Tiere in Grund- und Treibnetzen als Beifang verenden, muß mit einem weiteren Rückgang der Bestände gerechnet werden, obwohl der gezielte Fang und der Verkauf der intelligenten Tiere inzwischen in Rumänien, Bulgarien, der Ukraine und neuerdings auch in der Türkei verboten ist. Dr. Alexei Birkun war es gelungen, diese Entwicklung nachzuweisen und die Aufnahme der Delphine in die sogenannte Rote Liste gefährdeter Tierarten durchzusetzen. Wenn sich die Wirtschaft und damit die Industrie in Südosteuropa wieder erholt und mehrere Länder in die EU aufgenommen werden, droht leider eine neuerliche Verseuchung der Gewässer von Donau, Bug, Dnjestr und Dnjepr mit unabsehbaren Folgen.

Zu Fuß machten wir uns auf den Rückweg, und dabei sah ich an der steilen Bergwand große Personenaufzüge. Sie dienten dem schnellen und bequemen Transport Tausender von Strandbesuchern. Aber inzwischen waren alle verrostet und drohten einzustürzen. Ein so reiches Land wie die Ukraine, einst Kornkammer Europas, mit mächtiger Industrie an Dnjepr und Donez, war in siebzig Jahren kommunistischer Herrschaft in den Ruin gewirtschaftet worden, zu Zeiten Stalins sogar mit voller Absicht. »Die Tyrannei der Bolschewiki«, so heißt es in einem Aufsatz über die schwierige Lage der Stadt Odessa, »vertrieb Juden, Deutsche, Italiener, Griechen, Rumänen und Albaner, eben alle Fremden aus der Stadt. Nach ihnen benannte Straßen taufte man um. Nach dem Zerfall der Sowjetunion verwandelte sich Odessa in eine ukrainische Provinzstadt mit Nischen frühkapitalistischer Seligkeit. Zumindest vorübergehend. In Wirklichkeit ist Odessa eine russische Stadt mit internationalem Flair geblieben. Neu ist die Korruption. In Odessa, so heißt es, kann man alles erwerben, selbst U-Boote. Fünf Verbrechergruppen haben den Schwarzmarkt für Reifen, Zucker, Zigaretten, Alkohol und Lebensmittel unter sich aufgeteilt. Der Hafen ist ein Umschlagplatz des Handels, wobei die Nähe zu Istanbul sehr hilfreich ist. Man wartet auf die Rückkehr der fremden Nationalitäten und hat die Straßen vorsorglich schon rückbenannt.« Ob der Bau der luxuriösen Marina mit derartigen Zukunftsplänen zusammenhing? Auf jeden Fall bietet sie den besten Hafen, den eine ausländische Yacht bei ihrem Besuch des Schwarzen Meeres anlaufen kann.

Als Begleiter für unsere weitere Fahrt zu den Stränden eines großen Naturreservats und anschließend zur Krim hatte Professor Zaitsev einen erfahrenen Mitarbeiter ausersehen. Wladimir kam mit etwas Gepäck und seinem Reisepaß an Bord, stellte sich kurz vor und kehrte dann bis zur Stunde des Auslaufens noch einmal in seine Wohnung zurück. Am nächsten Tag machten wir unseren Abschiedsbesuch beim Direktor der Marina und bedankten uns für den ausgezeichneten Liegeplatz und den hervorragenden Service. Wir baten ihn auch, die Behörden wegen unserer Ausklarierung zu verständigen, deshalb wurden die Formalitäten noch am selben Abend und ohne jede Schwierigkeit abgewickelt. Anschließend verholten wir zur Bunkerstelle und ergänzten unsere Vorräte. Hier, das wußten wir, konnten wir noch einmal speziell gereinigten Diesel tanken. Odessa besaß vermutlich die einzige verläßliche Zapfstelle am Schwarzen Meer.

Um 05.00 Uhr früh an diesem 26. Juni machten wir seeklar. Wladimir war pünktlich zur Stelle, und auf dem Kai stand tatsächlich ein bewaffneter Polizist, der unseren Start beobachtete. Er brachte uns noch ein Formular, das ich ihm unterschreiben mußte. Danach schaltete sich über Funk bereits die Küstenwache ein, die uns von jetzt an nicht mehr aus ihrer Beschattung entlassen sollte. So verließen wir Odessa zu viert, wie wir gekommen waren. Nur bei der Crew hatte es einen Wechsel gegeben.

Sascha bediente das VHF-Telefon und führte die Gespräche mit der Küstenwache. Für ihn war es eine absolute Premiere, er besaß keinerlei Erfahrung im Funkverkehr auf See und wunderte sich noch mehr als ich, was seine russisch-ukrainischen Landsleute alles von ihm und uns wissen wollten. Ich notierte damals die ständigen Fragen: Name des Bootes, Länge, Gewicht, Breite, Kurs, Propeller (wie viele), Motormarke, PS, Geschwindigkeit...

Insel der Seevögel

Der Kurs zur Krim gab uns die Möglichkeit, ein Naturreservat zu besuchen. Dafür war Wladimir als Wissenschaftler zuständig. Er las fleißig in Büchern und Zeitschriften, um sich auf seine Aufgabe vorzubereiten. Für mich war es eine echte Fahrt ins Blaue. Ich hatte keine Ahnung, welche Landschaften uns erwarteten, kannte keinen

Namen an diesem völlig unbewohnten Küstenstrich. Wladimir zeigte mir die möglichen Ziele auf der Seekarte, danach mußte ich entscheiden, wo ich eine Landung versuchen und welche Kurse ich steuern wollte.

Unser erster Anlaufplatz war die Insel Berezan, ein winziges Stückchen Land vor der Mündung des Dnjepr. Doch unser Vorhaben kam der Küstenwache wohl verdächtig vor, denn nach zehn Minuten ertönte eine barsche Stimme aus dem Lautsprecher. Sascha mußte jeden unserer Namen buchstabieren, und von nun an sollten wir uns alle zehn Minuten melden. So begann die totale Überwachung. Ich war wütend, obwohl der arme Sascha die ganze Arbeit hatte.

Um 09.30 Uhr hatten wir die 30 Seemeilen entfernte Insel erreicht und ließen den Anker fallen. Unzählige Vögel kreisten über uns. Auf dem grasbewachsenen Hügel, der die Insel krönte, fiel mir ein großer Bunker auf. Aber wo konnten wir landen? Vor nicht allzu langer Zeit war dies ein vom Militär bewachter Platz gewesen, mit einer hervorragenden Anlegebrücke, aber jetzt war auch hier alles verrostet. An einer gesunkenen Schute machten wir fest, von dort konnten wir mit einem gewagten Sprung die Brücke erreichen. Einer nach dem anderen stiegen wir über ihre Trümmer an Land. Mit unglaublichem Geschrei flogen Hunderte von Vögeln auf, die im hohen Gras gesessen hatten. Wladimir kannte dieses öde Fleckchen Erde und ging festen Schritts voraus. Der Pfad zum Bunker war fast ganz zugewachsen. Ein leichter Steppenwind strich über das mannshohe Gras, ich konnte Wladimir und Angelika bald nicht mehr sehen. Die Richtung zu halten, war aber nicht schwer, es gab nur den einen Trampelweg. An dem großen Bunker aus dem Zweiten Weltkrieg traf ich unsere Gruppe wieder.

Wladimir erzählte uns aus der Geschichte des Inselchens, und Sascha übersetzte: »Auf dieser Insel wurde im Jahre 1912 ein verfrühter Revolutionär erschossen, ein Leutnant Schmidt. Er hatte mit einigen anderen Offizieren und Mannschaften den Aufstand probiert. Für ihn ist am Ende der Insel ein Denkmal errichtet worden.« Sascha war sehr beeindruckt und fotografierte die Gedenkstätte von allen Seiten. Leutnant Schmidt steht sicher als Märtyrer in jedem russischen Geschichtsbuch.

Erstaunlich waren die verschiedenen Seevögel, die ringsum vor allem in kleinen Mulden und Löchern saßen und brüteten oder ihre Nester vorbereiteten. Sie umflatterten uns, als wir über die rostige

Brücke zum Boot zurückkehrten. Abwärts waren die Sprünge noch gewagter, aber der brüchige Stahl hielt auch diesmal. Ich glaube, jeder von uns war froh, wieder an Bord zu sein. Dann hieß es: Anker auf und weiter!

Wladimir zeigte mir auf der Karte unser nächstes Ziel: eine tiefe Einbuchtung mit sehr flachem Wasser neben der Mündung der beiden großen Ströme Bug und Dnjepr. Hier befand sich die Station eines riesigen Naturschutzgebiets, das wir besuchen wollten. Nach vier Stunden Fahrt steuerte ich zwischen Festland und einer Sandinsel in die Bucht hinein. Wladimir zeigte mir die Richtung, und ich starrte gebannt auf das Echolot. Bald nahm die Tiefe bedrohlich ab, und eine halbe Stunde später knirschte es. Wir saßen nicht fest, aber wir berührten den Grund. Was nun? Lotse Wladimir starrte mich etwas hilflos an. Ich mußte schon selbst sehen, wie ich aus der verteufelten Ecke herauskam. Wladimir hätte die Bucht schon sehr genau kennen müssen, um uns zuverlässig zu führen. Auf der Seekarte, die 1937 gezeichnet und bis 1991 nachgebessert wurde, sind nur sehr wenige Tiefenangaben eingetragen. Vorsichtig, im Leerlauf und mit nur kurzem Einkuppeln des Propellers, manövrierte ich uns auf etwas tieferes Wasser. Wenigstens hatten wir keine Dünung und nur wenig Wind.

Als ich wieder zwei Meter Wasser unter dem Kiel hatte, warfen wir Anker. Wir waren nur mehr eine gute Seemeile vom Strand entfernt und konnten die Station mit dem Zodiac-Schlauchboot erreichen. Keinesfalls aber wollte ich unser Heim allein zurücklassen, eine Ankerwache war unbedingt notwendig. So verzichtete ich auf den Landgang und blieb an Bord. Leider trafen Angelika, Sascha und Wladimir die Station verlassen an, nachdem sie mit einiger Mühe im Schutz eines kleinen Wellenbrechers gelandet waren.

Während wir am Morgen noch überlegten, welcher künftige Kurs günstig wäre, näherte sich ein merkwürdiges Fahrzeug. Im Fernglas erkannte ich ein Tretboot, eine schwimmende Kutsche, wie sie an Touristen auf stillen Gewässern für kurze Ausflüge vermietet werden. Und wer kam in dieser Einöde zu uns? Der Direktor des Naturparks persönlich! Mit seinem Sohn kletterte er über unser Heckbrett an Bord und bot uns an, die SOLVEIG mit seinem Tretboot aus den Untiefen herauszulotsen, was ich mit Freuden annahm. Unsere Formation bot ein kurioses Bild: Voraus ein klappriges Tretboot, das sich auf den Wellen mühsam aufrecht hielt, und dahinter eine moderne, seetüchtige Motoryacht, die im Zickzack dem Spielzeugboot zu folgen versuchte.

Ein nahrhaftes Bombenziel

Nach einer Stunde hatten wir tieferes Wasser erreicht und verabschiedeten uns von unseren tapferen Helfern. Ich wählte einen Kurs, der uns aus der Bucht führen sollte, zuvor aber zu einem in der Nähe verankerten Fahrzeug, das wir auf der Hinfahrt gesichtet hatten. Es handelte sich um ein riesiges Schwimmdock, das, wie Wladimir erklärte, vor kurzer Zeit noch der sowjetischen Luftwaffe als Zielschiff gedient hatte. Meine Begeisterung für alle Arten von Schiffen und Anlagen für den Schiffbau trieb mich, dieses verlassene Ungetüm aus nächster Nähe zu betrachten und, falls möglich, zu betreten. Im Näherkommen erkannten wir, daß es sich tatsächlich um ein gewaltiges Schwimmdock handelte, groß genug, um sogar Schlachtschiffe aufzunehmen. In diesen total abgelegenen und gesperrten Winkel des Schwarzen Meeres hatten die Russen also ihren geheimen Reparaturstützpunkt verlegt, als Naturschutzgebiet getarnt? Oder war das Dock erst nach der Perestroika hier versteckt worden? Sollte das überschwere Bombenziel mit seinen zahlreichen Maschinen versenkt werden und war der Versuch mißlungen? Fragen über Fragen, die mir durch den Kopf gingen, während wir an der Außenwand des Stahlkolosses entlangfuhren. Eisenleitern, Plattformen, Treppen, alles war zum Greifen nahe. Aber nirgends war eine Stelle zu entdecken, an der man hätte hinaufklettern können.

Als ehemaliger technischer Offizier der Roten Armee war Sascha nicht weniger neugierig. Er bat mich, das Schlauchboot zu Wasser zu lassen, damit er in das Schwimmdock hineinpaddeln konnte. Die Idee gefiel mir, denn er würde vielleicht das eine oder andere militärische Geheimnis entdecken. Doch Wladimir und er entdeckten etwas ganz anderes: An den Wänden des Docks hatten sich zahllose Muscheln angesiedelt. Wladimir, als Biologe auf die Krankheiten von Muscheln spezialisiert, kam ganz begeistert zurück und holte seine Tauchbrille, dazu zwei große Messer und zwei Eimer. Aus der Entfernung sah es abenteuerlich aus, wie das winzige Gummiboot zwischen den Wänden des riesigen Wracks auf den Wellen tanzte, während ein nackter Mann darin mit den Paddeln arbeitete und ein zweiter ab und zu mit einem Eimer auftauchte, seinen Fang ausleerte und wieder im Wasser verschwand. Es dauerte keine Stunde, bis beide Eimer mit gesunden, großen Pfahlmuscheln randvoll waren.

Fleißig putzten Sascha und Wladimir, während der Weiterfahrt an Deck sitzend, Muschel um Muschel. Abends servierte Angelika ein leckeres Essen mit Reis und anderen Beilagen zu einem großen Berg saftig gelber Schalentiere.

Am folgenden Tag ankerten wir in einer riesigen Bucht, dem äußersten Ausläufer der Mündungen von Bug und Dnjepr. Flaches Wasser ließ dieses Revier grün erscheinen. Hinter einer 20 Kilometer langen Nehrung mit feinstem Sandstrand ankerten wir viele Stunden, vor jedem Seegang geschützt. Mehrfach setzten wir mit dem Schlauchboot zum Ufer über, wo ein gestrandeter Fischdampfer für eine bühnenreife Kulisse sorgte. Die schier endlose Tendra-Landzunge ist keine zwanzig Meter breit und kaum einen Meter hoch. Kein Haus, kein Baum, kein Strauch waren zu sehen – nur Wasser und Sand. Lediglich an der äußersten Spitze der Landzunge stand ein großer Leuchtturm.

Die Krim ist erreicht!

Von hier aus begannen wir die Überquerung des Karkinitskischen Meerbusens, der zwischen dem ukrainischen Festland und der Halbinsel Krim liegt. Schon in der Morgendämmerung tauchte die neue Küste vor uns auf, und um 05.30 Uhr liefen wir in eine geschützte Bucht ein, die uns Wladimir empfohlen hatte. Das war Jarylgatsch, nicht weit von Tschernomorsk entfernt, an der Nordwestküste der Halbinsel. Wir befanden uns im Steppengebiet der Krim, viel zu sehen gab es dort nicht. Da wir völlig übermüdet waren, hatten wir nur den einen Wunsch: tief und fest schlafen! Und eben dies machte uns die Küstenwache schwer, denn sie verlangte ständig neue Auskünfte, die Wladimir und Sascha per Funk übermittelten. Unsere Ankunft in dieser entlegenen Bucht hatte die Militärs offenbar in helle Aufregung versetzt. An den Fragen merkte ich deutlich ihre auf Spionageabwehr gerichtete Einstellung aus der Zeit der Diktatur. Und so erhielten wir auch keine Erlaubnis, mit dem Schlauchboot auch nur kurz an Land zu gehen.

Eine Stunde später mußten wir unseren sorgfältig ausgesuchten Ankerplatz sogar verlassen, denn die Wache hatte uns dort nicht im Blickfeld. Wir sollten an eine andere, gut einsehbare Stelle verlegen, die aber der hereindrängenden Dünung ausgesetzt war. Das Boot rollte erbärmlich, an Ausruhen war nicht mehr zu denken. Sascha, dem dabei ziemlich übel wurde, tat mir besonders leid. Er mußte immer wieder aufstehen und über Funk mit Alexei unsere weiteren Pläne abstimmen. Die Situation wurde noch dadurch erschwert, daß ein Fernsehteam aus Simferopol erst am folgenden Tag nach Tschernomorsk kommen konnte, unserem offiziellen Ankunftshafen, und wir uns deshalb noch 24 Stunden in Jarylgatsch aufhalten sollten.

Nach einer unruhigen Nacht, der Wind hatte bis Stärke fünf aufgebrist, verließen wir die Bucht von Yarylgatsch. Dabei machte das Wetter die Fahrt denkbar ungemütlich. Meterhohe Wellen ließen das Boot gewaltig stampfen. Nach einer Stunde erst hatten wir die wenigen Meilen geschafft, mußten aber in der Einfahrt noch einmal warten, damit sich das Fernsehteam vorbereiten konnte. Erst danach durften wir in dem kleinen, aber gut geschützten Hafenbecken neben der Terrasse eines Restaurants festmachen. Alexei empfing uns überglücklich, aber von Wladimir mußten wir uns leider verabschieden, er trat sofort die Rückreise nach Odessa an. Eine ganze Reihe von Beamten kam an Bord, und das mühsame Ausfüllen eines Dutzends Formulare begann. Darüber verging der Vormittag, obwohl Alexei und Sascha als Dolmetscher kräftig halfen. Am Nachmittag gingen wir zu einer Museumsbesichtigung, anschließend sahen wir neue, noch in Arbeit befindliche Ausgrabungen aus der Zeit des skythisch-taurischen Chersones, einer um 600 v. Chr. blühenden Griechenkolonie auf der Krim.

Über die Weiterfahrt nach Evpatoria und meine Navigation machte ich mir Notizen auf kleinen Zetteln, die ich während des Steuerns vor mir liegen hatte: »Hafen Tschernomorsk 4.40 auf. Wecken, müde. 5.30: Hafen aus. Regen, Dünung 0,5 m, unruhig, Wellen von allen Seiten. Temp. 27°. Dicht bewölkt. Um 6.00 an steiler Felsküste entlang. Zeltplätze an kleinen Sandbuchten, darüber Steppengras. Licht- und Telefonmasten ragen in den bleigrauen Himmel. Trostlos oder großartig? Einzelne landwirtschaftliche Kombinate, keine Dörfer. Früher sind hier die Steppenvölker Asiens (Hunnen) eingefallen. 6.30: Der Regen hat sich verzogen. Morgenhelle. Leichte Brise entgegen. Kurs 220°, Wassertiefe 25 m, Wassertemperatur 23°, Seegang leicht, unruhige Dünung, Wind Stärke 1. In der leeren Steppe stehen Funkanlagen, riesige Türme, Radarantennen, Satellitenempfänger. Etwas Sonne kommt heraus, sie läßt sich hier nicht lange verstecken. Neuer Kurs 100°, direkt auf Kap Evpatoriskij. Noch 29 sm = 4 Stunden Fahrt bei 6,5 kn. Kurs jetzt 109°. 8.30: Sonnenschein! 9.00: Es ist wieder bewölkt und dunstig. See seit dem Kap ziemlich ruhig. Wind 1 aus Nord. Eine Bohrinsel voraus, nicht in der Karte eingetragen. 12.30: bei Kap Evpatoriskij. Wetter phantastisch: ruhige See, nicht einmal Seebrise, gemütliche Fahrt bei Sonne und kühler Luft (28°). 13.00: Hafeneinfahrt Evpatoria voraus. 14.00: an Mole innen fest. Barkasse von Yachtklub hat uns begrüßt und geleitet. Sehr freundliches Winken. Man hat einen Schlepper gebeten, an der Pier für uns Platz zu machen.«

Der Empfang durch Fernsehen, Zeitung, Stadtverwaltung und Hafenmeister sollte folgen. Vorher wollten die Behörden wieder eine neue Einklarierung, sogar Gesundheitskontrolle und Auskunft über Lebensmittel aus Deutschland. Das war grotesk. Tatsächlich hatten wir noch ein paar Dosen aus Regensburg an Bord, die ich natürlich nicht melden wollte. Ich unterschrieb alles, was mir vorgelegt wurde, aber es war enervierend und zeitraubend. Kurzes Frischmachen, Umziehen. Dann: 16.00 Besichtigung Moschee, Kathedrale. Rundfahrt. Eine Sehenswürdigkeit war die Straßenbahn, die einzige auf der Krim. Diese grüne Stadt mit dem angeblich besten Strand der Halbinsel besitzt an die hundert Sanatorien und ist speziell für die Erholung von Kindern geeignet.

Wir blieben die Nacht über im Hafen und erhielten drei Soldaten als Wache an Deck. Von Zeit zu Zeit liefen sie über die Planken, und da ihre Stühle über unserem Schlafraum standen, wachte ich davon jedes Mal auf. Doch das Ganze war nicht ihre Schuld, sie waren vielmehr sehr nette Burschen und bekamen von mir Zigaretten und von Angelika Kaffee. Aber ich fragte mich: Ist Evpatoria wirklich so gefährlich? Das konnte ich mir nicht vorstellen. Und doch mußte es wohl so sein, denn die Redakteurin vom Fernsehen ließ sich abends von Alexei nach Hause begleiten, allein war ihr der Weg durch die Straßen zu riskant.

Ein weiterer Tag in Evpatoria erlaubte uns nochmals Besichtigungen, vor allem wurden wir vom Zweiten Bürgermeister in mehrstündiger Fahrt zu einem großen Binnensee gebracht, der unter den Sowjets in geheimer Aktion durch einen kurzen Kanal mit dem Meer verbunden worden war. Dort hatten sich öfter Delphine gezeigt, und wir sollten Gelegenheit zum Fotografieren erhalten. Der See bildete einen perfekt geschützten Stützpunkt für die russische Flotte. Er war an Land noch immer eingezäunt und bewacht, und selbst der Bürgermeister konnte die Wache nur mit Schwierigkeiten überreden, uns einzulassen. Die weitere Verwendung der umfangreichen Anlagen schien noch unklar. Zivile Schiffe jedenfalls durften den Hafen nicht anlaufen.

Schock im Delphinarium

Wir hatten gehört, daß in Evpatoria vor einigen Jahren ein Delphinarium eingerichtet worden war, und wollten die Delphinschau dort besuchen. Delphinarien werden von allen Tierschützern kritisch gesehen, denn die Haltung von Delphinen in kleinen Becken ist je nach Art der Einrichtung mehr oder weniger Tierquälerei. Etwas verspätet eilten wir hastig die Treppen eines Kindersanatoriums hinauf, in dessen oberen Etagen sich der Zugang zum Schwimmbecken befand. Die Sitzreihen um die frühere Sportstätte waren überfüllt, gewaltiges Getöse aus vielen Lautsprechern empfing uns. Schon beim ersten Blick auf das viel zu kleine Schwimmbecken erschraken wir so sehr, daß wir die Halle fast wieder verlassen hätten. Von der Empore aus sahen wir in ein nur 25 Meter langes und 12 Meter breites Bassin, in dem sechs Delphine in einer dunkelbraunen, stinkenden Brühe schwammen! Mir wurde übel. Die Konzentration von Kot mußte sehr hoch sein, an den Urin mochte ich gar nicht denken. Die Tiere wurden hier langsam, aber sicher vergiftet.

Ringsum saßen auf den Tribünen Mütter und Väter mit ihren Kindern, die, von der schrillen Stimme einer Animateurin angefeuert, laut schrien und jubelten, wenn die geplagten Tiere durch einen Reifen sprangen. Das Kinderheim war zum Delphinarium umfunktioniert worden, ohne daß die nötigen Vorrichtungen vorhanden waren. Die Reinigung des Wassers – es gab keinen Austausch über Rohre – fand nur einmal in der Woche statt.

Noch völlig verstört, suchten wir den Weg zurück zum Boot. Unsere gute Stimmung nach dem freundlichen Empfang war verflogen. Allerdings mußte ich mir sagen, daß unsere neuen Freunde hier keinen Einfluß auf die Planungen einer Gruppe von Geschäftemachern hatten, wahrscheinlich von den Zuständen im Delphinarium nicht einmal wußten. Die Not im ganzen Land war so groß, daß die Sorge um das tägliche Brot dringender war als der Tierschutz. Die Stadtverwaltung ihrerseits konnte in Anbetracht der katastrophalen Finanzlage ein Unternehmen nicht blockieren, das vielen Bürgern Beschäftigung gab und Steuergeld in den Stadtsäckel brachte.

So hatte uns die schöne Stadt Evpatoria einen Vorgeschmack gegeben auf das, was uns auf der Krim erwartete. Der berühmtere Teil der Halbinsel lag noch vor uns. Unser nächstes Ziel hieß Sewastopol!

Sewastopol

Schön bist du, Tauriens Gestade,
wenn vor dem Schiff im Morgenstrahl
du aufsteigst aus dem Meerespfade,
wie ich dich sah zum ersten Mal.

Alexander Puschkin 1820

Nur wenige Gegenden Europas sind von ihrem Namen her so bekannt wie die Krim und gleichzeitig von ihrem landschaftlichen Er-
scheinungsbild her so unentdeckt wie diese legendäre Halbinsel im
Schwarzen Meer.

Geografisch und historisch war und ist die Krim von großer
Bedeutung und findet in zahllosen Dokumenten, Büchern und sonstigen Publikationen Erwähnung. Andererseits sind die Handels- und
Verkehrsanbindungen zum westlichen Europa spärlich und selbst in
unseren Tagen noch wenig entwickelt. Man reist leichter nach Grön-
land als auf die Krim.

Ein großes geschichtliches Ereignis war sicherlich der Krimkrieg
zwischen den europäischen Nationen England, Frankreich und der
Türkei gemeinsam gegen das Zarenreich. Ebenso spielten im Zwei-
ten Weltkrieg die Eroberung von Sewastopol durch die deutsche
Wehrmacht und zwei Jahre später die Rückeroberung durch die Rote
Armee eine entscheidende Rolle.

Gegen Ende des Krieges war wiederum eines der berühmten
Zarenschlösser bei Jalta Schauplatz jener Konferenz, in deren Verlauf
zwischen Stalin und seinen Gästen Churchill und Roosevelt die Zukunft Deutschlands und Europas vorbestimmt wurde.

111

An der Riviera des Ostens

Was macht nun das Besondere der Halbinsel aus? In erster Linie sind es wohl das mediterrane Klima und die dadurch bestimmte südländische Landschaft, aber auch die guten Naturhäfen, die der Südküste der Krim den Ruf einer Riviera des Ostens eingetragen haben. Zahlreiche Kurorte an den Hängen des Jaila-Gebirges, gegen die rauhen Winde des asiatischen Kontinents von einer über tausend Meter hohen Gebirgskette geschützt, verwöhnen sonnenhungrige Urlauber mit subtropischen Temperaturen. Mit grünen Wäldern bedeckte Berge, von Tälern und Höhen gegliederte Ufer umschließen die Buchten eines blauen Meeres, dessen Wellen weiß schäumend am Fuß gewaltiger Felsformationen branden.

Wie die Erbauung der Hafenstadt Odessa, so ist auch die Gründung Sewastopols von Zarin Katharina II. 1783 angeregt und befohlen worden. Von Anfang an waren Stadt und Hafen als Festung geplant und zum Kriegshafen bestimmt. Und wie bei Odessa, erinnert auch der Name Sewastopol an die griechische Tradition der Stadt. Dabei steht »polis« für Stadt und »sewastos« für ehrwürdig und ruhmvoll. Sewastopol hat sich diesem Namen immer verpflichtet gefühlt.

Im Krimkrieg (1853-56) wurde die Stadt elf Monate lang von Engländern und Franzosen belagert und erst 1855 von den russischen Truppen aufgegeben. Im Zweiten Weltkrieg gelang es der Deutschen Wehrmacht nach überaus verlustreichen Kämpfen, die Festung einzunehmen. Sie mußte Sewastopol aber zwei Jahre danach der Roten Armee wieder überlassen. So ist es nicht verwunderlich, daß sich Rußland auch jetzt in jahrelangen zähen Verhandlungen mit der Ukraine das Recht gesichert hat, Flotte und Kriegshafen mit allen Kommandogebäuden als eigenes Hoheitsgebiet, als militärische Enklave, zu erhalten.

Im November und Dezember 1941 war ich als Obergefreiter einer Bildstelle der Deutschen Luftwaffe an der Belagerung von Sewastopol beteiligt gewesen. Selten in meinem Leben war ich so aufgeregt, selten erwachten so viele Bilder aus meiner Erinnerung wie jetzt an diesem Julitag, als ich mit meinem eigenen Boot Kurs auf den Kriegshafen nahm. Wir hatten über Funk Genehmigung erhalten, in

die große Bucht einzulaufen. Mit mäßigem Tempo steuerte ich
zunächst auf die Mitte des Hafens zu. »Wahnsinn!« schoß es mir
durch den Kopf, »Wahnsinn! Ich steuere in den Hafen von Sewastopol!« Nie, nie hätte ich geglaubt, diesen Augenblick jemals zu erleben.

Im Zentrum der Sowjetmarine

Zwei gewaltige Molen schützen die Bucht vor dem oft rauhen Seegang des Schwarzen Meeres. An Backbord fiel mir auf der äußersten
Landspitze das alte Fort Konstantin ins Auge, und an Steuerbord, auf
einem Hügel, ragte ein gewaltiges Siegesdenkmal in den Himmel,
eine Erinnerung an den Zweiten Weltkrieg und die Befreiung
Sewastopols. In der Einfahrt lagen U-Boot-Sperren, zwischen ihren
Schwimmern war nur eine schmale Öffnung für Schiffe freigelassen.
Bald wurden die Prachtbauten an der Wasserfront vor uns sichtbar
und das »Denkmal der versenkten Schiffe«; es hat die Form einer ho-
hen Säule, deren Kopf von einem Adler mit ausgebreiteten Flügeln
gekrönt wird. In seinen Klauen hält er einen Lorbeerkranz. Diese
Säule erinnert an den Krimkrieg, als die Russen, um der englischen
Flotte den Zugang zu versperren, ihre Segelschiffe in der Hafenein-
fahrt versenkten.
    Sascha und Alexei standen mit an Deck der SOLVEIG VII, als wir uns
dem berühmten Grafen-Kai näherten. Wir erblickten eine große
Freitreppe im klassischen Stil, gekrönt von einem Säulenportal, dem
Eingang zur Stadt, der Empfangshalle von Sewastopol. Über diese
Treppe war schon Zarin Katharina II. an Land gegangen, zusammen
mit ihrem Liebhaber, dem legendären Fürsten Potemkin.
    Ein kleines Stück weiter liegt das Bollwerk, an dem besuchende
Passagierschiffe festmachen. Dorthin wurden wir über Funk gewiesen. Zur Begrüßung stand Alvidas auf dem Kai, ein Freund von
Alexei und Leiter des Delphinzentrums in Laspi. Seine schmale,
drahtige Figur, sein kurzes Haar verrieten den Sportler. Er winkte,
durfte aber noch nicht zu uns an Bord. Zunächst geschah gar nichts,

113

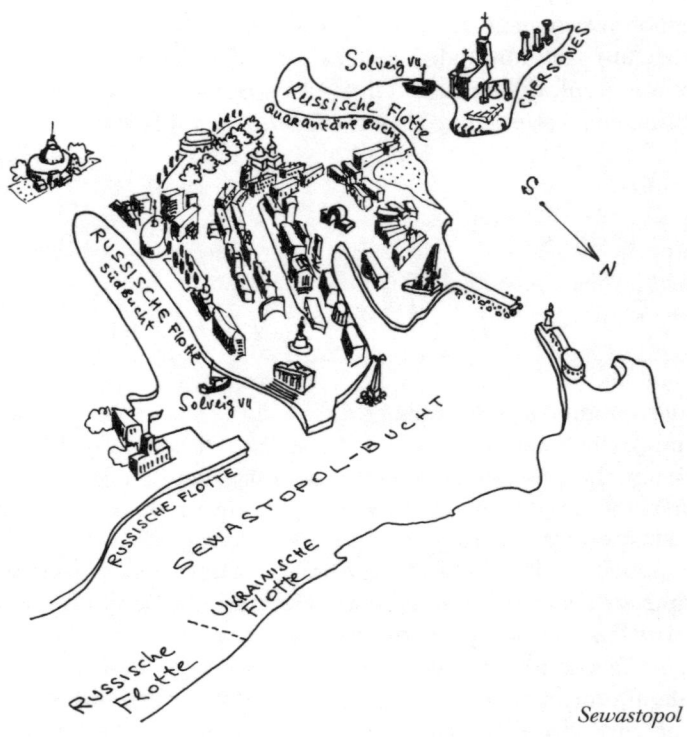

Sewastopol

es hieß warten. Alvidas rief uns zu, daß die »Offiziellen« noch einige
Vorbereitungen treffen müßten. Sewastopol ist eine »geschlossene«
Stadt, der Hafen kann von fremden Schiffen nur in Ausnahmefällen
angelaufen werden. Alvidas verschwand auch sogleich wieder in dem
großen Bürogebäude, in dem die verschiedenen Amtsstuben untergebracht waren. Der Gang der Dinge vollzog sich geheimnisvoll, hinter verschlossenen Türen. Der weiträumige Platz vor uns diente vorwiegend der Abfertigung großer Passagierschiffe meist sowjetischer
Herkunft, aber seit der Perestroika gelegentlich auch für ausländische
Kreuzfahrtschiffe. Es war schon eine große Ehre, daß wir unter deutscher Flagge hier festmachen durften.

Nach einer Stunde kamen Offiziere an Bord, verlangten die Dokumente, die Pässe und die Crew-Liste. Für Sewastopol, das erfuhr ich
erst später, war eigentlich ein spezielles Visum erforderlich, weil die

114

Stadt und der weitere Umkreis hoheitsrechtlich nicht zur Ukraine gehören. Auch auf dem Landweg, mit Bus oder Auto, war die Zufahrt für Ausländer ohne Sondergenehmigung gesperrt. Über manchen der prächtigen Gebäude wehte die russische Nationale, und nur ein paar Meter entfernt lagen mehrere Einheiten der russischen Schwarz-meer-Flotte.

Die Offiziere nahmen die Crew-Liste an sich, die ich vorsorglich ausgedruckt hatte, und gingen zurück in das große Amtsgebäude. Wieder hieß es warten. Alvidas kam noch einmal zum Kai, erklärte, es gäbe Schwierigkeiten, auch hätten die zuständigen Vorgesetzten zunächst noch andere Arbeit, aber er werde verhandeln. Es dauerte einen halben Tag, bis das weitere Vorgehen geklärt war. Danach kamen die Beamten wieder an Bord, und gemeinsam mit Sascha, der unermüdlich übersetzte, füllten wir die unendlich vielen Formulare aus, die unsere Anwesenheit legitimieren sollten. Ich aktivierte Laptop und Drucker und produzierte eine Crew-Liste nach der anderen. Der Bedarf an gedruckten und gestempelten Unterlagen war groß. Angelika konnte mit Sascha kurz in die Stadt gehen, um frische Lebensmittel zu kaufen. Am Nachmittag kam endlich der erlösende Bescheid: Wir durften zwar nicht in den Yachtklub von Sewastopol, sollten auch unseren gegenwärtigen Liegeplatz schnellstens räumen und umgehend in eine nur wenige Meilen entfernte Bucht steuern. Das war die frühere Quarantäne-Bucht, und dort sollten wir an der Brücke eines Yachtklubs festmachen. »Schnell, bevor es sich hier einer anders überlegt!« rief uns Alvidas noch zu, »Ich komme heute abend bei euch vorbei, dann besprechen wir alles Weitere.«

Antike hautnah

Auf meiner Seekarte war die Quarantäne-Bucht leicht zu finden, es schien mir aber bedauerlich, daß wir uns auf diese Weise vom Stadt-zentrum Sewastopols entfernten. Doch aus meinem Bedauern wurde bald große Freude. Zunächst war es schwierig, das Boot an mehreren Untiefen und ankernden Schiffen vorbei in die Bucht zu steuern, und noch schwieriger, an der kurzen Pier festzumachen. Die Anlagen eines Yachtklubs konnte ich nirgends entdecken, wohl aber eine Segelyacht aufgepallt auf der Pier. Am Kai lag ein Fischdampfer und entlud Kisten und Körbe mit dem Fang des Tages.

Wir mußten ankern und eine Heckleine zur Pier ausbringen. Erleichtert drehte ich den Zündschlüssel und stoppte die Maschine. Dann sah ich mich um. Im hinteren, gut geschützten Teil der Bucht lagen mehrere Kriegsschiffe, daneben die Gebäude einer Marinestation, und über deren Dach wehte die blau-gelbe Flagge der Ukraine. Ein schöner Kiesstrand säumte das Ufer, und ich sah, daß einige Ausflügler zu einem Bad ins Wasser gingen. Dahinter stiegen die Hügel an, und auf dem Kamm stand beherrschend eine durch Bomben schwer beschädigte orthodoxe Kirche, deren Wiederaufbau offensichtlich begonnen hatte. Daneben konnte ich im Fernglas die Ruinen einer antiken Stadt erkennen. Das mußte Chersones sein, die einstige griechische Hauptstadt der Krim oder Tauriens, wie es damals hieß.

Wir räumten im Boot auf, zogen uns um und gingen dann an Land. Neugierig streiften wir durch die nähere Umgebung. Ich konnte es kaum fassen: Wir standen mitten im Freilichtmuseum Chersones, mitten zwischen den Ausgrabungen der um 600 v.Chr. gegründeten griechischen Kolonie. Wir wanderten hierhin und dorthin, entdeckten immer neue Fundstücke der antiken Metropole.

Besonders gut erhalten und sorgfältig restauriert waren das Amphitheater und einige Mosaikböden. Im Theater wurden noch immer Konzerte, Dramen und Ballette aufgeführt, wie uns Sascha später erklärte.

Chersones

116

Allgegenwärtig: Krieg und Armut

Alvidas zeigte uns am nächsten Tag einige der bekanntesten Sehenswürdigkeiten von Sewastopol, zunächst das große Panorama: »Die Verteidigung Sewastopols von 1854-1855«, ein Schlachtenbild von beeindruckender Größe. Weil Deutschland am Krimkrieg nicht beteiligt war, spielt er in unserer eigenen Geschichtsschreibung nicht die bedeutende Rolle, die ihm in der europäischen Geschichte zukommt. Tatsächlich war der Krimkrieg der erste moderne Krieg mit neuzeitlichen Waffen und maschinengetriebenen Kriegsschiffen. Die Verluste auf beiden Seiten waren erschreckend hoch, da sich die führenden Taktiker der Wirkung ihrer Waffen noch nicht bewußt waren.

Die Auseinandersetzung begann um die Kultstätten der Christenheit in Jerusalem und um die Rechte von zehn Millionen orthodoxer Christen in der Türkei. Der Zar fühlte sich als deren Beschützer und

Das Schwarze Meer zur Zeit des Krimkrieges 1856

stellte dem türkischen Pascha ein Ultimatum. Frankreich und England unterstützten die Türkei, und da die Türken das Ultimatum ignorierten, wurde geschossen. So begann ein Krieg, in dem Hunderttausende ihr Leben ließen. Ein junger russischer Artillerie-Leutnant machte damals von sich reden, Leo Tolstoi, der später mit seinem Roman »Krieg und Frieden« weltbekannt wurde. Er hatte sich freiwillig gemeldet, sah die Kämpfe anfangs noch mit großer Begeisterung und schilderte den Blick von einem Hügel auf das Schlachtfeld von Silistra in Bulgarien: »...Es war, als ob man die Stadt, die Festung und die kleinen Vorposten von Silistra auf dem Handteller vor sich sehen könnte. Man konnte Tag und Nacht den Kanonendonner hören und Gewehrschüsse, und mit einem Feldstecher konnte man die türkischen Soldaten erkennen. Es ist ein merkwürdiges Vergnügen, Menschen zu beobachten, wie sie sich töten, und doch verbrachte ich jeden Morgen und jeden Abend damit, stundenlang zuzusehen. Das Schauspiel war wirklich wunderbar, besonders bei Nacht.«

Nach dem Rückzug aus Sewastopol, als die geschlagene russische Armee über eine schwimmende Holzbrücke die Stadt verließ, beschrieb er ganz andere Eindrücke: »Jeder Mann, der über die Brücke ging, nahm seinen Helm ab und bekreuzigte sich. Hinter dieser Geste verbarg sich ein Gefühl, unendlich traurig, lähmend und tief: eine Mischung aus Reue, Scham und wildem Haß. Bei einem Blick von der Nordseite zurück auf das verlassene Sewastopol seufzte jeder Mann in stummer Verzweiflung und wandte sich mit drohender Gebärde in Richtung der feindlichen Linien.« Der Verlust von Sewastopol war ein schwerer Schlag für ganz Rußland und führte bald danach zu Verhandlungen in Paris und zum Friedensschluß.

Wir betraten das Panorama-Gebäude. In dem runden, mit einer großen Kuppel überdachten Bauwerk standen wir nachdenklich vor dem 115 Meter langen Gemälde und betrachteten die Kämpfer beider Seiten, Russen, Engländer und Franzosen. Das Schlachtfeld wirkt erstaunlich echt. Baumstämme, Wagen, Erdhütten und Unterstände, gefallene Soldaten, alles war naturalistisch dargestellt. Der Schöpfer des Panorama-Gemäldes ist Franz Rubo, ein in Odessa geborener und in München ausgebildeter Professor der Kunstakademie in St.Petersburg. Er begann 1901 mit seiner Arbeit, nachdem er die Kampfstätten aufgesucht und mit überlebenden Teilnehmern der Schlacht gesprochen hatte.

Die Verluste vor Sewastopol waren auf beiden Seiten so schwer gewesen, daß die endliche Eroberung der Festung durch die Alliierten auch das Ende des Krieges herbeiführte. Allein die Franzosen hatten 500 000 Tote zu beklagen. Eine Fremdenführerin erläuterte uns diese Zahl und erklärte dazu: »Die Deutsche Wehrmacht hat bei der Eroberung von Sewastopol 300 000 Mann verloren.« Ich war mit einem Schlag mit meinen persönlichen Erinnerungen konfrontiert und fing an zu rechnen. »Diese Zahl von Gefallenen kann nicht stimmen, das ist sowjetische Propaganda«, erklärte ich Angelika. »So viele Soldaten hatte die ganze 11. Armee nicht zur Verfügung, zumindest nicht für den Angriff auf die Festung.« Aber die tatsächlichen Verluste waren verheerend genug. Nach der Statistik des deutschen Oberkommandos betrug die Zahl der Toten 4500 Mann, und bei der Rückeroberung durch die Rote Armee gerieten nochmals 9000 Soldaten in Gefangenschaft oder verloren ihr Leben. Die Verluste beim Rückzug waren also doppelt so hoch wie beim Vormarsch.

Der Schriftsteller Peter Bamm, der als Feldarzt auf der Krim gearbeitet hatte, schrieb über die Katastrophe: »Die Infanteristen, die bis zum Schluß die letzten Bootsanlegestellen verteidigt hatten, wurden einfach zurückgelassen. Als sie sich solcherweise verraten sahen, verschossen sie ihre letzte Munition auf die abfahrenden Boote. Dann warfen sie die Waffen weg und gingen in Gefangenschaft.«

Der deutsche Marineoffizier Erwin Damian schildert in seinem Tagebuch die schrecklichen Szenen so: »Verwundete, Sterbende, Tote liegen dicht gedrängt in den engen Stollen, die von Seufzern, Klagen und herzzerreißenden Schreien erfüllt sind. Wünsche, Gebete, Flüche aus einem Lager von Lumpen dringen dem Vorübergehenden ans Ohr, es ist jedes Mal ein Gang durch die Unterwelt. Wir haben die Halbinsel bis auf diesen letzten Zipfel geräumt – was wird mit den Verwundeten geschehen? Am 12. Mai 1944 erlosch der allerletzte Widerstand auf Chersones...«

Primorsky Boulevard

Bei Kriegsende war Sewastopol ein einziger riesiger Trümmerhaufen. Deutsche Gefangene wurden zum Wiederaufbau herangezogen, der nach alten Vorbildern erfolgte und zum Teil im stalinistischen »Zuckerbäckerstil«. Heute kann das Zentrum der Stadt seine vornehme Pracht, seine Boulevards und seine herrlichen Parkanlagen wieder mit Stolz vorzeigen. Die Schrecken der Vergangenheit und die zahllosen Wunden sind größtenteils beseitigt, aber keineswegs vergessen. Auch mich verfolgten die Gedanken an die Kriegszeit während unserer weiteren Fahrt durch Sewastopol. Ich sah mehrere Heldendenkmäler für die russischen Gefallenen. Es stimmte mich nachdenklich, daß die große Nation, die am meisten im Krieg gelitten hatte und die größten Opfer brachte, 50 Jahre danach den völligen Zusammenbruch erleben mußte.

Wenn es noch eines Beweises für die Verarmung Rußlands bedurft hätte, so wäre es unser Besuch auf dem Markt gewesen. Mehrere Stunden verbrachten wir zwischen den Verkaufsbuden und in den weiträumigen Markthallen. Reich war das Angebot an Gemüse und

120

Obst aus den Gärten und Feldern der Umgebung, auch Fisch und Fleisch, Käse und Wurst schienen ausreichend vorhanden. Allerdings nur für die wenigen Menschen, die über genügend Geld verfügten. Zwischen Holzbuden oder unter freiem Himmel sahen wir billige Textilien, Schuhe, Autoersatzteile, Werkzeuge und Installationsmaterial. Diese »Hardware« war allerdings ausnahmslos gebraucht, vielleicht gestohlen oder aus zerlegten Geräten der Armee, aus Raketen oder Minen ausgebaut. Diese Waren waren meist hoffnungslos verrostet, verbogen oder sonstwie beschädigt, wo-

Eine der vielen Wechselstuben in Sewastopol

bei jede Schraube einzeln angeboten wurde. Es tat mir weh zu sehen, wie die Menschen ihre gesamte Habe wortwörtlich »zu Markte« trugen, um ein paar Rubel oder Griwna, wie das Geld in der Ukraine jetzt heißt, für Lebensmittel zu ergattern.

Auf den Wegen boten alte Frauen zerknitterte Plastiktüten und getragene Schuhe an oder selbst leere Flaschen und Marmeladengläser. Bei soviel Armut konnte jedes noch so wertlos scheinende Stück Hausrat etwas Geld bringen, mit dem vor allem alte Menschen ihre karge Rente aufzubessern versuchten. In den kleinen Buden wurden sogar russische und deutsche Orden feilgehalten, darunter die Medaille, die den deutschen Krimkämpfern für ihren Einsatz im Winter 1941/42 verliehen wurde.

Der Eid von Chersones

Bei der Rückkehr nach Chersones bemerkten wir, daß unser Boot in einem gut geschützten Bereich lag. Die Wächter hatten das Tor zum Museumsgelände geschlossen und wollten uns zunächst ohne Eintrittskarte nicht einlassen. Doch Alvidas konnte die Situation schnell klären.

Am Abend ging ich wieder zu den Ausgrabungen der alten griechischen Siedlung, sah die Abendsonne im Meer versinken und die weißen Marmorsäulen im rötlichen Licht erglühen. Kein Besucher, kein Lärm störten meine Besinnlichkeit.

Bewundernswert ist die Weitsicht der alten Griechen, mit der sie ihre Stadt nicht nur nahe dem besten Ankerplatz, sondern auch in der herrlichsten Küstenlandschaft gründeten. Wie sehr sie ihre Stadt schätzten, zeigt eine ausgegrabene Inschrift aus der Zeit um 300 v. Chr., die den griechischen Bürgereid wiedergibt. Er lautet übersetzt:

»Ich schwöre bei Zeus, der Erde, der Sonne, der Jungfräulichen Göttin und allen Olympischen Göttern und Helden, deren Stadt dies ist, zusammen mit den Bürgern von Chersones: Ich werde mich für das Wohl und die Freiheit der Bürger einsetzen, und ich werde weder Chersones, noch Kerkiniti, noch den Hafen von Pontus verraten. Ich werde die demokratische Regierung nicht zu stürzen versuchen, noch werde ich zulassen, daß irgend jemand einen solchen Versuch unternimmt.«

Der Blick von der Höhe der Landzunge aus über das Meer zum fernen Horizont war hinreißend. Über diese Wasser blickte vielleicht einst Iphigenie, »das Land der Griechen mit der Seele suchend«. Hier kämpften Skythen und Sarmaten, Taurier und Römer in Schlachten, von denen wir nur wenig wissen. Gegenüber, auf der anderen Seite des Pontos Euxeinos, in der Nähe von Trapezunt, endete die Anabasis des Generals Xenophon. Als seine 10 000 griechischen Söldner nach ihrem langen Marsch durch die Berge Kleinasiens und Transkaukasiens das Schwarze Meer erblickten, riefen sie ihr unsterblich gewordenes: »Thalassa! – Thalassa!« Das Meer – das Meer! Das Schwarze Meer war ihre Rettung, der Weg zurück in die Heimat für diese Seefahrer keine Schwierigkeit. Dies geschah etwa zur gleichen Zeit, als Chersones gegründet und hier im Amphitheater zum ersten

Mal Tragödien der großen Dichter des Altertums aufgeführt wurden.

Zwischen den malerischen Ruinen befand sich auch ein auffälliges Werk aus neuerer Zeit, eine gewaltige Glocke, zwischen zwei Steinträgern aufgehängt. Diese Glocke hat eine eigene, recht merkwürdige Geschichte. Sie wurde im 18. Jahrhundert aus dem Metall erbeuteter türkischer Kanonen (angeblicher Seeräuber) gegossen und im Krimkrieg von den Franzosen als Beute nach Paris verschleppt, wo sie im Turm der Kathedrale Nôtre Dame viele Jahre verblieb. Erst 1913, nachdem sich Frankreich und Rußland neuerlich verbündet hatten, fand die

Die Glocke von Chersones

Glocke ihren Weg zurück zur Krim, um bei Nebel als Warnung für die Schiffer angeschlagen zu werden.

Sascha erfuhr vom Wächter des Yachtklubs, daß die beiden aufgepallten Boote auf dem Bollwerk dem Verein gehörten. Sie wurden gerade mit Antifoulingfarbe gestrichen. Vor allem aber besaß der Klub zwei Hütten oder Bungalows am Strand, die sich am Wochenende eines regen Besuchs erfreuten, besonders wenn im Freien gegrillt wurde. Im Meer baden und Lieben waren so ziemlich die einzigen Vergnügungen, die sich die Menschen ohne großen Aufwand leisten konnten.

Das fremde Boot aus Deutschland erregte sicherlich ziemliches Aufsehen, aber die Russen waren viel zu höflich und zurückhaltend, als daß sie uns mit Fragen oder Wünschen bestürmt hätten. Natürlich meldeten wir uns beim Wächter mit allen Unterlagen an und luden

123

die Leiter des Klubs zu längeren Gesprächen ein. Die Herren waren überaus freundlich und entgegenkommend, boten auch jederzeit ihre Hilfe an. Wenn es gerade möglich war, wurden wir im Auto mit in die Stadt genommen. Wir blieben mehrere Tage, denn der Wind hatte auf Stärke 6 und mehr aufgefrischt.

Wir konnten am Strand unterhalb der Steilküste die Badelustigen beobachten, die in die wilde Brandung sprangen und sich von den anrollenden Wogen zurücktragen ließen. Der Anblick der aufgewühlten See machte es mir leicht, unsere Weiterfahrt zu verschieben. Es gab so viel zu sehen an Land, und Alvidas war bereit, uns die aufregend schöne Südküste der Krim zu zeigen. Er nahm uns in seinem Wagen mit nach Jalta, nach Alupka und zu den berühmten Schlössern der Zaren und Fürsten. Wir besuchten Klöster und Kathedralen, und vor allem die märchenhaft schönen Parkanlagen, die an den Südhängen des Gebirges mit verschwenderischem Aufwand unter Hinzuziehung von Künstlern aus ganz Europa entstanden waren.

Alvidas' Wagen war eine alte Klapperkiste, deren wirklicher Hersteller sich kaum mehr erahnen ließ. Nach unseren Maßstäben wäre der Weg zum Schrottplatz für ihn Pflicht gewesen. Dabei wirkte sein Gefährt noch erstklassig und attraktiv im Vergleich zu anderen Kutschen, die uns begegneten. Als Mechaniker war Alvidas ein Künstler, er verstand es, jedes rostige Teil bei Bedarf zu reparieren oder ein Ersatzstück auf der Drehbank oder auf dem Amboß in der Schmiede herzustellen. Er und andere »Spezialisten« hielten auf diese Weise den Ablauf des täglichen Lebens noch einigermaßen in Gang. Der völlige Gegensatz dazu wurde jeweils bei der Rückkehr nach Chersones und zu den Ruinen der antiken Stadt vor Augen geführt. Der Kontrast zwischen der Düsternis der Gegenwart und dem Glanz der Vergangenheit hätte nicht größer sein können.

Historischer Schlupfwinkel: Balaklawa

Sowie der Wind nachgelassen hatte, wollten wir die Fahrt fortsetzen und zahlten eine bescheidene Liegegebühr an den Klub: für die fünf Tage ganze zehn Mark. Alvidas kam am frühen Morgen und brachte einen Beamten für die Ausklarierung mit. Obwohl unser Zielhafen Balaklawa noch zum Bereich Sewastopol gehörte, waren bestimmte Formalitäten notwendig. Schnell und unkompliziert wurden wir abgefertigt, und Alvidas blieb als Lotse an Bord. Er übernahm vor allem die ständigen Funkgespräche mit der Küstenwache, die er dank seiner Ortskenntnis und seiner sehr speziellen Beziehungen reibungslos abwickeln konnte. Das Wetter war ruhig geworden, die Sonne schien heiß, aber von den stürmischen Winden der Vortage lief noch eine hohe Dünung auf uns zu.

Wir rundeten zunächst Kap Chersones, die letzte Bastion des Festungsgürtels um den großen Naturhafen. Die See brach sich an einer endlosen Kette von Klippen und Felsen. Bald ragte vor uns der rötliche Stein von Kap Fiolent in den blauen Himmel, und hier begann die dramatisch schöne Südküste der Krim. Alvidas hatte die Fahrtroute festgelegt, die uns zunächst in den geheimnisvollen Hafen von Balaklawa führen sollte. Glücklich darüber, wieder auf tiefem Wasser zu sein, schob die SOLVEIG VII eine breite weiße Bugwelle vor sich her und glitt zufrieden über die tiefblaue See nach Osten. Nach zwei Stunden verkündete Alvidas, daß wir uns Balaklawa näherten.

»Du kannst die Einfahrt nicht sehen, ein Fremder würde sie nie finden«, meinte er stolz und zeigte lächelnd auf hohe rotbraunen Berghänge, die sich scheinbar ohne Einschnitt

Das erloschene und verrostete Leuchtfeuer von Balaklawa

125

Die englische Flotte in der Bucht von Balaklawa 1854

weiter fortsetzten. Tatsächlich hätte ich mich auf das GPS-Satellitengerät verlassen müssen, wenn ich den versteckten, mehrere Kilometer tiefen Hafen hätte allein ansteuern wollen. In Balaklawa befand sich der streng bewachte und für niemanden, der nicht hier beschäftigt war, zugängliche Stützpunkt der sowjetischen U-Boote.

Als wir uns der Einfahrt, die erst auf ganz kurze Distanz zu erkennen war, näherten und von der Küstenwache über Funk angesprochen wurden, wirkte Alvidas sichtlich nervös. Befürchtete er, daß wir am Ende doch zurückgewiesen wurden, obwohl er unser Kommen schon Tage vorher angekündigt hatte? Wir mußten warten, und ich begann, Kreise zu fahren. Nach einer halben Stunde erhielten wir endlich die Genehmigung zum Einlaufen.

Alvidas befahl mir niedrige Geschwindigkeit, und ich steuerte vorsichtig zwischen den schroffen Felswänden in die erste Biegung der

Bucht hinein. Ein wunderbar grünes Tal öffnete sich vor unseren erstaunten Blicken. Von der Anhöhe oben grüßten die Türme einer alten Genueser Festung, unten entdeckte ich vor mir die Tonnen der U-Boot-Sperre und dahinter ein großes Schwimmdock, in das gerade eine ukrainische Fregatte manövrierte. Nach einer weiteren Biegung des tiefen Fahrwassers entdeckten wir an beiden Ufern die Häuser der kleinen Ortschaft Balaklawa. Der Schutz dieser Bucht vor Wellenschlag ist so vollkommen, daß die Straße kaum einen halben Meter über dem Wasserspiegel verläuft und die Fischerboote wie an den oberitalienischen Seen an ihrem Rand festmachen. Und wir wurden eingeladen, an der Uferpromenade mitten in der Stadt anzulegen! Der Bürgermeister und andere Persönlichkeiten erschienen zur Begrüßung, während Zoll und Polizei wie üblich mit Formularen an Bord kamen. Der Tag war von besonderer Bedeutung für Balaklawa, denn in SOLVEIG VII sah man die erste ausländische Yacht, die seit sehr langer Zeit den geschichtsträchtigen Hafen besuchen durfte.

Bei dem anschließenden gemeinsamen Rundgang an der Wasserfront zeigte man uns die historischen Gebäude, vornehme Villen aus der vorsowjetischen Zeit, als Balaklawa noch Kurort der begüterten Petersburger und Moskauer Familien gewesen war. Wir wanderten über einen steilen Pfad hinauf zur Ruine der Festung Tschembalo, die von den Genuesern im 15. Jahrhundert erbaut worden war. Ein herrlicher Ausblick über die ganze Bucht belohnte uns für den etwas mühevollen Aufstieg. Noch mehr Historie erwartete uns im Museum, vor allem erfuhren wir von der Bedeutung, die Balaklawa im Krimkrieg für die Engländer erlangt hatte.

Wie fast überall auf der Welt, so war auch hier der beste Hafen ein Hauptstützpunkt der Royal Navy und ihrer Landungstruppen. Außerdem wurde hier das erste neuzeitliche Lazarett eingerichtet, in dem Florence Nightingale durch ihre aufopfernde Sorge um die Verwundeten zu Weltruhm gelangte. Sie schuf in der Folge die Grundlagen für ein modernes Sanitätswesen. Sie war die »Dame mit der Lampe«, die sich trotz Strapazen, Entbehrungen und Widerständen der Verwundeten annahm. Ihr galt der unsterbliche Vers des englischen Poeten Longfellow: »Von den Leidenden, die stumm zur Wand sich drehten, den Schatten zu küssen, der vorüberglitt...«.

Zwei schwere Rückschläge für die englische Besatzungsarmee sind ebenfalls aufs engste mit Balaklawa verknüpft. Bis heute hat England nicht vergessen, daß bei einem Angriff seiner Leichten Kavallerie im Tal oberhalb des Hafens 400 junge Reiter aus den besten Familien direkt in das Feuer der russischen Artillerie galoppierten und fast völlig aufgerieben wurden. Die zweite Katastrophe ereignete sich im harten Winter 1854/55, dem ersten Winter, den die englische Armee auf der Krim verbringen mußte. Am 14. November 1854 fegte ein schwerer Sturm mit Orkanstärke über Küste und Bucht. Damals verlor die englische Flotte 21 ihrer Schiffe, die außerhalb und innerhalb der Bucht vor Anker lagen. Ein Augenzeuge schrieb: »Schiffe krachten und schoben sich ineinander, alle trieben frei herum, splitternd und sich gegenseitig zerstörend.« Das war mir alles neu.

Auf Odysseus' Spuren?

In der Schule hatte ich wenig über den Krimkrieg gelernt – oder einfach nicht aufgepaßt. So erfuhr ich von der Museumsleiterin zu meiner Überraschung auch von einer angeblichen Verbindung Balaklawas zu Homers seefahrendem Helden Odysseus. Voll Stolz erklärte sie nämlich, daß schon Odysseus auf seinen Irrfahrten diesen wunderbaren Naturhafen angelaufen hätte. Ich war verblüfft. Konnte der große Held denn durch den Hellespont und den Bosporus gesegelt sein? War er auch ins Schwarzen Meer gelangt? Verlegen gab sie mir nur den Zehnten Gesang als Hinweis an, den ich später an Bord in meinem Exemplar der Odyssee voller Neugierde aufschlug. Was ich da las, war tatsächlich eine ziemlich genaue Beschreibung der Hafeneinfahrt von Balaklawa. Aber die Menschen, die Odysseus hier angetroffen hatte! Das waren keine lieblichen Jungfrauen, keine rettenden Nymphen, kein gütiger König, nein, es waren die Lästrygonen, die Menschenfresser, die seine Gefährten brutal verzehrten, als Strafe Poseidons übrigens, weil sie die heiligen Rinder des Sonnengotts geschlachtet hatten. Menschenfresser sollten hier gehaust haben? Das war nicht gerade schmeichelhaft für den hübschen Ort. Deshalb also die Verlegenheit der lieben Direktorin!

Zweifellos paßte Homers Beschreibung mit verblüffender Genauigkeit auf die Einfahrt, die ich vor wenigen Stunden passiert hatte.

23 *SOLVEIG VII vor der befestigten
    Schlangeninsel*

24 *Ein riesiger Schwimmkran hat sich genähert
    – noch wissen wir nicht, daß der Kranführer
    den Koloß nicht richtig manövrieren kann!*

25/26 *Schwarzmeermuscheln – unser neues
      Lieblingsessen. Sascha und Wladimir bei der
      Säuberung*

27 Im Naturschutzgebiet Beresan: An einer fast
gesunkenen Schute machen wir fest und
können mit einem gewagten Sprung die
Brücke erreichen.

28/29 Ein ehemaliges Schwimmdock der
Sowjetflotte. In einem gesperrten Winkel
nahe der Küste hatten die Russen ihren
Stützpunkt.

30 Matrosen auf der Schlangeninsel: »Wir sind
gerne hier – es gibt keinen Unterschied zwischen Arm und Reich, alle sind gleich.«

27

28

32

31 Odessa: Jeder Stadtgang
beginnt mit dem Aufstieg
über die 192 Stufen der
Potemkin-Treppe. Oben
verläuft der wunderbare
Primorsky-Boulevard.

32 Griechische Ausgrabungs-
stätte in Chersones

33 Im Gespräch mit Professor
Zaitsew vom Biologischen
Institut der Universität
Odessa

34 Auf dem Markt in
Sewastopol: Man findet hier
alles, rostige Ersatzteile,
kleinste Schrauben und
ganze Motoren.

33

34

35

36

37

38

39

35/37 Beim Wiederaufbau
Sewastopols halfen auch
deutsche Kriegsgefangene.
So kann heute das Zentrum
der Stadt seine vornehme
Pracht wieder mit Stolz zeigen.

36 Heimlich fotografieren wir im
Kriegshafen von Sewastopol.

38/39 Unsere Freunde auf der
SOLVEIG: Fritz (links) und
Sascha (rechts)

40 Bei Kriegsende war
    Sewastopol ein einziger riesi-
    ger Trümmerhaufen. Der
    Wiederaufbau ist stilgerecht
    gelungen.

41 Gut erhaltene Mosaikböden in
    Chersones, der alten griechi-
    schen Metropole

42 Vor dem Theater in
    Sewastopol

41

42

Andererseits konnte Odysseus, der ja von Troja aus nach Ithaka zurückkehren wollte, nicht in die Gegenrichtung, durch den Bosporus, gesegelt sein. Homer, der in Kleinasien lebte, ist ein solcher geographischer Irrtum kaum zu unterstellen. Bekanntlich erheben ja viele Häfen und Landschaften den Anspruch, mit der Odyssee verknüpft zu sein. (Unlängst erhielt ich sogar Manuskriptseiten, auf denen ein Kenner der Dichtung zu beweisen suchte, daß Odysseus bis Helgoland gesegelt war). Es gibt so viele Ausdeutungen, daß ich schon seit langem zu dem Schluß gekommen bin, die Odyssee könne im Gegensatz zur Ilias, die den Kampf um Troja beschreibt, nicht auf geschichtlichen Tatsachen beruhen. Sie ist vielmehr eine mythologische Sage, deren landschaftliche Einzelheiten der Dichter den Berichten verschiedener Seeleute entnommen hat. Nur so sind für mich die geographischen Ungereimtheiten des unsterblichen Meisterwerks zu verstehen. Ist es nicht naheliegend, daß der so günstige Ankerplatz Balaklawa, noch dazu dicht bei der griechischen Stadt Chersones gelegen, den griechischen Seeleuten durchaus bekannt war und dem Dichter mit entsprechendem Seemannsgarn – einschließlich der Kannibalen – beschrieben wurde?

Pläne und Träume

Nach dem Rundgang durch die Stadt mußten wir zunächst einen anderen Ankerplatz aufsuchen. Alvidas betätigte sich wieder als Lotse. Er führte mich bis zum hinteren Teil des Hafens, wo die Kriegsschiffe lagen, und wies mich dann neben zwei rostige Hochseefischdampfer, hinter denen die SOLVEIG VII wie eine kleine Maus verschwand. Aber wir waren dort nicht die einzige Maus. Mehrere offene Motorboote von Fischern hatten an der Pier festgemacht, und wir legten uns als ungewöhnliche Exoten dazwischen. Vor uns auf dem Kai stand ein Neubau, etwas ganz Seltenes und vielleicht auch der einzige in Balaklawa. Überglücklich und ein wenig verlegen begrüßte uns der Eigentümer von Haus und Kaianlage. Igor und zwei Freunde hatten hier ein gemeinsames Projekt begonnen, sie waren »Jungunternehmer« und wollten in dieser geschützten Ecke eine Marina bauen.

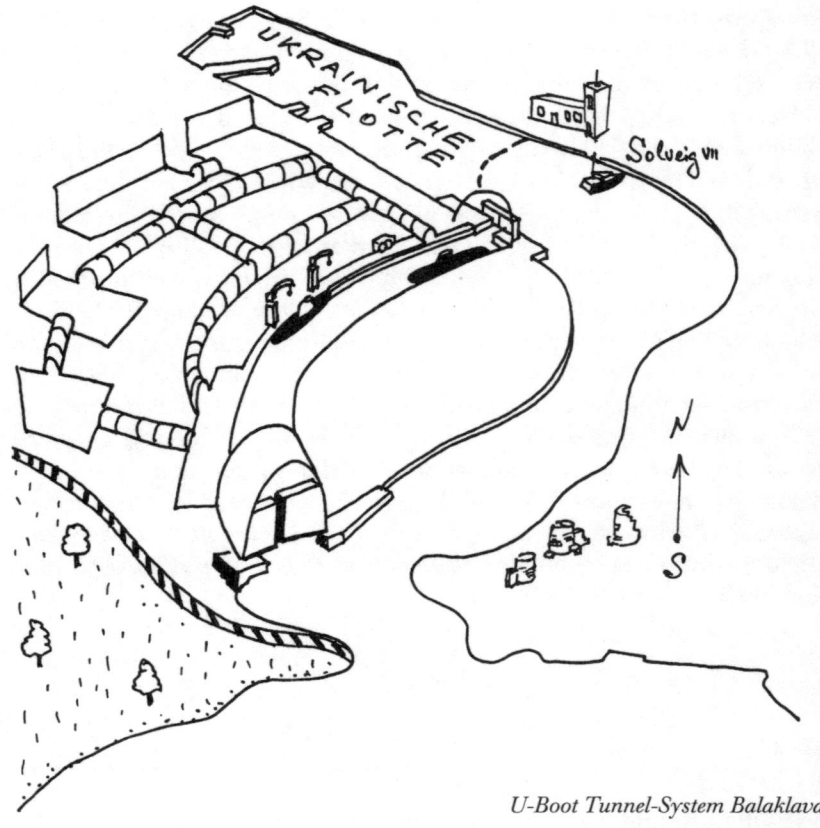

U-Boot Tunnel-System Balaklava

Das Haus, als künftiges Klubhaus gedacht, besaß bereits ein kleines Restaurant, das vor wenigen Tagen eröffnet worden war.

Für die Marina gab es vorläufig nur ein paar Skizzen und die lebhaften Wünsche der drei Männer. Unsere Ankunft empfanden sie als ein Geschenk des Himmels, wurde die hinter den rostigen Ozeanriesen kaum sichtbare Pier doch zum ersten Mal von einer richtigen Yacht besucht. Ich war ehrlich begeistert von den Plänen der jungen Leute, zugleich aber besorgt, ob sie sich jemals verwirklichen ließen. Igor hatte alles, was er besaß, dazu seine Kraft, seine Energie und Lebensfreude, seinen Idealismus und sein ganzes Herz in dieses Projekt investiert. Die Lage für eine Marina war in der Tat ideal und

130

konnte nicht besser sein. Balaklawa ist der einzige hundertprozentig geschützte Hafen für kleine Boote an der gesamten Krimküste. Doch eben deshalb wäre dieser Platz ein großartiges Areal für eine millionenschwere Unternehmensgruppe, für einen Ableger der Marina von Odessa etwa oder für ein Luxushotel. Aber würde der noch immer gesperrte Hafen, ein wichtiges Objekt der russischen und ukrainischen Flotten, jemals für private Nutzung freigegeben? Und wenn ja, mußten nicht Millionen investiert werden, entsprechende Summen auch zum Vorteil der Beamten, für die Regierung, die eine Genehmigung zu erteilen hätten? Es tat mir in der Seele weh, wenn ich den jungen Igor von seinen Träumen reden hörte.

Alle Einwohner der Stadt arbeiteten in der Sowjetzeit für die Flotte, direkt und indirekt. Nur sie durften die Stadt betreten, aber als Geheimnisträger auch nicht ohne Genehmigung verlassen. Arbeitslosigkeit gab es nicht. Es wurde viel geschuftet, Tag und Nacht, aber es herrschte, und das war auch jetzt noch zu sehen, ein gewisser Wohlstand. Nach dem Abzug der russischen Flotte brach die Lebensgrundlage der Gemeinde zusammen. Unordnung, Schmutz und Arbeitslosigkeit hielten ihren Einzug, und die Stadt hatte sich noch keineswegs von diesem Schock erholt. Die beiden hochseetüchtigen Fischdampfer, unsere kolossalen Nachbarn, brachten Igor eine Nebeneinnahme, aber bald würden sie verkauft werden, und was dann?

Zunächst blieben wir nur einen Tag, denn Alvidas wollte uns in den Hafen von Laspi, seinen Hafen, einladen. Laspi war das Zentrum der Delphinforschung von Alexei und dem BREMA-Institut; dort standen ein Boot zur Verfügung und die nötigen Werkstätten. Doch Angelika und ich, aber auch Sascha, waren von Balaklawa begeistert. Auf jeden Fall wollten wir noch einmal in dieses Versteck an der Krimküste zurückkehren.

Ein nächtlicher Sturm

Balaklawa zu verlassen, war ebenso spannend wie in den mysteriö-
sen Hafen einzulaufen. Erst einmal mußten wir uns aus dem Winkel
hinter den zwei massigen Fischdampfern befreien. Außer der
Heckleine zur Pier war ein Anker ausgebracht und die Bugleine zu einer Boje oder genauer: zu einer umgebauten Mine. Igor hatte das
Gerät wohl von den Russen besorgt, die Sprengladung entfernt und
dann am leeren Körper zwei Ösen angeschweißt – fertig war die
Boje! Mit fleißigem Einsatz von Vorwärts- und Rückwärtsgang sowie
der Bugschraube manövrierte ich unser Schiff in freieres Wasser.
Angelika holte den Anker mit dem Spill auf, und danach konnten wir
Fahrt aufnehmen.

In der Nähe lagen mehrere Fregatten der russischen Flotte. Erstaunt betrachteten die Matrosen das fremde Boot und die deutschen
Farben am Heck. Alvidas stand neben mir, gab ständig die Richtung
an, in die ich steuern sollte, und kommentierte jede Kursänderung.
Das nervte mich, aber seine Anwesenheit bedeutete vor allem Schutz
und Sicherheit. Mit sehr langsamer Fahrt, denn ich wollte möglichst
wenig Aufmerksamkeit erregen, stahl ich mich aus dem Hafen. Vorbei an der Öffnung zu einem U-Boot-Tunnel, vorbei auch an einem
dicken, schwarzen U-Boot unter ukrainischer Flagge.

Laut Alvidas überließen die Russen dieses eine Boot dem unge-
liebten neuen Staat, aber es sei nicht einsatzbereit und könne nicht
tauchen. »Auch hierfür fehlt das Geld«, erklärte er. »Ein neuer Satz
großer Akkumulatoren wird benötigt, und die Ersatzteile könnten
nur in den USA beschafft werden. Das kostet an die vierzig Millionen
Dollar.« Ich hatte den Verdacht, daß die unkrainische Flotte über keine ausgebildete U-Boot-Mannschaft verfügte und deshalb das Boot
vor sich hinschlummern ließ. Es war umweht von einer Melancholie,
wie man sie neben stillgelegten Anlagen auch an Land empfindet.

Zwischen hohen Bergwänden hindurch und an der U-Boot-Sperre
vorbei hielt ich Kurs auf die See hinaus. Ein doppelter Knick ver-

langte selbst auf diesem letzten Stück der schmalen Bucht noch höchste Aufmerksamkeit. Die Küstenwache, die ihre Station gut sichtbar auf einem Berggipfel vor Balaklawa errichtet hatte, war schon längst aktiv geworden. Sie verlangte die üblichen Auskünfte, die Alvidas lässig in den Hörer sprach; da seine Heimat nur zehn Meilen entfernt lag, kannte er einige der Offiziere persönlich und erwirkte für uns relativ schnell die nötige Fahrterlaubnis.

Wir folgten der Küstenlinie in geringem Abstand, und Alvidas erzählte, daß hier im Krimkrieg bei einem plötzlichen Sturm mehrere große Schiffe der englischen Flotte gesunken seien. Das mußte jener Jahrhundertsturm gewesen sein, der sich damals auch für die englischen Belagerer in Balaklawa so verheerend ausgewirkt hatte. Noch immer ruhten die Wracks am Meeresgrund, und die Taucher von Laspi fanden gelegentlich Trümmer oder Erinnerungsstücke. Alvidas und seine Leute hofften auf zahlende Gäste, denen sie Ausrüstung leihen und die sie mit ihrem Boot an die Wracks heranführen konnten.

Wir umfuhren die steile, rote Felswand des Berges Aija, von dessen Höhe erst kürzlich eine riesige Gesteinslawine in die See gestürzt war. Der ganze Berghang sah aus wie ein großer Schuttplatz. Dicht daneben tat sich im Fels die Öffnung einer großen Höhle auf, in die man mit dem Boot einfahren konnte. Alvidas meinte, ich solle es versuchen. Doch in einen Schlund zu steuern, in dem ich von allen Seiten, auch von oben, in meiner Manövrierfähigkeit begrenzt war, schien mir das Risiko nicht wert.

In der Delphinstation von Laspi

Bald schon konnten wir einige große Gebäude auf der anderen Seite der weiten Bucht erkennen. Ein umfangreicher Ferienkomplex mit mehreren Hotelbauten und einem großen Schwimmbecken wurde sichtbar. Das mußte der Hafen von Laspi sein, der zur See hin durch eine breite Mole begrenzt wurde. Sie diente als Schutz für das Schwimmbad und für die daneben gelegenen Gebäude und Terras-

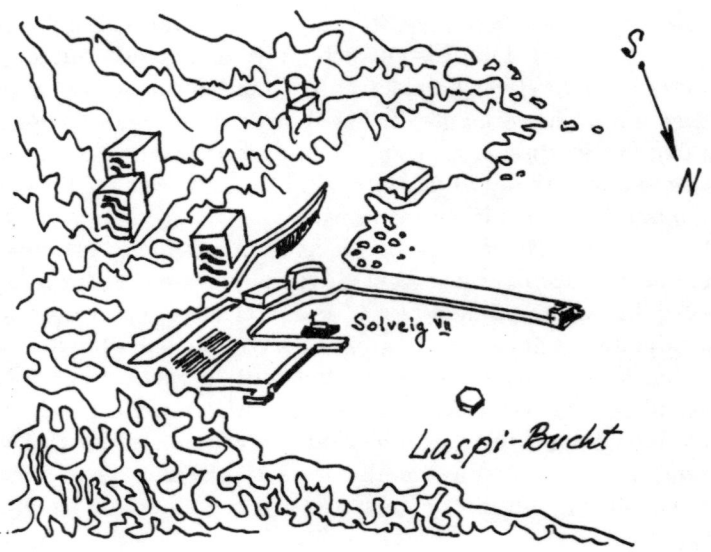

sen. Alvidas lotste uns in den kleinen Hafen und wies uns an einen Kai, der das Schwimmbad vom Hafenbecken trennte. Es war ein guter Liegeplatz, und wir erreichten auch hier über Kabel und Schlauch Anschlüsse für Strom und Wasser. Das Wetter war sonnig und sehr ruhig, nur leise rauschte die Brandung über die Steine am Ufer. Hinter einem Kinderheim stieg der mit dichtem Wald bestandene Berghang steil an. Fast tausend Meter hoch mochten die Gipfel über dem Strand aufragen. Ziemlich weit oben konnte man die Straße erkennen, die von Sewastopol nach Jalta führte.

Nachdem wir das Boot sicher vertäut hatten, besuchten wir die Station, in der uns Alvidas mit seinem Team bekanntmachte. Mehrere junge und ältere Männer, dazwischen drei Frauen, setzten sich mit uns an einen langen Tisch im Eßraum. Die Einrichtung war provisorisch und einfach. Hier traf man sich zu den Mahlzeiten oder besprach wichtige Entscheidungen. Ein groß gewachsener Mann mittleren Alters lächelte Angelika und mich an. »Das ist Sergei«, stellte ihn Alvidas in seinem gebrochenen Englisch vor. »Er ist Mechaniker, Goldschmied, und verantwortlich für unser Motorboot. Er hat es sogar aus den Resten eines Wracks umgebaut.«

Eine junge Frau stand auf, und Alvidas erklärte: »Das ist Tatjana, unsere Tierpflegerin. Sie kümmert sich um unsere Delphine, wenn welche hier sind. Zur Zeit haben wir leider keine im Becken, aber wir bekommen vielleicht später einige aus Sewastopol. Dann können wir eine Delphinschau veranstalten. Tatjana ist Biologin und hat Erfahrung im Training von Delphinen.«

So ging es weiter mit der Köchin, mit den Arbeitern, die Kran und Maschinen bedienten und sich um die hier untergestellten Boote kümmerten. Wem diese gehörten, wollte ich wissen. »Nun, verschiedenen Leute aus Sewastopol«, antwortete Alvidas. »Sie kommen gelegentlich hierher zum Fischen.« Wahrscheinlich hatten sie vor der Perestroika einmal eine führende Stellung gehabt und sich die Anschaffung eines eigenen Bootes leisten können. Das war ein Seufzer, den wir oft hörten: »Ja, vor der Perestroika, da war das noch leichter, aber jetzt...«

Schließlich wurden die Taucher vorgestellt, die eine eigene Station mit Kompressoren zum Nachfüllen der Sauerstoffflaschen eingerichtet hatten. »Wir haben auch eine Druckkammer zur Dekompression. Die ist sogar fahrbar, damit wir bei Arbeiten in größerer Tiefe die Taucher vor Gesundheitsschäden schützen können. Wir bekommen gelegentlich Aufträge von der Regierung, nach gesunkenen Schiffen zu suchen, oder es wird nach alten Wracks getaucht.«

Was hier in Laspi geschah, war der Versuch, ohne Kapital, nur mit vorhandenen oder improvisierten Anlagen und Geräten, eine kleine Gruppe von Spezialisten und Helfern am Leben und Arbeiten zu halten. Das Kinderheim, das wie alle Sanatorien früher Kinder aus ganz Rußland auf Staatskosten betreut hatte, erlebte nach der Abtrennung der Ukraine einen gewaltigen Einbruch und war deshalb gezwungen, das gesamte Hafengelände zu verpachten. Pächter war Alvidas, und alle neuen Initiativen waren ihm zu verdanken. Unermüdlich bemühte er sich um Aufträge und Einnahmen. Dabei wußte er nie, wie lange er seine Leute noch ernähren konnte.

Etwa zwölf Männer und Frauen waren bei ihm angestellt, und er bezahlte sie nach den Möglichkeiten, die sich in dem ehemaligen Ferienparadies boten: Es wurden Yachten wohlhabender Gäste repariert, es wurden mit dem eigenen Motorboot, das mit einer Maschine vom Autofriedhof bestückt war, Fische gefangen. Im Auftrag der Behörden konnten gelegentlich Kontrollfahrten an der Küste unternommen werden. In einem abenteuerlich ausgestatteten alten Mercedes-Lastwagen brachten sie kranke oder auch tote Delphine in das BRE-MA-Institut nach Simferopol, wo sie behandelt oder seziert wurden. Zwei oder drei Reparaturen an Motor oder Reifen waren dabei während einer Fahrt keine Seltenheit. Im Schwimmbecken wurden gelegentlich kranke Delphine gepflegt und wieder ausgewildert oder, wenn sie schon vorher in Gefangenschaft gewesen waren, für eine Schau trainiert.

Bei uns würde ein Mann wie Alvidas, der mit einer verkrüppelten Hand geboren war, als Behinderter gelten, staatliche Unterstützung erhalten und allenfalls durch Nebenarbeit ein wenig dazuverdienen. Hier leistete er, der Not gehorchend, echte Aufbauarbeit. Unwillkürlich fühlte ich mich an die Nachkriegszeit in Deutschland erinnert. Es war bedrückend zu sehen, daß sich die Ukraine um das Jahr 2000 in einem Zustand befand, der bei uns über 50 Jahre zurücklag. Kein Wunder, daß nur wenige der Perestroika etwas Gutes abgewinnen konnten und daß die Zeit der Sowjetunion in hellstem Licht erschien.

Simferopol, die Hauptstadt der Krim

Alvidas hatte einen besonderen Grund gehabt, uns so eilig nach Laspi zu bringen: Am 7. Juli hatte ich Geburtstag, und der sollte mit Alexei und der ganzen Belegschaft gefeiert werden. Das Wetter war herrlich, und in der Station waren Kuchen und Getränke vorbereitet worden. Unsere SOLVEIG ließ sich geduldig mit gut gelaunten Menschen beladen, die auf allen verfügbaren Sitzgelegenheiten Platz nahmen. Sascha erzählte russische Witze, und Angelikas Talent und Enthusiasmus, ein festliches Essen zu gestalten, kam glänzend zur Geltung. Ihre Begeisterung, mit der sie die Gäste und mich zu verwöhnen wußte, war an diesem Tag mein schönstes Geschenk.

Der Zeitplan für unseren Aufenthalt auf der Krim hatte von Alexei Wochen im voraus festgelegt werden müssen. Daher blieb uns nur wenig zeitlicher Spielraum, und schon zwei Tage später wurden wir zu einer Fahrt nach Simferopol abgeholt.

Simferopol ist die Haupt-
stadt der autonomen Re-
publik Krim, die sich innerhalb der Ukraine selbstän-
dig verwaltet. Diese wiederum ist Mitglied der GUS,
der Föderation ehemaliger
Sowjetstaaten. Obwohl die
Ukraine ein reiches Land
ist, war diese Struktur ein
sehr problematisches Ex-
periment, zumal alle In-
dustrien, Organisationen
und Verwaltungseinheiten
im Rahmen der großen so-
wjetischen Einheit entstanden waren. Über 70 Prozent
der Krimbewohner sind zu-
dem Russen und werden
es Chruschtschow niemals
verzeihen, daß er 1954 die

Bachtschisarai

Krim als Zeichen der »brüderlichen sozialistischen Verbundenheit«
gewissermaßen mit einem Federstrich der Ukraine angliederte. Im
Sowjetrahmen spielte diese Maßnahme kaum eine Rolle, aber als die
Union 1991 zerfiel und die Ukraine ihre Selbständigkeit erhielt, wurde die Krim damit über Nacht Teil der Ukraine.

Simferopol ist eine gepflegte, mit einigen repräsentativen Bauten
geschmückte Stadt, die sich aber mit Odessa oder Sewastopol in keiner Weise vergleichen läßt. Ihre Bedeutung verdankt sie einzig der
Lage im Mittelpunkt der Halbinsel und ihrer Funktion als Verwal-
tungszentrum. Als solches besitzt sie einen internationalen Flughafen
und Eisenbahnverbindungen nach Odessa, Kiew, Sewastopol,
Kertsch und von dort weiter nach Westeuropa und nach Rußland.

Wir besuchten Alexei in seinem BREMA-Institut, das er mit großem Einsatz und viel Liebe zu einer im In- und Ausland anerkannten
Station ausgebaut hat. Nur mit großer Mühe ist es ihm gelungen, die
nötige medizinische Ausstattung und Büroeinrichtung zusammenzu-
tragen. Dr. Alexei Birkun unterhält Verbindungen zu allen Anrainer-

137

staaten des Schwarzen Meeres und zu mehreren meeresbiologischen Anstalten in Westeuropa. Er ist gern gesehener Gast auf internationalen Konferenzen zum Schutz der Meerestiere und insbesondere der Delphine. Es war imponierend zu sehen, wie mit einfachsten Mitteln ein modernes, voll funktionsfähiges Büro geschaffen wurde und daneben Untersuchungsraum, Kühlraum und Operationsraum für die medizinischen und biologischen Mitarbeiter.

Auf unserem Rückweg zur Küste war eine Besichtigung der Bachtschisarai eingeplant, die nur 35 Kilometer von Simferopol entfernt in Richtung Sewastopol liegt. Der für unsere Ohren merkwürdig klingende Name entstammt der Sprache der Krimtataren und bedeutet soviel wie »Palast der Gärten«, eine treffende Bezeichnung für den inmitten eines großen Parks gelegenen romantischen Khanspalast und seine prächtige Moschee.

Besonderes Interesse weckte unser Führer mit der Erzählung vom »Tränenbrunnen«, die Alexander Puschkin zu einem berühmten Gedicht angeregt hat. In der Geschichte geht es um einen Khan, der zwei seiner Frauen so lange eifersüchtig macht, bis seine Lieblingsfrau die neue tötet, worauf er die Mörderin zum Tode verurteilt: eine Historie, die mir in ihrer typisch moslemischen Herrschsucht des Mannes über die Frau zuwider ist, und die in mir keine rechte Begeisterung für den weinenden Brunnen aufkommen ließ. Doch dank Puschkins Gedicht war der Ort für Rußland sozusagen heilig und blieb erhalten, während alle anderen Kulturdenkmäler der Krimtataren auf Befehl Stalins zerstört wurden.

Ich erinnerte mich wieder an die Kriegszeit und daran, daß die Tataren 1941 als deutschfreundlich galten und daß deshalb gewisse Verbindungen mit unserer Truppe bestanden. Ich dachte dabei auch an das komische Entsetzen eines Kameraden, der uns von seiner Übernachtung bei einer Tatarenfamilie berichtete, wo ihm nach alter Tradition eine Nacht bei der Dame des Hauses aufgezwungen wurde. Wir Soldaten lachten damals über seine Not, ahnten aber nicht, daß die Tataren drei Jahre später für ihre Gastfreundschaft schrecklich würden büßen müssen. Denn nach dem deutschen Rückzug wurden viele von ihnen mißhandelt oder erschossen, der Rest wurde enteignet und nach Asien deportiert. Soweit sie noch am Leben waren, durften sie 1990 nach der Wende als verlorener Haufen in ihre alte Heimat zurückkehren.

Zu Gast bei Selim, dem Tataren

Angelika und ich, wir hatten eine ganz besondere Begegnung mit Tataren. Während einer Autofahrt mit Alvidas machten wir im Gebirge
bei einem kleinen Restaurant neben der Straße halt. Die Raststätte
gehörte einem gewissen Selim, der ein Tatarenfürst und eine bekannte Persönlichkeit war. Als wir aus dem Wagen stiegen, wurde gerade
gefeiert. Eine Gruppe wirklich wild aussehender Burschen hockte auf
Teppichen um einen Tisch im Freien, und Fürst Selim, unschwer zu
erkennen an seinem machtbewußten Gehabe, rief uns zu sich. Mit
rauher, uriger Stimme, einen Becher in der Hand schwingend und
den anderen Arm nach mir ausstreckend, brüllte er: »Hat euch niemand ausgeraubt auf dem Weg hierher? Auch nicht die Polizei?«

Alvidas:« Nein.«

Selim: »Merkt euch ein für allemal: Ich, Sasonor Merdjan Ali Mu-
siewitsch Selim war einer der ersten, die aus dem Osten zurückka-
men! Hierher in die Heimat! Dieser Berg gehörte meinem Großvater
– sie haben alles ohne mein Einverständnis aufgeteilt... Aber unser
neuer Staat wird gesund, gerecht und entgegenkommend! Freundlich
zu allen Menschen! Leben Sie friedlich in diesem kurzen Leben!«

Es war unschwer zu merken, daß hier schon reichlich Alkohol ge-
flossen war. Selim stand auf und stellte die Gruppe mit entsprechender Geste vor: »Das sind meine Verwandten! Wir sehen uns selten.
Nach 15 Jahren jetzt zum ersten Mal! So hat es uns auseinanderge-
rissen!« Er nahm wieder am Tisch Platz und fuhr fort: »Ich lade euch
ein, ich zahle alles! Ich gebe Ihnen meine Visitenkarte, damit Sie den
jungen Herrscher kennen!«

Alvidas: »Darf ich fragen, wie Sie in Usbekistan gelebt haben?«

Selim: »Oho! In Usbekistan! Kennen Sie Samerkand? Man hat uns
deportiert, von hier – dorthin, und wir kehrten von dort hierher
zurück! Meine Heimat ist hier!«

Alvidas: »Wie lange ist das her?«

Selim: »Ich kam als einer der Ersten! Das war 1988. Hier war nur
ein Müllhaufen! Ich habe hier neu angefangen und gebaut.«

Alvidas: »Wer hat hier gebaut?«

Selim: »Ich bin der Herr, ich habe gebaut. Ich bin der Herrscher,
merken Sie es sich und schreiben Sie alles so auf!«

Rollo, von Alvidas übersetzt: »Ich hoffe, es wird den Krimtataren
bald besser gehen...«

Selim: »Und den Deutschen, die uns überfallen haben, soll es noch
besser gehen als den Tataren, damit es keine weiteren Überfälle mehr
gibt! Wir müssen in Freundschaft leben! Ich möchte euch mein Haus
zeigen, kommt alle mit... Nehmt alles auf, so wie es ist!« (Die
Kamera lief mit, um Bild und Ton aufzuzeichnen.)

Alvidas: »Wohnen Sie da?«

Selim: »Das ist unser Haushalt... Ich begrüße Sie!«

Der wilde Selim nahm mich mit in sein Wohnzimmer und zog
mich auf den Diwan unter die Fotografien seiner Vorfahren. Es wurde Kaffee gereicht und Wein. Dabei erzählte er immer mehr, so daß
wir uns nur schwer loslösen konnten. Die Krimtataren waren früher
ein Steppen- und Reitervolk wie die Skythen und die Goldene
Horde. Sie lebten in der großen, weiten Ebene um Sewastopol, nörd-
lich des Gebirges. Heute sind sie der traurige Überrest eines entwur-
zelten Volkes, dem es schwerfällt, in der alten Heimat eine neue
Lebensgrundlage zu finden.

Eine Schreckensnacht

Die Straße nach Sewastopol und weiter nach Laspi war gut ausgebaut. Alvidas, der verhinderte Rennfahrer, trieb den gebrechlichen
Wagen mit vollem Risiko durch die oft engen Kurven in der zauber-
haften Landschaft. Selbst dort, wo 40 oder 60 km/h vorgeschrieben
waren, fuhr er mit vollen 100 km/h weiter und überholte an den engsten Stellen. Es war nur eine Frage der Zeit, wann er auf eine Poli-
zeistreife treffen würde, und wir befürchteten eine hohe Geldstrafe.
Kurz vor Sewastopol geschah es dann auch: Er wurde angehalten und
mußte auf dem Seitenstreifen warten. Mit undurchdringlicher Miene
saß er hinter dem Steuer und sagte kein Wort. Als der Polizist ans
Fenster trat, zeigte er ihm seelenruhig erst seinen Führerschein und
dann einen offenbar sehr speziellen Ausweis. Der Polizist trat verlegen zurück – wir durften unbehelligt weiterfahren. Alvidas gab uns

keine Erklärung dafür, nur sein triumphierendes Gesicht verriet die Freude und den Stolz auf seinen Sieg. Offenbar hatten wir den richtigen Mann als Beschützer.

In Laspi lag die SOLVEIG da, wie wir sie verlassen hatten, zog aber heftig an ihren Leinen. Der Wind hatte zugelegt, und ein langer Schwell lief um die Mole herum in den Hafen. Ich hätte die Gefahr erkennen müssen, aber ausnahmsweise war ich nicht pessimistisch, sondern nur müde. Ich redete mir ein, daß der Wind in der Nacht nachlassen würde, was er ja normalerweise tut. Doch diesmal wurde er stärker und änderte zudem seine Richtung. Am späten Abend lief die Dünung voll in den Hafen hinein und nahm von Stunde zu Stunde zu. Gegen Mitternacht begann das Boot derart an den Leinen zu reißen, daß wir nicht mehr schlafen konnten. Wir hätten den Hafen verlassen oder an anderer Stelle festmachen müssen. Aber das war unmöglich, denn für die anderen Boote hatte man lange Sicherungsleinen über die ganze Fläche des Hafens gespannt, um sie von der Pier freizuhalten. Warum hatte man uns keine Trosse gegeben, hielt man uns für unverwundbar? Nun waren wir eingesperrt!

Von Alvidas und seinen Freunden war niemand mehr erreichbar. Die mächtig anstürmenden Wellen rauschten mit voller Wucht unter der Brücke hindurch ins Schwimmbad und brandeten dort mit Getöse bis in die oberste Reihe der Zuschauertribüne. Mit großer Gewalt wurde unser Boot an der Pier vor und zurück gerissen, bis gegen Mitternacht eine unserer neuen, 15 mm starken Kunststoffleinen mit lautem Knall brach. Das Boot geriet mit seinem Wulst an die Kaimauer und bekam häßliche Schürfwunden. Eine andere Leine, die zusätzlich an einer Leiter befestigt gewesen war, riß diese samt ihrer Stahlhalterung aus der Betonwand.

Sascha und Angelika sprangen aus ihren Kojen, und gemeinsam brachten wir weitere Festmacher in verschiedene Richtungen aus. So überstanden wir die restlichen Nachtstunden ohne weitere Schäden. Vom Kai aus sah ich trotz der Dunkelheit, daß im Hafen, nur wenige Meter entfernt, zwei Unterwasserfelsen weiß schäumend brandeten. Es wäre also unmöglich gewesen, unser Schiff zu drehen oder zu verlegen.

Erst gegen vier Uhr wurde die lange Dünung allmählich schwächer, und wir fanden etwas Schlaf. Früh am Morgen waren wir wieder auf den Beinen. Alexei hatte sich bemüht, mit Fischern aus

Sewastopol ein Rendezvous auf See zu verabreden. Wir sollten Gelegenheit bekommen zu beobachten, wie die Grundnetze aufgeholt wurden. Dabei kann viel Beifang zum Vorschein kommen, unter dem sich leider sehr oft auch Delphine befinden. Von dieser Aktion hing ein wesentlicher Teil unserer Arbeit für den Delphinschutz ab. In der Regel wehren sich Fischer verständlicherweise mit allen Mitteln dagegen, daß Beifang und Delphine fotografiert werden. Dokumente und Beweise für ihre Tötung sind sozusagen Geheiminformationen, die nur selten Medien oder Regierungsstellen zugeleitet werden, um Maßnahmen gegen die Massenvernichtung der Meeressäuger durchzusetzen. Für Tierschutzorganisationen sind solche Informationen daher von größter Wichtigkeit, und wir hatten uns vorgenommen, möglichst eindrucksvolles Material zu beschaffen. Es war ein erstaunlicher Erfolg von Alexei, daß er für uns ein Treffen mit den Fischern vereinbart hatte. Unsere Verabredung mußten wir also einhalten, zumal wir an diesem Morgen keine Möglichkeit hatten, mit den Fischern direkten Kontakt aufzunehmen.

Wo sind die Fischer?

Um 07.00 Uhr sollte Abfahrt sein, aber weder Alvidas noch Sergei waren zur Stelle. »Ich bin froh, daß nach der Nacht wenigstens das Boot noch heil ist«, schrieb ich grimmig ins Logbuch. Meine Stimmung war gereizt, weil ich meinte, Alvidas hätte mich vor der schweren Dünung im Hafen warnen müssen. Jetzt aber sehnte ich ihn herbei. Es dauerte noch eine ganze Stunde, bis Sergei erschien und ich ihn darum bat, endlich eine Entscheidung zu treffen, ob wir trotz des schlechten Wetters fahren konnten. Um 09.00 schließlich kam Alvidas und meinte, wir müßten auf jeden Fall fahren. Eine Telefonverbindung zu den Fischern hatte auch er nicht herstellen können.

Sergei versicherte, wir müßten auf jeden Fall fahren und »trotz Regen und stürmischem Wind«, wie ich notierte, unsere Verabredung einhalten. Ich wiederholte meine Frage: »Glaubt ihr denn, daß die Fischer auslaufen werden?«

»So schlimm ist es nicht, die fahren so ziemlich bei jedem Wetter«, meinte Alvidas.

Ich rechnete damit, daß draußen, wenn wir die schützende Bucht erst verlassen hatten, der Seegang bedeutend höher laufen würde. Das konnte hart werden, nicht zuletzt wegen unserer Übermüdung. Zunächst war es notwendig, die Leinen der anderen Boote zu entfernen, mit denen der Hafen versperrt war. Außerhalb der Mole empfing uns eine mächtige Dünung. Das Boot rollte heftig, und ich mußte mich am Steuerrad festhalten, um nicht über Deck zu rutschen. Wir waren nervös geworden, denn wir würden die verabredete Zeit nicht einhalten können. Waren die Fischer überhaupt noch da? Hin und her rollte das Boot, eine breite Dünung mit gelegentlich weißen Brechern lief unter dem Kiel durch, und unsere Augen suchten die weite Wasserfläche ab. Dunkle Wolken verdeckten die Sonne. Wären wir etwas ausgeruhter gewesen, hätten wir vielleicht an dieser düsteren und dramatischen Stimmung Gefallen gefunden. So aber wurde jede halbe Stunde zu einer Mutprobe. Freude machte mir nur die Sturdy, die sich mit Wind und Wellen tapfer herumschlug.

Doch bevor wir die vereinbarte Position erreichen konnten, meldete sich plötzlich Alexei über Funk aus Simferopol. Er hatte Verbindung mit den Fischern aufgenommen und erfahren, daß sie wegen des stürmischen Wetters nicht ausgelaufen waren. Mit einem Ruck riß ich das Ruder herum und ging auf Gegenkurs. Genug für heute, genug der Nöte für diesmal! Nach den Erfahrungen der vergangenen Nacht wollte ich auch nicht mehr nach Laspi zurückkehren, sondern lieber den geschützten Hafen von Balaklawa anlaufen. Aber es war klar, daß ich mit meinem Vorhaben bei Alvidas auf Widerstand stoßen würde. Er wollte uns in seinem Hafen wissen, telefonisch leicht erreichbar und vor allem für die geplanten Ausflüge »vor der Tür«. Jetzt bat ich nach intensiver Diskussion um Verständnis für meine Entscheidung, und am Ende sah Alvidas ein, daß das Risiko für die SOLVEIG VII in Laspi zu groß war. Unser Kurs hieß deshalb Balaklawa. Alvidas schaffte es, auch die Küstenwache zu überzeugen, und drei Stunden später machten wir wieder hinter den beiden Fischdampfern fest.

Igor empfing uns hoch erfreut, waren wir für ihn doch die Hoffnungsträger für sein Projekt. In seinem stillen Winkel hatten wir nichts zu befürchten, weder Sturm noch Menschen. Auch unseren Strom- und Wasseranschluß hatte ich in wenigen Minuten wieder hergestellt.

Geschäfte mit der Kriegsmarine

Das Gebäude des zukünftigen »Klubs« befand sich noch im Bau, der Speiseraum und die Terrasse waren schon fertig, ebenso zwei kleine Büroräume und die Küche. Igor selbst saß meist mit seiner attraktiven Sekretärin im Büro, oder er tauchte stundenlang vor dem Kai im schmutzigen Hafenwasser.

Gegen Ende der Sowjetherrschaft oder bereits vorher, wer weiß das schon genau, waren Unmengen von Schrott aller Art, Maschinen, Generatoren, kleinere Eisenteile, Zäune und sonstiges Gerümpel ins Wasser geworfen worden. Man wollte damit wohl zweierlei erreichen: Erstens waren die Gegenstände, deren Transport nach Rußland nicht mehr lohnte, aus dem Blickfeld verschwunden und »entsorgt«, zweitens würden sie durch Rost für alle Zeit unbrauchbar gemacht werden. Letzteres war allerdings ein Irrtum, denn Leute wie Alvidas oder Igor fanden im Bodenschlamm eine ganze Menge Rohre, Stahlseile oder Zahnräder, die sie sorgfältig reinigten und einlagerten, um sie später da oder dort wieder zu verwenden.

Auf dem Kai war ein verrosteter Kran montiert, wahrscheinlich auch aus dem Wasser gezogen, mit dessen Hilfe Igor die schwereren Eisenteile an Land setzte. Stundenlang arbeitete er mit Anzug, Maske und Druckluftflasche unter Wasser und kam danach trotz seiner kräftigen Konstitution völlig erschöpft wieder an die Oberfläche. Verzweifelt äußerte er sich über die extreme Wasserverschmutzung: »Von den Kriegsschiffen da hinten wird der ganze Abfall ins Wasser geworfen. Noch schlimmer sind die Industrieabwässer. Ganz am Ende der Bucht steht die große Werft der Marine, die leitet alle Chemikalien ins Wasser, das ist lebensgefährlich! Ich muß mich nach jedem Tauchgang eine Viertelstunde lang duschen und Medikamente schlucken, um das Gift aus dem Körper zu bringen.« Stück für Stück reinigte er so den Grund seines künftigen Bootshafens.

Die beiden rostigen Fischdampfer, sie mochten etwa 1000 Tonnen groß sein, waren früher auf allen Weltmeeren unterwegs gewesen, um Fisch für die Sowjetunion zu fangen und zu verarbeiten. Jetzt warteten sie darauf, als Schrott verkauft zu werden. Waren sie erst einmal weg, wurden die Liegeplätze für Sportboote frei zugänglich. Es war eine großartige Lage mitten in der Stadt, sozusagen das

43

45

43 Geheimer U-Boot-
    Stützpunkt Balaklawa:
    Die versteckte Bucht
    machte schon im
    Krimkrieg Geschichte.

44 Auf einem steilen
    Pfad erreicht man die
    alte Genueser Festung
    Tschembalo am
    Eingang zur Bucht
    von Balaklawa.

45 Filmen mit der kleinen
    Digitalkamera bereitet
    auch dem Käpt'n
    Freude.

44

46

48

49

46 Landschaftlicher
    Höhepunkt: der
    »Zarenweg«, ein in
    den Fels gehauener
    Fußpfad in Nowyi
    Swet

47 Die alte Genueser
    Festung auf den
    Hügeln über
    Balaklawa

48 Im geheimen U-Boot-
    Tunnel von Balaklawa

49 Balaklawa: Wir
    haben vor zwei
    schrottreifen
    Fischdampfern fest-
    gemacht.

50 Pressekonferenz in
    Simferopol (von
    rechts nach links):
    Dr. Birkun und
    Alexander Taryanik,
    der Minister für
    Tourismus. Ganz
    links Alvidas

51 Unvergesslicher
    Empfang in Nowyi
    Swet: Weinköniginnen
    in Landestrachten.

51

52

53

52 Die malerische Bucht von
    Nowyi Swet

53/54 Hundert Jahre alte
    Flaschen in der Weinkellerei
    von Massandra

54 Das Prachtschloß der
    Massandra, mit einer
    Weinkellerei aus der Zarenzeit

56

57

55 Das berühmte »Schwalbennest«,
    ein Wahrzeichen der Krim

56 Ein touristischer Anziehungspunkt:
    der Palast des Fürsten Woronzov

57 Immer lächeln: Angelika und Rollo

55

58 Vor dem impo-
santen
Bergmassiv
des Kara Dag,
einem großen
Naturschutz-
gebiet.Viele
Pflanzen- und
Tierarten haben
hier eine Zuflucht
gefunden.

59 *SOLVEIG* in der Piratenbucht
    bei Nowyi Swet

60 Die gewaltigen Mauern der
    Genueser Festung von Sudak

61 Weiter geht's zu neuen Küsten.

61

»Filetstück« der Uferanlagen. Auch Einkaufsmöglichkeiten gab es in unmittelbarer Nähe, zwei Lebensmittelgeschäfte und eine Bäckerei. Was wollte man mehr? Von Natur aus besitzt Balaklawa alle Voraussetzungen, ein hervorragender Hafen für Yachten zu werden, eine Art St.Tropez des Schwarzen Meeres. Aber bis dahin dürfte es noch ein weiter Weg sein.

Als Absperrung zum Kriegshafen diente ein etwa 80 Meter langer Leichter, Ersatz für die fehlende Mauer. Auf der Uferbefestigung trennte eine zwei Meter hohe Bretterwand Igors Kai vom militärischen Bereich. Von unserem Achterdeck aus konnten wir den Kriegshafen recht gut überblicken und die abendliche Flaggenparade auf den grauen Ungetümen verfolgen. Als früherer Offizier war Sascha oft in Gedanken dort drüben und nahm recht bald Verbindung zu den Matrosen auf. Es sah einigermaßen komisch aus, wenn die Matrosen auf der einen Seite und Sascha auf der anderen an der Bretterwand hochkletterten, um miteinander zu palavern.

Die Matrosen brauchten Geld und boten Uniformteile an. So ergatterten wir auf dem Weg über die Bretterwand in der Dunkelheit einige nette »Souvenirs«. Angelika erhielt eine sehr hübsche weiße Matrosenbluse und eine Mütze, und für mich blieb immerhin eine Mütze in Tarnfarben übrig.

Sascha nützte im übrigen die Zeit, um in den Straßen der Stadt intensive Gespräche mit seinen Landsleuten zu führen. Er war überzeugter Nationalist und erklärte uns die Zustände im Land aus seiner Sicht als Russe. Was er von seinen Landsleuten zu hören bekam, bedrückte ihn oft sehr.

Unsere Gespräche bei den Mahlzeiten drehten sich fast ausschließlich um die wirtschaftlichen Probleme und um geeignete Wege für uns, trotzdem soviel wie möglich zu sehen und zu erleben. Sein Trinkspruch am Abend hieß denn auch meistens: »Auf den Erfolg unserer hoffnungslosen Unternehmung!«

Auf Erfolg konnten wir durchaus hoffen, dafür sorgte schon unsere Stellung als »besondere Gäste«, um die sich Alexei, aber auch Alvidas, so sehr bemüht hatten. Die vielen Fernsehsendungen mehrerer Stationen, sogar in Kiew, in denen über die SOLVEIG VII und ihre Crew berichtet wurde, machten uns zusätzlich bekannt. Man lud uns zu Besichtigungen ein, und Sascha sorgte dafür, daß wir auch »inoffizielle« Erfahrungen sammeln konnten.

Das Geheimnis von Balaklawa

Gegenüber unserem Liegeplatz, auf der anderen Seite der Bucht von Balaklawa, konnte man unschwer eine Öffnung in der Felswand erkennen, eine rechteckige schwarze Höhle, an der eine an den Fels angebaute Straße vorbeiführte. Das gesamte Gebiet am jenseitigen Ufer, also auch die Straße, war seit jeher eine militärische Sperrzone. Die meisten dort beschäftigten Angestellten erreichten ihre Arbeitsplätze mit einer Fähre, ein allgemeiner Zugang von Land war nicht vorgesehen. Ausnahmen bildeten nur Offiziere mit ihren Autos oder schwere Lastwagen. Alvidas hatte mir schon beim ersten Einlaufen in die Bucht erklärt, daß die Höhle der Eingang zu einem geheimen U-Boot-Tunnel sei, der in der Zeit des Kalten Krieges auf Geheiß Moskaus gebaut worden war. Am Eingang der Bucht, zur Seeseite hin, war mir eine zweite Öffnung aufgefallen, die offenbar als Ausgang des Höhlensystems gedient hatte.

Weder Alvidas noch Igor wollten oder konnten mir weitere Einzelheiten über die Größe und den Zweck des Tunnels berichten. Balaklawa war der große U-Boot-Hafen und Stützpunkt der sowjetischen Schwarzmeerflotte gewesen, bis zu 40 oder 50 Boote sollen hier gelegen haben. Es muß ein großartiger Anblick gewesen sein, als die Bucht mit den dunklen, schlanken Bootskörpern gefüllt war. Seit der Aufgabe des Stützpunkts wurde der Hafen, abgesehen von kleineren Einheiten, die vor der Werft zur Reparatur lagen, nicht mehr genutzt, auch der Tunnel nicht.

Mehr war nicht zu erfahren. Um so größer war mein Erstaunen, als Sascha schon am zweiten Tag unseres Aufenthalts mit einem gewissen Triumph in der Stimme verkündete, er habe einen Fischer kennengelernt, der bereit sei, uns heimlich zum Eingang des Tunnels zu führen: »Er kann uns heute abend nach Einbruch der Dämmerung zum Eingang bringen, dann müssen wir selbst sehen, wie wir hineinkommen, er will damit weiter nichts zu tun haben. Wir dürfen natürlich keinesfalls mit der SOLVEIG fahren.«

146

Ich überlegte fieberhaft. Der heimliche Besuch des Tunnels war ein großes Risiko, denn wurden wir beobachtet, war uns eine Verhaftung sicher und möglicherweise die Beschlagnahme des Bootes. Das wäre ein zu hoher Preis gewesen. Andererseits würde man uns nicht so leicht bemerken, nur am Eingang mußten wir aufpassen, und wir hatten Sascha dabei, der nicht nur Offizier war, sondern auch immer gute Ausreden wußte. Er kannte schließlich die Vorschriften und wußte um die Gefahren; wenn er bereit war, in den Tunnel zu gehen, dann würde ich nicht nein sagen. Angelika war immer auf Neuigkeiten aus und nahm dafür Risiken in Kauf. Also sagte ich Sascha zu.

Angelika dachte sofort an die praktische Durchführung: »Wir sollten genügend Taschenlampen und Batterien und auf jeden Fall mindestens eine Fotokamera und die Filmkamera mitnehmen. Wir sollten uns auch möglichst unauffällig anziehen.« Damit war unser Entschluß gefaßt, und ich bat Sascha, mit dem Fischer eine passende Zeit auszumachen. Wir beschlossen, Igor lieber nichts von unserem Plan zu erzählen, worauf auch der Fischer bestanden hatte. Sein Boot war am Ort bekannt, es fuhr fast täglich durch den Hafen und würde der Küstenwache nicht auffallen. Warum sollten wir nicht auf eine kleine Spazierfahrt gehen?

Durchs Tor zur Unterwelt

Unten in der Pantry, die man nicht einsehen konnte, packten wir unsere Ausrüstung in Taschen. An diesem Abend war Igor zum Glück nicht im Büro. Der Fischer wartete, und wir stiegen mit unserem Gepäck in sein Boot. Langsam verließen wir unsere Ecke in Richtung Hafenausfahrt und bogen erst später zum Tunnel ab. An seinem Eingang marschierte eine Abteilung Soldaten vorbei. Nochmals änderte der Fischer die Richtung. Drüben kletterten wir auf die Straße und hielten Ausschau: keine Soldaten zu sehen. Also weiter. Wir schlichen uns zwischen riesigen Schwimmerkästen hindurch. »Was sind das für Dinger?« fragte Angelika leise.

147

»Das sind Schwimmer«, über die früher die Straße verlief«, bekam sie zur Antwort. »Ein schwimmendes Tor, das beiseitegezogen wurde, wenn ein Boot in den Kanal des Tunnels einfahren wollte.«

Sascha ging voraus, und wir erreichten die Öffnung der Höhle. Auf der rechten Seite verlief ein zweiter Tunnel parallel zum Kanal. Wir flüsterten nur, denn der Hall verstärkte unsere Stimmen. »Vorsicht, hier sind überall tiefe Löcher!« Diese Öffnungen waren für Gullys, unter denen Rohre verlegt waren. Alle Deckel waren entfernt, ein falscher Schritt hätte den Absturz bedeutet.

Die Decke des Gangs war flach und breit, damit Lastwagen einfahren konnten. Ich leuchtete nach vorn und sah Sascha unentwegt weiterlaufen. Nach einer Weile rief ich: »Wir müssen irgendwann nach links, zum Wasser!«

Sascha sah rechts ein schweres Eisentor aus doppelten Stahlplatten mit einer dicken Füllung dazwischen. »Die war atombombensicher«, flüsterte er bewundernd. Ich versuchte, die Sperre anzuheben, schaffte es aber nicht. Da trat Sascha mit dem Fuß gegen den Hebel, und es donnerte fürchterlich durch die Gänge. Doch er konnte das Tor öffnen. Dahinter sahen wir aber nur einen weiteren Gang. Wo mochte der hinführen?

»Laßt uns weitergehen!« Ich wollte zum Wasser, um die Orientierung zu behalten. Immer mehr Gerümpel lag herum, Stahlplatten, Rohre, Maschinenteile und Drähte, wir gingen sehr langsam, um uns nicht zu verletzen. Die Russen mußten die Anlage nicht nur eilig, sondern auch mit einem gewissen Zorn verlassen haben. Ein Gang führte nach links, und durch ihn erreichten wir den Kanal, an dem ein breiter Gehweg entlangführte. Ich starrte ins Wasser, das wie leblos und ohne jede Bewegung im Schein der Taschenlampe glitzerte. Die völlige Stille war bedrückend. Ich warf einen kleinen Stein ins Wasser, es platschte unheimlich laut. »Du benimmst dich wie ein Kind«, dachte ich und versuchte, etwas Schlaues zu sagen. »Hier müssen die Boote gelegen haben, für die Reparatur und den Neuanstrich.« An der Wand hingen Zeichnungen von elektrischen Anlagen und Schaltplänen, mit Erklärungen auf russisch.

Wir gingen den Kanal entlang. Plötzlich packte mich Sascha am Arm und riß mich zurück. Mein Fuß war schon über einem tiefen Loch gewesen. Ein Schritt weiter, und unser Abenteuer hätte schlimm geendet. Ich ärgerte mich über meine Zerstreutheit.

148

Das Trockendock im Berg

Gewaltige Kabelstränge führten an der Decke entlang, und bald kamen wir zu einer Schaltstelle, zu einem Kraftwerk mit Dieselmotor und Generatoren. Dann wieder zum Kanal. Ein Schleusentor verriet, daß dahinter das Trockendock lag: Die Boote fuhren hinein, dann wurde das Wasser abgepumpt, und die Überholung konnte beginnen.

Als nächstes gelangten wir in die Torpedowerkstatt, in der noch die Stützen zum Auflegen der Geschosse standen. Wieder waren einige Anleitungen an der Wand geblieben, vor allem das vollständige Schnittbild eines Torpedos. Sascha übersetzte einen Satz aus den Anweisungen: »Absolute Sauberkeit bei der Arbeit ist notwendig, sonst gibt es keinen Torpedo«. Das war verständlich. Viele andere Hinweise bezogen sich auf fachliche Vorgänge, die Sascha nicht übersetzen konnte. Eine mehr als mannshohe Drehbank aus Leningrad beeindruckte mich. Das Fett war noch in den Lagern, die Hebel ließen sich bewegen. An den Wänden hingen Leninzitate, die wohl zu genauer und fleißiger Arbeit anspornen sollten.

Eine Eisentreppe führte ins obere Stockwerk. Ich stieg hinauf, fand einen Gang und eine lange Reihe von leeren Räumen. Offenbar Büros und, wie wir später erfuhren, auch Küchen und Speiseräume. Mir wurde ein wenig unheimlich, die Gänge waren endlos, und ich fürchtete jeden Augenblick, auf etwas Entsetzliches zu stoßen. Angelika und Sascha waren unten geblieben. So stieg ich bald wieder hinunter und dann noch eine Treppe tiefer bis zum Wasserspiegel. Jetzt war ich innerhalb des Docks.

Seine Wandungen waren dicht bewachsen, überall hatten sich Muscheln und Pflanzen angesetzt: eine Unterwasserwelt, die still vor sich hin träumte. Die Natur hatte neues Leben geschaffen, wo Menschenwerk so schnell vergangen war. Aber welch ein ungeheurer Aufwand steckte in diesen Anlagen! Wirklichen Nutzen hätten sie nur gebracht, wenn ein dritter Weltkrieg ausgebrochen wäre. Milliarden wurden investiert in einen Krieg, zu dem es – gottlob – nie kam, der Reichtum einer Nation wurde mit Rüstungsausgaben verspielt.

Ich entdeckte einige schöne Motorwinden, mit denen die Boote an Stahlseilen durch den Kanal gezogen wurden. Die Breite des Docks betrug etwa 12 Meter. Die größten U-Boote konnten hier nicht einfahren, aber im Schwarzen Meer hätten so riesige Boote wie im Atlantik auch keinen Sinn gehabt. Raketen mit Atomsprengköpfen konnten aber gelagert und verladen werden.

Was wird mit diesem Tunnel in Zukunft geschehen? Ist er am Ende mit Uran oder anderen Giften verseucht? Meine Angst wuchs, denn ich fürchtete auch, daß uns plötzlich Soldaten oder andere Typen aus der schwarzen Dunkelheit entgegenkamen, die in den Gängen Diebesgut suchten oder versteckt hatten und für die unser Besuch Gefahr bedeutete... Auch konnten jeden Augenblick schwere Kabel oder Metallteile von der Decke fallen.

Ob wir besonders geheime Einrichtungen gesehen haben, weiß ich nicht. Das komplette Tunnelsystem war auf jeden Fall geheim, und ich wollte unsere Filme und Kameras und vor allem uns selbst ohne Schaden aus dieser Unterwelt wieder herausbringen. Draußen war inzwischen Nacht, nur die Ufer der Bucht schimmerten im Schein der Laternen und tausend Fenster. Der Kriegshafen selbst war mit Scheinwerfern angestrahlt.

Ein Augenzeuge berichtet

Wir riefen unseren Fischer mit einem verabredeten Lichtzeichen herbei, noch ganz erfüllt von dem faszinierenden Tunnelabenteuer. Es war uns gelungen, ein Stück geheimer Militärgeschichte der Sowjetunion mit eigenen Augen zu erforschen und sogar auf Film für eine spätere Dokumentation mitzunehmen.

Der Fischer erzählte uns später von seiner brutal harten Arbeit in dem ausgehöhlten Berg. Ein halbes Leben, 18 Jahre lang, hatte er dort geschuftet. »Wenn Farbe abgekratzt wurde, konnten wir kaum atmen«, berichtete er. »Viele wurden krank, weil die Farbe giftig war. Die Lüftung war miserabel. Wenn hoher Besuch kam, durfte vorher eine Woche lang nicht gearbeitet werden, damit die Herren einen guten Eindruck bekamen.« Der Fischer hustete ständig, er war offensichtlich selber krank.

Sascha zeichnete das Gespräch auf, und einige interessante Passagen daraus möchte ich hier wiedergeben.

Sascha: »Ich hoffe, Ihrer Gesundheit hat es nicht geschadet?«
Fischer: »Doch. Die Beine tun weh, und dabei bin ich erst 58. Alle, die pensioniert wurden, haben diese Beschwerden. Die Unterwasserfarbe war mit Blei gemischt. Ohne Klimatisierung haben wir diesen Staub ständig eingeatmet. Als die Kontrolle kam mit einem Gerät, das die Verschmutzung der Luft messen kann, stand ich in der Nähe und habe gesehen, daß der Filter verbrannt war durch das Gift. Aber er sagte: ›Alles in Ordnung.‹ Ich sagte: ›Dein Filter ist doch verbrannt von der verseuchten Luft, und das nennst du in Ordnung!‹ So sind nicht wenige in dem Tunnel zugrundegegangen. Der eine ist letztes Jahr an Blutvergiftung gestorben.«
Sascha: »Kam das auch vom Blei?«
Fischer: »Woher denn sonst?«
Sascha: »Und Sie sind hier geblieben?«
Fischer: »Was sollten wir sonst machen?«
Wieder stand uns die ganze Verlogenheit und der Betrug vor Augen, die im sowjetischen System verborgen gewesen waren. Aber Sascha wollte noch mehr wissen: »Ist es besser, daß man den Tunnel geschlossen hat, oder sind dadurch zu viele Arbeitsplätze verlorengegangen?«
Fischer: »Gut, daß man ihn geschlossen hat. Man hätte das längst tun sollen. Den Tunnel, aber natürlich nicht den ganzen Betrieb.«
Sascha: »Können Sie sich auch an etwas Gutes erinnern, an irgendwelche Feste?«
Fischer: »An gar nichts Gutes kann ich mich erinnern, aber auch an gar nichts!«
Sascha: »Auch nicht, wenn Chruschtschow da war?«
Fischer: »Gut war das schon, weil wir nicht arbeiten mußten.«
Sascha: »Was haben Sie denn getan?«
Fischer: »Geputzt und so...«
Sascha: »So getan, als ob Sie arbeiten?«
Fischer: »Ja.«
Wir wollten wissen, wohin wir später gehen sollten, deshalb fragte Sascha: »Was ist dort, wenn man geradeaus weitergeht, wo der Gang zugemauert ist?«
Fischer: »Dort waren die Raketen gelagert, das hat man jetzt zugemauert.«
Sascha: »Wer hat die Raketen hergeschleppt?«

Fischer: »Das wurde immer nachts gemacht.«

Sascha: »Und wie?«

Fischer: »Mit Autos.«

Jetzt wich der Fischer zum ersten Mal unseren Fragen aus. Wir wollten wissen, ob noch immer Raketen im Tunnel lagerten, aber er sagte nur: »Im Tunnel sollten Sie sich nach links halten. Es geht sehr weit. Die zweite Wache war dort. Es gab dort alles – Drehbänke, alle möglichen Maschinen, viel besser als im normalen Reparaturbetrieb, im zivilen.«

Sascha: »Waren früher viele U-Boote da?«

Fischer: »30 bis 40 Stück.«

Sascha: »Sagen Sie uns noch zum Schluß: War das alles wirklich notwendig? Hat man den Atomkrieg erwartet?«

Fischer: »Als ich im Militärdienst war, ja – damals schon. Als das mit Kuba war... Wir sind ins Karibische Meer gegangen – ich habe auf einem U-Boot Dienst gehabt. In der Nähe von Kuba sind wir aufgetaucht. Dort hat man uns das und jenes gezeigt, und dann sind wir zurück nach Hause.«

Sascha: »War das in der Nordflotte?«

Fischer: »Ja, auf einem Atom-U-Boot.«

Sascha: »Die sind viel größer als das, was hier steht?«

(Sascha meinte das ukrainische U-Boot im Hafen.)

Fischer: »Dieses Boot? Das ist Müll, kein U-Boot! Mit dem wird man nirgends durchkommen!«

Sascha: »Und was macht dieses Boot hier?«

Fischer: »Das gehört den ukrainischen Streitkräften. Die wissen weder, wie man taucht, noch wie man wieder auftaucht. Es liegt nur da und rostet vor sich hin.«

Sascha: »Warum?«

Fischer: »Weil sie keinen Verstand haben. Und Geld für Reparaturen haben sie auch nicht.«

Jetzt nahm der Fischer Bezug auf uns Deutsche, die wir dabeistanden. Er sah mich an: »Meine Großmutter war Deutsche. Sie lebt schon lange nicht mehr.«

Sascha: »Würden Sie nach Deutschland gehen?«

Fischer: »Wenn ich Verwandte dort hätte, ja. Mein Sohn hatte in Deutschland Militärdienst. Er sagt, es ist toll! Seine Frau war auch dort und ist auch begeistert.«

Sascha: »Vielleicht wird es hier besser?«
Fischer: »Bei dieser Regierung wird nichts besser. Sie drucken nur Geld. Dann gibt es Rentenerhöhung – drei Rubel. Also, meine Frau wartet. Auf Wiedersehen!«

Ich hatte den Mann beobachtet, hatte sein verwittertes Gesicht und den traurigen Schimmer in seinen Augen gesehen. Ich fürchte, er hielt seine Tage für gezählt. Ein harter Typ, aber so sympathisch wie die meisten Menschen, die wir trafen. Was wir erfuhren, hat uns sehr nachdenklich gemacht. Was wir sahen, waren die Scherben einer Epoche, deren Führer das Paradies versprochen und in ihrem Machtrausch den Menschen zum anonymen Werkzeug degradiert hatten. Wohl nirgendwo sonst auf der Krim hat der Zusammenbruch des Sowjetreichs einen derart radikalen Wandel geschaffen wie in Balaklawa. Schließlich hatte hier jeder einzelne Einwohner direkt oder indirekt von der Flotte gelebt.

Hoffnungen und Hindernisse

Jetzt tauchte ein Mann wie Igor im Schlamm des Hafens nach rostigen Eisenstücken, andere fingen von Ruderbooten aus mit der Rute oder mit kleinen Netzen ein paar Fische. Wieder andere Männer griffen zur Flasche, tranken Wodka bis zum Umfallen von dem Geld, das sie mit dem Verkauf ihrer letzten Habe erworben hatten. Wir konnten solche Schicksale aus nächster Nähe beobachten.

Etwas Betrieb herrschte noch in den Läden, aber Auswahl gab es dort nicht. Deshalb fuhren wir lieber mit dem klapprigen Bus nach Sewastopol und suchten auf dem Markt nach Brot, Butter, Fisch, Käse und Obst, das in reicher Auswahl und bester Qualität angeboten wurde. Lebensmittel waren reichlich vorhanden, weil es zu wenige Menschen gab, die sie bezahlen konnten.

Eine weitere Fahrt in die Hauptstadt war angesagt. In Simferopol waren wir auf Betreiben von Alexei zu einer Pressekonferenz geladen und zu einem Gespräch mit dem Minister für Tourismus. Neben dem Delphinschutz hatte ich es mir zur Aufgabe gemacht, Möglichkeiten

Auferstehungskirche

für den Wassersport im Schwarzen Meer zu erkunden. Ich freute mich deshalb besonders über eine Gelegenheit, dieses Thema mit dem Minister ganz offiziell besprechen zu können.

Sehr feierlich wurden wir in einen großen Saal geleitet, an dessen langem Tisch ein Dutzend Journalisten Platz genommen hatten, während der Minister, ein Vertreter der Stadt, Angelika, Alexei und ich am Kopfende saßen. Nachdem der Minister gesprochen hatte, übersetzte Alexei meine Worte zum Thema Fremdenverkehr, wobei ich mich auf die Möglichkeiten des Yachtsports beschränkte. Ich beschrieb meine wunderbaren Eindrücke von Klima und Landschaft und vertrat die Meinung, daß die Küste der Krim ein für Europa neues und sehr beliebtes Revier für Langfahrten mit Segel- oder Motoryachten werden könnte, ein Wassersportparadies. Auch ein intensives Chartergeschäft, etwa von Odessa aus, könnte leicht und schnell aufgebaut werden. Aber eben nur, wenn die behördlichen Schwierigkeiten gemildert und vor allem die nötigen Versorgungseinrichtungen in den Häfen geschaffen würden.

Die Zeitungen mußten sich später darauf beschränken, über meine Abenteuer als Weltumsegler zu berichten und meine Begeisterung für die Landschaft der Krim in großen Lettern und den gewohnt verherrlichenden Worten zu schildern. Wir erlebten eine echte Demonstration fest eingefahrener Berichterstattung, die jede Kritik an den eigenen Organisationen ängstlich meidet. Umso treffender konnte ich in einem Fremdenführer nachlesen: »Tatsächlich sind die Überbleibsel des alten Kommandosystems überall spürbar. Peinlich genaue, ja absurde Sicherheitskontrollen entlang der Landstraßen, polizeiliche Willkür bei Formalitäten und ein fließender Übergang zwischen legalen und illegalen Geschäften gehören nach wie vor zum Alltag.«

Der Wunsch des Ministers, durch eine Belebung des Fremdenverkehrs und des Wassersports mehr finanzielle Bewegungsfreiheit für die Krim zu erwirtschaften, war verständlich und richtig. Die dafür notwendigen Voraussetzungen zu schaffen, lag aber offenbar nicht in seiner Macht. Solange es Leuten wie Igor in Balaklawa unmöglich gemacht wurde, auch nur die kleinste Marina zu gründen, war kaum mit dem Besuch zahlreicher Yachten zu rechnen.

Der verflixte Dreizehnte

Anschließend besuchten wir Alexei in seinem Labor und wurden Zeugen, als ein toter Delphin von der Universität Sewastopol angeliefert wurde. Alexeis Assistent Sergei und ein weiterer Biologe nahmen die Obduktion vor, um die Krankheit oder die Verletzungen zu ermitteln, an denen das Tier verendet war. Während der Pressekonferenz hatte Sascha zwei Journalistinnen kennengelernt und auf die SOLVEIG eingeladen. Gegen Abend traten wir gemeinsam die Fahrt nach Balaklawa an. Es wurde ein lustiger Abend an Bord, und ich freute mich für Sascha, daß er einmal nicht übersetzen mußte, sondern ganz persönliche Gespräche mit den beiden Damen führen konnte. Sascha war neben seinem Beruf als Pantomime vor allem auch Journalist und arbeitete für eine Moskauer Illustrierte. Dadurch hatte er eine Menge Anknüpfungspunkte gewonnen, und wir erhielten ebenfalls wertvolle Informationen.

Die Bewunderung für die SOLVEIG und ihre Einrichtung war bei einem der Mädchen so groß, daß es bat, an Bord übernachten und unsere für den nächsten Morgen geplante Fahrt mitmachen zu dürfen. Wir hatten inzwischen erfahren, daß die Fischer aus Sewastopol auslaufen würden, um ihre Grundnetze einzuholen. Alvidas würde mit von der Partie sein und auch unser Freund Sergei, der Goldschmied aus Laspi. Volles Haus also!

155

Am Morgen des 13. Juli waren wir alle bester Stimmung. Es mußte ein wunderschöner Tag werden. Unser verabredeter Treffpunkt lag etwa 30 Seemeilen entfernt. Eine leichte Brise strich über die Bucht, und unser Gast saß erwartungsvoll auf dem Achterdeck. Inzwischen kannte ich meinen Liegeplatz hinter den beiden »Großen« recht gut und manövrierte ohne Schwierigkeit aus dem Hafen.

Doch dann, eine Viertelmeile hinter der Ausfahrt, kam mir das Motorgeräusch irgendwie anders vor als gewohnt. Ich warf einen Blick auf die Instrumente und erstarrte: Das Kühlwasser hatte 120 Grad, und nicht ein Tropfen lief aus dem Kreislauf in die See!

Sofort stoppe ich die Maschine, springe mit Alvidas den Niedergang hinunter in den Salon und hebe die Bodenbretter: Der Motor ist heiß, sehr heiß! Alles sieht normal aus, kein Defekt ist zu erkennen. Alvidas klettert trotz des heißen Motors mit nacktem Oberkörper in den engen Raum und baut die Kühlwasserpumpe aus. Dabei verbrennt er sich am heißen Motorblock. Wie ich vermutete, ist die Pumpe in Ordnung. Was nun? Das Boot treibt langsam auf die Küste zu, aber ich will keinesfalls fremde Hilfe in Anspruch nehmen. So groß kann der Schaden nicht sein, wir müssen herausfinden, warum die Pumpe nicht mehr ansaugt.

Das Sieb ist sauber, also muß irgendwo Luft in den Schlauch eindringen. Alvidas löst die Schlauchschellen, sucht nach einem Loch, aber auch die Schläuche sind nicht beschädigt. Nach langer Suche finden wir endlich die Lösung: Eine Schlauchschelle war nicht fest genug angezogen.

Jetzt muß Wasser ins System nachgefüllt werden. Ich schließe den Einlaß, Alvidas füllt Wasser in den Schlauch, das nun nicht mehr auslaufen kann, ich starte den Motor, und gleichzeitig öffnet Alvidas den Schieber: alles in Ordnung. Wir fahren weiter, aber ich muß mich erst wieder fangen. Was habe ich falsch gemacht? Klar, ich hätte den Kühlwasserlauf prüfen müssen, und zwar vor der Ausfahrt. Aber die immer funktionierende Pumpe hatte mich leichtsinnig gemacht. Routine ist eine tückische Falle auf längeren Fahrten. Oder lag es daran, daß wir an einem Dreizehnten ausgelaufen waren?

Eine Stunde war vergangen, und wir waren nervös geworden, denn wir würden die verabredete Zeit nicht einhalten können. Waren die Fischer überhaupt noch da? Mit Blicken suchten wir die weite Wasserfläche ab. Dank GPS konnte ich die Position genau ansteuern, aber besaßen auch die Fischer ein so zuverlässiges Gerät? Schließlich sahen wir zwei kleine Boote, die wie Nußschalen auf den Wellen tanzten. Die Männer darin winkten.

Tote Delphine im Netz

Gegen 13.00 Uhr trafen wir die Fischer, und erst dann holten sie die Netze auf. Ihre Gelassenheit war bewundernswert, denn seit 12 Tagen hatten sie wegen des schlechten Wetters nicht nachsehen können. Langsam kam das erste Netz, dann beim zweiten Boot ein weiteres an die Oberfläche. Tote Fische waren darin, nicht sehr viele; zu lange hatten sie im Wasser gelegen und waren nicht mehr eßbar. Und dann, wir hielten den Atem an: In jedem Netz hatte sich ein Delphin verfangen! Das war traurig, sehr traurig. Ich bat Alvidas, die Fischer zu fragen, wie oft das geschah.

Ein toter Delphin wird aus dem Grundnetz gehievt.

Ihre Antwort kam klar und ehrlich: »Eigentlich meistens. Wenn wir die Netze aufholen, stecken auch tote Delphine in den Maschen. Das können wir nicht ändern.«

Die beiden Netzopfer waren also keine Ausnahme. Man konnte nun leicht eine Hochrechnung anstellen, aber das war Sache von Alexei. Und die Konsequenz mußte auf Dauer heißen: Dünnfädige Netze dürfen nicht mehr eingesetzt werden! Aber wie kann das erreicht werden, bei dieser Armut? So gescheit und empfindsam die Meeressäuger auch sind, die dünnen, durchsichtigen Nylonfäden können sie nicht orten, sie bleiben darin hängen und ertrinken. Subventionen sollten in Zukunft nicht für mehr Fischfang, sondern für schonenden Fischfang gewährt werden. Damit tröstete ich mich: Ich hatte nun beweiskräftige Dokumente und Filmaufnahmen für künftige Verhandlungen bei der EU oder auch in Deutschland. Kein Ministerium würde mehr bezweifeln können, daß bei fortgesetztem Fischfang mit dünnfädigen Grundnetzen die Delphine vom Aussterben bedroht sind.

Der verflixte Dreizehnte wirkte sich auch in anderer Beziehung aus. Trotz sehr leichter Dünung war Natalia, die junge Journalistin, seekrank geworden. Sie fühlte sich miserabel und hatte nur den einen Wunsch: runter vom Boot, zurück an Land!

Unsere Pechsträhne war damit noch nicht abgerissen. Als ich den engen Liegeplatz ansteuerte und Angelika den Anker warf, reagierte das Bugstrahlruder nicht mehr. Deshalb war es schwierig, das Boot rückwärts zu manövrieren. Alvidas begann, mir Anweisungen zuzurufen. Das hielten meine Nerven nicht mehr aus, ich wurde laut und leider nicht eben höflich. Alvidas nahm meine harten Worte hin. Vielleicht verstand er, daß seine Befehle während des schwierigen Manövers nicht gerade hilfreich gewesen waren. Natalia verabschiedete sich eiligst und erhielt mit Saschas Hilfe eine Fahrgelegenheit nach Simferopol. Der Tag war nun gründlich verdorben. Alvidas kam noch einmal auf die Überhitzung des Motors zu sprechen und bot an, die Zylinderkopfschrauben nachzuziehen und, wenn nötig, die Dichtung auszuwechseln. Da ich aber keinen Ersatz an Bord hatte, verschob ich diese Wartung auf die Zeit nach meiner Rückkehr aus Deutschland.

Ich wollte nämlich Anfang August auf dem Großsegler LILI MARLEEN eine Reisegruppe durch die griechische Inselwelt begleiten und anschließend nach München zurückkehren. Während dieser Wochen sollte die SOLVEIG VII in einem sicheren Hafen liegen. Dafür bot sich Balaklawa mit seinen abgeschlossenen und vor jedem Wetter sicheren Liegeplätzen an, und eine bessere Aufsicht als unseren Freund Igor konnte ich mir nicht wünschen.

Zunächst aber wollten wir die berühmten Kurorte an der Südküste der Krim, am Fuß der hohen Gipfel des Jaila-Gebirges, kennenlernen. Einen ersten wunderbaren Eindruck hatten wir schon bei den Ausflügen mit Alvidas gewonnen, aber einen wirklich freien Blick auf die mannigfaltigen Küstenformationen würde man nur vom Meer aus erhalten.

Gorbatschows Datscha und andere Paläste

Wir waren wieder zu viert, Alvidas, Sascha, Angelika und ich, so wie wir nach Balaklawa gekommen waren. Schon in Sewastopol hatten wir nämlich für Jalta ausklarieren müssen, das Anlaufen kleinerer Häfen war nicht gerne gesehen und eine Veränderung der Crewliste schon gar nicht. Ich mußte eine schriftliche Erklärung an Eides statt abgeben, daß ich mich der Küste zwischen Balaklawa und Jalta nur auf höchstens zwei Seemeilen nähern und mich nicht weiter als drei Seemeilen von dieser Küste entfernen würde.

Schon um 08.15 Uhr lag Kap Sarytsch vor uns, ein unglaublich schöner Küstenabschnitt. Wir waren ergriffen von soviel Wucht und Größe. Steil ragten die rötlichen Felsen bis zu den weißen Wolken auf, und grüne Ufer begrenzten das Panorama zur blauen See hin. Bald darauf sahen wir die Datscha von Gorbatschow, einen großen Komplex aus flachen Gebäuden, einen riesigen Park, ein mehrstöckiges Haupthaus, mehrere Strandvillen und ein Schwimmbad. All das wirkte keineswegs bescheiden, aber in dieser Datscha, die jetzt so gelassen und selbstverständlich vor uns lag, hatte sich ja auch Weltgeschichte ereignet.

Die Datscha war nicht zugänglich, wurde vielmehr von Soldaten streng abgeriegelt. Auch die benachbarten Ferienpaläste der Moskauer und Kiewer Elite wurden schon auf große Entfernung bewacht, und sicherlich hing die zwei Meilen Sperrzone vor der Küste ebenfalls mit

159

dem Schutz der Machthaber zusammen. Tatsächlich kam uns bald ein Wachboot entgegen und fuhr sehr dicht heran, um sich das merkwürdige schwarze Boot genauer anzusehen. Ohne Alvidas hätte ich Angst gehabt, aber er gab souverän über Funk die nötigen Auskünfte.

Viel zu beobachten gab es für die Küstenwache nicht, denn Yachten waren vor dieser Küste kaum unterwegs. Gelegentlich begegnete uns ein Ausflugsboot und einmal eine Segelyacht, die offensichtlich mit einer Gruppe von Feriengästen eine Tagestour unternahm. Dieses Fehlen von Privatbooten war ein grundlegender Unterschied zur französischen Riviera. Und es fehlte noch etwas ganz Wichtiges für den Wassersport: die Freiheit!

Im Lauf des Vormittags hatte der Wind etwas zugenommen, stand uns entgegen und warf leuchtend blaue Wellen mit weißen Schaumkronen auf. Die SOLVEIG benahm sich jedoch anständig, rollte nur leicht und stampfte mit Gefühl. Es war ein herrlicher Tag vor einer herrlichen Küste! Trotz der Brise war es mit 28,5 Grad sehr warm, doch im Gegensatz zum Mittelmeer erreichte das Wasser nur 19 Grad. Die Ursache für das relativ kühle Wasser liegt in der großen Tiefe des Schwarzen Meeres, die bis zu 2300 Meter beträgt. Die vergangenen Tage waren etwas unruhig gewesen, und bei Wind gelangt das kalte Wasser aus den tieferen Schichten nach oben und mischt sich mit dem wärmeren Oberflächenwasser.

Das »Schwalbennest«

Um 11.00 Uhr standen wir vor Kap Ai-Todor, nachdem Alvidas die Erlaubnis erwirkt hatte, uns der Küste weiter zu nähern. Hier nämlich steht auf einer Felsspitze ein Wahrzeichen der Krim, das bekannte »Schwalbennest«. Das eigenartige, im Stil gotischer Rheinburgen um 1911 von einem deutschen Grafen namens Stengel erbaute Märchenschloß erinnert ein wenig an Neuschwanstein. Der Erbauer plünderte dazu allerdings nicht die Staatskasse, sondern bediente sich des Reichtums, den ihm seine Ölquellen am Kaspischen Meer eingebracht hatten. Die Extremlage der Burg auf der Spitze des Kaps entstand jedoch erst 1927, als bei einem Erdbeben große Teile des

Felsens abstürzten. Danach schien es nur eine Frage der Zeit zu sein, bis das Zauberschloss ihnen folgen würde. Doch seit den siebziger Jahren hilft eine kräftige Betonabsicherung, es auf seinem malerischen Thron zu halten.

Ich steuerte dicht an das attraktive Kap heran und störte dabei die Ausflugsschiffe aus Jalta, die wegen der vielen Unterwasserfelsen nur geringen Raum zum Manövrieren hatten. Aber keiner der Schiffer beklagte sich oder schrie gar seinen Ärger in die Luft. Hier wie überall zeigte sich die freundliche Haltung gegenüber dem Fremden, die uns vom ersten Tag an begeistert hatte. Wir blieben eben einem seelischen Wechselbad ausgesetzt: auf der einen Seite die schier unendliche Hilfsbereitschaft, Achtung und Liebenswürdigkeit aller Einwohner – und auf der anderen Seite die festgefahrene, in alter Routine verkrampfte Haltung einiger Behörden.

Buntes Treiben in Jalta

In Jalta wartete Alexei auf uns, ein wahrer Freund, der bei allen entscheidenden Wendepunkten unserer Fahrt auftauchte, um etwaige Schwierigkeiten aus dem Weg zu räumen. Zusammen mit Alvidas wollte er uns auch diesmal die Behördengänge abnehmen. Von See aus genossen wir noch den überwältigenden Blick auf die grünen Berghänge mit ihren großzügigen Parkanlagen, doch schon als wir

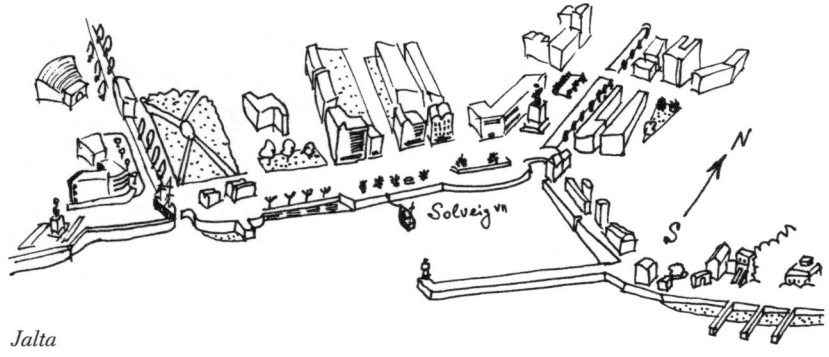

Jalta

161

uns der Hafeneinfahrt näherten, brauchten wir Gleichmut und Konzentration, um uns zurechtzufinden. Denn Jalta ist kein Hafen für Yachten. Die Kais, allen voran die berühmte Promenade, sind als Anlegestellen für Boote nicht geeignet, weil sich die Dünung in breiter Formation auf die Ufermauer zuwälzt.

Man erlaubte uns, an der Innenseite der Mole festzumachen, dicht bei dem mit klassizistischen Säulen geschmückten Hafenamt. Alvidas ging sofort hinein, kam aber mit dem Bescheid zurück, daß wir nochmals verlegen müßten, um für einen Hafenschlepper Platz zu machen. Auch am neuen Liegeplatz hieß es warten. Immerhin konnten wir dabei das farbige Leben auf der Uferpromenade von Jalta in Ruhe betrachten. Schon bei der Einfahrt war mir aufgefallen, daß ebenso wie in Chersones und Laspi auch hier eigentlich kein feiner Sandstrand vorhanden war. Die vielen hundert Badegäste saßen unter Sonnenschirmen, zum Teil auf Liegestühlen oder Luftmatratzen. Sandburgen und im Sand spielende Kinder, wie man sie von Ost- und Nordsee kennt, konnte ich nicht entdecken. Doch deshalb war das Treiben nicht weniger bunt und vielfältig.

Jalta – Strandpromenade bei Sturm

Woronzow-Palast

Eine erstaunliche Zahl von Menschen jeden Alters wanderte auf der breiten Promenade, zum Teil unter den Bäumen parkartiger Grünanlagen, vorbei an kleinen Verkaufsständen, großen Läden und prunkvollen Hotelfassaden. Es war nicht schwer, sich ein Bild davon zu machen, welcher Luxus und welche Eleganz hier zur Zarenzeit geherrscht hatten. Am Ende der Promenade entdeckten wir eine Art Vergnügungspark mit allerlei Jahrmarktständen. Auffallend waren auch hier die schönen alten Bäume und daneben eine ganze Reihe prächtiger Palmen.

Zwei Stunden später waren wieder einmal die Formalitäten mit Zoll und Polizei zur Zufriedenheit aller erledigt, und wir fuhren ein Stück weiter zum Anleger des Hotel Jalta. Dort zeigte uns Alexei ein Delphinarium, das im großen Schwimmbad des Hotels eingerichtet war und das – im Gegensatz zu Evpatorija – zumindest sauberes Seewasser enthielt. Große Schwimmbecken gehörten seit langem zu den Sportanlagen der Hotels und Sanatorien. Auf der anderen Seite hatten die sowjetischen Streitkräfte ebenso wie die der USA eine große Zahl von Delphinen gefangen, gezähmt und für militärische Aufgaben dressiert.

Für den Unterhalt der sowjetischen »Kampfdelphine« in Sewastopol fehlten nach dem Zusammenbruch plötzlich die Mittel. So begannen die ratlosen Pfleger zunächst, die Tiere an ausländische

Delphinarien zu verkaufen. Sehr bald jedoch ging man dazu über, in den Schwimmbecken der Hotels auf der Krim eigene Shows zu veranstalten und das Geschäft mit den Touristen nicht mehr ausländischen Firmen und Geschäftemachern zu überlassen. Man fand damit eine willkommene zusätzliche Einnahme zur Erhaltung der Betriebe und konnte den Spezialisten, die mit der Dressur der Delphine vertraut waren, einen Lebensunterhalt verschaffen. Mehr noch, man ersparte den Delphinen einen qualvollen Transport im Flugzeug.

Unser Aufenthalt in Jalta war nur von kurzer Dauer, denn ich wollte bis zum Abend auf jeden Fall einen besseren Ankerplatz erreichen. Dieses Touristenzentrum mit seinem nur mäßig geschützten Hafen war kein geeigneter Aufenthalt für private Boote, auch nicht für einheimische Yachten. Dagegen bot sich das acht Seemeilen entfernte und von Alvidas empfohlene Artek als Zuflucht an. Wir beschlossen also, bis dorthin weiterzufahren.

Stadt der Kinder: Artek

Für dieses neue Ziel hatte ich nicht nur die üblichen Formulare ausgefüllt, sondern auch wieder diese geradezu groteske Sondervorschrift unterschrieben, wonach ich mich während der Küstenfahrt nicht weiter als zwei Seemeilen von Land entfernen durfte.

»Wieso das?« fragte ich.

»Aus Sicherheitsgründen«, lautete die Antwort. »Damit die Küstenwache das Boot immer beobachten und im Notfall eine Rettungsaktion in die Wege leiten kann.«

Und wie war das vorher gewesen? Genau umgekehrt. Da hatte ich nicht näher als zwei Seemeilen an die Küste herangedurft!

Der Unsinn einer verkrusteten Bürokratie erreichte hier seinen Höhepunkt. Dabei blieben die Beamten selbst immer liebenswürdig und höflich. Letztlich beruhten alle unsere Schwierigkeiten auf einer gemeinsamen Ursache: Weder die Vollstrecker noch die Verfasser der Vorschriften hatten Erfahrung im Umgang mit Privatyachten. Die hatte es hier eben niemals gegeben! Jetzt versuchte man, so gut oder so schlecht es ging, Verordnungen für die Großschiffahrt einerseits oder für gemietete Tret- und Ruderboote andererseits auf unseren Fall anzuwenden.

Ich beschäftigte mich zunächst mit der Seekarte, um herauszufinden, ob ich so dicht an der Küste mit Untiefen oder Felsen zu rechnen hatte. Aber es gab nur eine Stelle mit unreinem Grund, und die war gekennzeichnet und leicht zu sehen.

Jalta und seine Umgebung sind weltberühmt, nicht wegen der Strände, sondern wegen des Klimas und der einmalig schönen Küstenlandschaft. Von unserem Boot aus erhielten wir während der Fahrt nach Artek einen wunderbaren Eindruck von den Parkanlagen und kleinen oder größeren Palästen und Villen aus der Zarenzeit. Wir passierten Massandra, das ebenfalls im vorigen Jahrhundert gegründete Zentrum des Weinanbaues. Die Intensität der Sonne und der gute Boden lassen hier einen begehrten Dessertwein reifen, ein wichtiges Exportgut für die Ukraine und die Republik Krim. Am Ufer wechseln Strände mit schroffer Felsküste ab, und im Hintergrund ragen die über tausend Meter hohen Berge des Jaila-Gebirges auf: ein wirklich großartiges Panorama, das von See aus noch mehr Freude bereitet als bei einer Fahrt über die Straßen, weil dann die häßlichen Betonbauten aus der Sowjetzeit nicht so deutlich vor Augen treten.

Später tauchten zwei malerische Felsspitzen vor uns auf, die Adelary- oder Zwillingsfelsen, ein beliebtes Postkartenmotiv. Seine torartige Durchfahrt macht den größeren der beiden Steine zu einem landschaftlichen Höhepunkt. Allerlei Geschichten und Legenden ranken sich um diese Inseln. Als wir die Felsen erreicht hatten, war die Sonne bereits gesunken, und das Licht reichte für ein Foto nicht mehr aus, um so romantischer aber war der Eindruck, den wir im Vorbeifahren gewannen. Mehrmals umkreiste ich die Felsen mit wenigen Metern Abstand, da der Grund weitgehend sauber und die Fahrt im Abendlicht reizvoll war. All dies gehörte noch zu Groß-Jalta und ließ uns gut nachempfinden, warum der Küstenstreifen seit über hundert Jahren Dichter, Maler und Fürsten so mächtig angezogen hat.

Nur wenige Minuten benötigten wir noch, um die Hafeneinfahrt von Artek zu finden. Eine lange Mole schützte die etwa 50 heimischen Yachten, die hier einen ständigen Liegeplatz gefunden hatten. Dicht bei dicht waren größere und kleinere Segelboote mit dem Heck an der Pier vertäut. Sofort wurde uns ein günstiger Platz zugewiesen, und ich legte so viel Kette aus, wie die Breite des Hafens es zuließ.

Das langgestreckte Klubhaus enthielt im Kellergeschoß auf Boots-
höhe Werkstätten, eine Wäscherei und die Küche für das Restaurant.
Der Service war perfekt und das Gelände zum Land hin durch eine
Mauer vor unerwünschten Besuchern gesichert.

Von hier aus konnten wir Fahrten in die Umgebung und nach Jalta
unternehmen, ohne uns um das Boot sorgen zu müssen. Für Sascha
war Artek noch ein Begriff aus früherer Zeit, als er in Jalta und anderen Theatern der Krim als Pantomime aufgetreten war. Artek war
nämlich keine Ortschaft, sondern ein großes Kinderheim, eher schon
eine Kinderstadt. Etwa 4500 Kinder und Jugendliche aus ganz Rußland und der Ukraine fanden in der riesigen Anlage, einem »Pionier-
lager«, mit seinen Dutzenden von Einzelgebäuden Platz. In der Sowjetzeit wurden die Kinder auf Staatskosten in das Heim verschickt, da
sie auf diese Weise im Sinne des Systems erzogen und beeinflußt
werden konnten. Entsprechend herrschte in Artek ein strenges mi-
litärisches Regime. Die linientreuen Pioniere mußten »allzeit bereit«
sein, für den Kommunismus und das Sowjetregime einzutreten.

Nach der Sowjetzeit wurden hier nicht nur Kinder aus GUS-Staaten, sondern auch aus Westeuropa aufgenommen. Dennoch hatte
sich die Gesamtzahl stark vermindert, und das Lager Artek mußte
hart für seinen Fortbestand kämpfen. Ich dachte an meine Kindheit
und daß mir jede Art von Lager zuwider gewesen wäre. Ich bin immer ein Einzelgänger gewesen, habe mich vor jeder Art von fremder
Aufsicht gedrückt, und selbst eine Woche im Schülerheim war seinerzeit mehr Plage für mich als Freude.

Die verschwundenen Bilder

Der kleine Hafen von Artek aber wird mir unvergeßlich bleiben wegen eines Erlebnisses, das mich tief angerührt hat. Schon am ersten
Tag unseres Aufenthalts wurden wir vom Hafenmeister für den
Abend zu einem Willkommenstrunk in sein Büro eingeladen. Er war
ein Mann in den besten Jahren, gut und intelligent aussehend, dazu
groß gewachsen. Neugierig blickte ich mich in seinem kleinen Büro

um. Außer einem Schreibtisch und einem kleinen Arbeitstisch mit drei Stühlen war keine Einrichtung vorhanden. Vor allem fiel uns auf, daß keine Bilder an den Wänden hingen. Nur rechteckige helle Flecken waren zu sehen, wo Bilder gehangen hatten. Warum waren sie verschwunden?

Unser Gespräch drehte sich um allgemeine Dinge, um unseren Liegeplatz, mit dem wir sehr zufrieden waren, und um die Schwierigkeiten, mit denen er seit dem Ende der Sowjetunion zu kämpfen hatte. Noch immer dachte ich über die Bilder nach. Ihr Verschwinden mußte mit den politischen Veränderungen zu tun haben. Der Hafenmeister erzählte, daß er ein höherer Offizier in der russischen Flotte gewesen war. Vorsichtig fragte ich: »Hingen dort«, ich zeigte auf die Wand, »die Bilder Ihrer Admirale und Schiffe?«

Einen Augenblick zögerte er, dann bejahte er leise, und ich sah, wie ihm Tränen in die Augen traten. »Ich bin Russe«, erklärte er, »und ich habe die Flotte geliebt. Jetzt haben wir keine Flotte mehr. Es ist alles vorbei, die Schiffe, die Admirale, alles vorbei!«

Er erzählte von seiner führenden Stellung als Commander und davon, wie man in den letzten Jahren einen so großartigen, traditionsreichen Verband wie die russische Flotte gleichgültig und gedanken-

Der russische »Commander« in Artek

167

los zerschlagen habe. Ich konnte seine Verzweiflung verstehen. Er hatte die Bilder entfernen müssen, weil er jetzt in einer ukrainischen Amtstube saß und die Flotte natürlich russisch gewesen war. Ich erzählte ihm vom Ende der deutschen Flotte. Schiffe jeder Nationalität sind an sich etwas Besonderes, Kriegsschiffe noch mehr als Handelsschiffe, denn sie dienen nicht dem Gewinn, sondern einer Aufgabe, einem Ideal. Als wir uns trennten, fiel er mir weinend um den Hals, umarmte mich, bot mir jede Hilfe an und verabschiedete sich dann, völlig verstört, erst vor unserem Boot.

Am Tisch der Großen Drei

Von Artek aus unternahmen wir Fahrten nach Jalta und in die Umgebung. Besonders beeindruckte mich das ehemalige Zarenschloß, der Livadija-Palast, in dem im Februar 1945 die denkwürdige Konferenz über die Aufteilung Deutschlands stattfand. Es waren bekanntlich Stalin, Roosevelt und Churchill, die hier den Plan für die Machtverteilung im künftigen Europa aushandelten. An solchen Orten verdichtet sich die Geschichte. Hier verbrachte die Zarenfamilie ihre glücklichste Zeit, und Nikolaus II. hatte gebeten, nach seiner Abdankung in Livadija leben zu dürfen. Im Saal des Schlosses wurde das tragische Schicksal der mittel- und osteuropäischen Völker für ein halbes Jahrhundert besiegelt. Die schon besiegten Deutschen zahlten

den höchsten Preis für das letzte Lebensziel Roosevelts, die Gründung der UNO. Da ein neuer Völkerbund zur Sicherung des Weltfriedens nur mit der Sowjetunion möglich wurde, war Roosevelt im Angesicht seines nahen Todes bereit, alles zu erfüllen, was

Stalin forderte: die Hälfte Europas und zwei Tage später ein ver-
branntes Dresden.

Der Kalte Krieg und alles, was damit zusammenhing, war so entscheidend gewesen für den Ablauf meines Lebens, daß es mich
schauderte, als ich vor dem Tisch stand, an dem seinerzeit diese
weitreichenden Beschlüsse gefaßt wurden. Wie befreit trat ich nach
einer halben Stunde aus dem ehemaligen Verhandlungsraum auf die
Terrasse und in den Park hinaus. Ich atmete tief durch und freute
mich an der Pracht der Natur, die vor mir ihren Reichtum ausbreite-
te und die trüben Gedanken vertrieb.

Dichter und Tataren

Ganz anders, still und beschaulich, erlebte ich das kleine Haus des
Dramatikers Anton Tschechow. Etwas am Abhang gelegen, inmitten
eines parkähnlichen Gartens errichtet, diente das Häuschen dem

Das Haus des Dramatikers Anton Tschechow bei Jalta

169

Anton Tschechow

großen Schriftsteller als Zuflucht. Wegen seiner Lungenkrankheit hatte er das milde Klima der Krim aufsuchen müssen. Lächelnd dachte ich beim Gang durch die Zimmer an eine Reihe von Aufführungen seines Lustspiels »Der Heiratsantrag« in unserem Theater in Garmisch zurück. Ich war damals Schauspieler und für die Rolle des Bräutigams ausersehen, eine für mich unpassende Rolle, der ich nur schwer gerecht werden konnte. Aber wir hatten trotzdem viel Spaß bei den zahlreichen Vorstellungen.

Abseits des Kurstadt-Trubels schuf Tschechow in Jalta mehrere seiner wichtigsten Werke. Bis kurz vor seinem Tod lebte er hier zurückgezogen in einfachen Räumen, deren Einrichtung liebevoll erhalten ist. Die letzten Tage seines Lebens verbrachte er in Deutschland, in Badenweiler, wo er 1904 starb.

Aber nicht nur Schriftsteller und Dichter wie Puschkin oder Tolstoi, sondern ebenso Sänger, etwa der große Bassist Schaljapin, hielten sich gerne auf der Krim und bei Jalta auf.

Die Krim ist infolge ihrer wechselhaften Historie unglaublich reich an Sehens- und Merkwürdigkeiten. Wenn man die Geschichte der verschiedenen Völker studiert, die hier nacheinander und zum Teil auch nebeneinander gelebt haben, kann man sich nur die wichtigsten merken. Von Griechen und Römern wissen wir, auch von Tataren und Türken. Um das 6. Jahrhundert existierte im Süden der Halbinsel ein gotischer Staat, die Doros. Davor waren im 3. und 4. Jahrhundert die Wikinger hier gewesen. Es kamen hinzu die Genueser, die Karaimen, die Chasaren, die Goldene Horde und natürlich

Dschingis Kahn und seine Mongolen. Die Russen erschienen erst später, im 15. und 16. Jahrhundert. 1683 bereiste der schwedische Botschafter Kempfer die Krim und berichtete, daß er im Bergland noch viele Worte deutschen Ursprungs gehört hätte. Hitlers Propaganda leitete aus der einstigen Anwesenheit der Goten einen eher lächerlichen deutschen Anspruch auf die Krim ab. »Neugotland« sollte die Halbinsel nach ihrer Eingliederung ins Deutsche Reich heißen. Die Sowjets drehten später den Spieß um: Nun durfte es die Goten hier nie gegeben haben. Erst nach Glasnost und Perestroika konnte auf der Krim wieder über diesen Teil der Geschichte gesprochen werden.

Naturparadies Krim

Nicht nur Strände und Felsküsten, sondern auch herrliche Wälder mit seltenen Pflanzen und Tieren kann man auf der Krim bewundern. Dichter, Schriftsteller, Maler, Bildhauer und Sänger genossen das vielfältige Ambiente an der Küste und in den Bergen der südlichsten Provinz Rußlands. Ganz besonders traf das auf Jalta und seine Umgebung zu, weil sich hier seit der Zeit der Zarin Katharina II. und ihres Günstlings Potemkin die feine Gesellschaft ein Stelldichein gab. Für die Fürstenhäuser und Adelsgeschlechter Europas gehörte die Jagd zu den wichtigsten Vergnügungen. Mit Wäldern und Wiesen, steilen Schluchten und reizvollen Gewässern bot die Krim hierfür die besten Voraussetzungen.

Die Zaren bauten deshalb nicht nur Schlösser; der letzte Zar Nikolaus II. ließ ganze Wälder pflanzen und jagdbare Tiere aus anderen Teilen Europas einführen, um ein großes Revier im Raum Jalta anzulegen, das später zum Naturschutzgebiet erklärt wurde. Während der sowjetischen Ära blieb die Gegend vorwiegend den privilegierten Schichten der Partei vorbehalten, der allgemeine Zugang war gesperrt. Auch für uns bedurfte es einer Sondergenehmigung, die Alexei eingeholt hatte.

Buchen und Eichen säumten die gewundene, in großen Serpentinen in die Höhe strebende Straße, den neuerdings wieder so genannten Romanow-Weg. Wir gelangten zunächst zu einem Teich mit einem Jagd-Rasthaus, das hauptsächlich an italienische Reisegruppen vermietet wurde. Die Italiener, so erklärte unser Begleiter, wetteiferten beim Abschuß Hunderter von Singvögeln und zahlten für diesen Sport beträchtliche Summen. Gewiß brauchte der Park zahlende Gäste, aber dafür Vögel zu opfern, fanden wir für einen gut organisierten Naturschutzpark sehr unschön. Auf der anderen Seite wurde der »Naturschutz« so weit getrieben, daß man in den herrlichen Wäldern nicht einmal wandern durfte. Vorläufig durfte der Park nur mit dem Auto besucht werden, aus »Sicherheitsgründen«, wie es hieß. Es wäre doch möglich, so erklärte mir der stellvertretende Direktor, der uns als Begleiter zugeteilt war, daß die Wanderer Zweige abbrachen oder gar Feuer machten.

Im Jagdhaus der Regierung

Die Erklärung für soviel Vorsicht fand sich bald, als wir das Jagdhaus der Regierung betreten durften. Es lag etwas versteckt hinter hohen Bäumen und war gerade nicht belegt, obwohl gelegentlich Gäste der neuen Regierung kamen. Um deren Sicherheit machte man sich Sorgen, wenn Wanderer unbeaufsichtigt durch den Wald streiften! Die Dame des Hauses hatte schon zu Breschnews Zeiten die hohen Herren betreut und führte uns nun durch die ansehnlichen Räume. Hier hatten also die Mächtigen, die über Leben und Tod von Millionen Menschen entschieden, ihre Freizeit verbracht. Die Atmosphäre in diesem Haus, das noch nicht öffentlich zugänglich war, empfand ich deshalb als bedrückend. Teppiche, Möbel, die Bilder an den Wänden, alles zeigte einen Kaufhausstil, wie man ihn von kleinbürgerlichen Wohnungen gewohnt war. Hier hatten also auch Herr Honecker und seine Vorgänger des öfteren die gute Waldluft genossen.

In Gestalt der Hausdame begegnete uns eine gläubige Vertreterin der alten Ordnung, die es anscheinend nicht fassen konnte, daß sie ausgerechnet deutsche Kapitalisten durch diese heiligen Zimmer führen mußte. Ihr unverhohlener Haß war deutlich zu spüren.

Den damaligen Gästen mußte natürlich der Erfolg leicht gemacht werden. Deshalb befand sich vor den Fenstern ein kleiner Verschlag, von dem aus der Förster oder ein anderer Schütze notfalls dem durch eine Art Gasse getriebenen Wild den Fangschuß gab, wenn der hohe Genosse gefehlt hatte. Der zweite Schuß erfolgte möglichst gleichzeitig, damit der Herr noch an sein Jagdglück glauben und sein »Waidmannsheil« guten Gewissens entgegennehmen konnte.

So schön die Wälder waren, so prächtig die alten Bäume, so wunderbar die Landschaft, die wir bis zum Gipfel des höchsten Berges,

173

des 1545 m hohen Roman-Kosch, vor uns ausgebreitet sahen, so wenig konnte mich der Naturpark wegen seiner staatlichen Zweckgebundenheit glücklich machen. Trotzdem: Alexei und Alvidas hatten viel Zeit und Mühe investiert, um uns in wenigen Tagen einen lebendigen Eindruck des Gebiets um Jalta zu vermitteln, und ich möchte keine einzige Stunde unserer gemeinsamen Ausflüge missen, die zum eindrucksvollsten gehörten, was ich auf unserer Expedition erlebte.

Bevor wir die Fahrt nach Westen fortsetzten, wollten wir in Aluschta die Flugtickets für unseren Rückflug und für Saschas Flug nach Moskau besorgen. Angelika schlug vor, noch einen Tag in Artek zu bleiben und sie von dort aus mit dem Auto zu holen. Aber wozu Geld für ein Auto ausgeben, wenn wir mit dem Boot ohnehin dort vorbeifuhren? Aluschta hatte zwar keinen Hafen, sondern wie viele Seebäder nur eine große Anlegebrücke, die in erster Linie für Fahrgastschiffe gedacht war. Ich war aber sicher, daß wir dort für zwei Stunden festmachen konnten. Diese Hoffnung erwies sich leider als ein schwerwiegender Irrtum.

Ein unfreiwilliges Bad

Am 17. Juli verließen wir Artek. Der Wind frischte auf, das Boot zerrte bedenklich an der Ankerkette. Trotzdem bestand ich auf der Ausfahrt, aber es war kein guter Tag für unsere Unternehmung. Um 09.45 Uhr machten wir los, und nach einer halben Stunde telefonierte Sascha mit der Küstenwache. Wir erhielten schlechte Nachrichten: Ohne den erfahrenen Alvidas an Bord hatten wir einen Fehler gemacht, hatten geglaubt, in Artek nicht eigens ausklarieren zu müssen. Nun mußten wir zurück, wieder ein Formular ausfüllen und eine Crewliste abgeben. Noch einmal machten wir an der Mole fest, und zusammen mit Sascha wanderte ich zum Büro der Küstenwache. Schnell war das Formular ausgefüllt und abgegeben. Um 12.30 Uhr starteten wir erneut. Unser Tagesziel, das etwa 60 sm entfernte Sudak, konnten wir auch jetzt noch leicht erreichen. Doch vorher war der Zwischenstopp in Aluschta geplant.

Gegen 14.00 Uhr näherten wir uns dem Strand und der großen Brücke des Seebades. Wind und Seegang hatten erheblich zugenommen, schon während der Fahrt hatte ich Stärke sechs gemessen. Ich drehte erst einmal eine Runde neben dem Anleger und mußte erkennen: Das Festmachen war hier unmöglich! Eine hohe Dünung mit Schaumkronen lief zwischen den Pfeilern der Brücke hindurch. So schnell aber wollte ich nicht aufgeben: »Ich fahre ganz dicht an die Brücke heran, ihr müßt dann im richtigen Augenblick abspringen!«

Mit Angelika ging das gut, aber Sascha hatte Bedenken. Schließlich hing seine Existenz als Tänzer auch von seinen heilen Gliedern ab. Ich nahm einen neuen Anlauf, fuhr mit dem Bug sehr dicht an die Plattform heran, Sascha sprang, aber ich konnte das schwere Boot im Seegang nicht schnell genug zurückziehen. Es gab Beschädigungen am Lack. »Ich bleibe in der Nähe und hole euch wieder ab«, versprach ich. »Ich sehe euch ja auf der Brücke stehen, wenn ihr zurück seid!«

Ich begann, große Kreise zu fahren, mußte aber sehr vorsichtig einen günstigen Winkel zu den Wellen halten, die inzwischen etwa drei Meter hoch auf den Strand zuliefen und sich dort weiß schäumend brachen. Eine Stunde steuerte ich von Wellenkamm zu Wellenkamm und hielt immer mehr Abstand zur Brücke und zum Strand. Der Wind erreichte Sturmstärke, von Angelika und Sascha aber war nichts zu sehen. Was war geschehen? Das Reisebüro lag nur 500 Meter entfernt vom Strand. Es mußte also Schwierigkeiten gegeben haben. Wie lange sollte ich noch warten? Ich geriet in eine häßliche Zwangslange, denn Angelika und Sascha waren an Land gefangen. Von Minute zu Minute wurde die Situation kritischer.

Der Wind hatte nun volle Sturmstärke erreicht, und alle Boote wurden am Strand hochgezogen. Selbst die beiden Fahrgastschiffe, die an der Brücke festgemacht hatten, mußten ihre Leinen loswerfen und ebenfalls auf freiem Wasser Kreise fahren. Plötzlich sah ich Angelika auf die Brücke laufen und winken. Vorsichtig ging ich näher heran, und wir verständigten uns schreiend. Ich erkannte auch Sascha, der mit dem Vermieter der Tretboote verhandelte. Ja, mit einem Tretboot würde der Verleiher sie hinausfahren, signalisierte mir Angelika, und das letzte Stück zur SOLVEIG wollten sie schwimmen! Beide hatten kein Badezeug dabei und mußten sich erst noch einen wasserdichten Beutel besorgen für Geld, Pässe und Flugtickets: eine abenteuerliche Unternehmung!

Glücklicherweise gelangten erst Sascha und dann Angelika wohlbehalten an Bord, wenn auch in völlig durchnäßter Kleidung. Unnötig zu sagen, daß beide ziemlich verzweifelt waren. Das Reisebüro hatte es trotz 24 Stunden Vorbestellung nicht geschafft, die Flugscheine auszustellen. Es bekam die Tickets nur in Simferopol, und zwar gegen Barzahlung. Wieder waren wir um eine Erfahrung reicher.

Idyllische »Neue Welt«

Wir setzten die stürmische Fahrt in Richtung Sudak fort, unserem Tagesziel. Aber wo konnten wir bei diesem Seegang über Nacht bleiben? Sudak besaß, ebenso wie Aluschta, keinen Hafen, keine schützende Mole. Ich nahm das britische Seehandbuch zu Hilfe, doch darin stand so gut wie nichts über Ankerplätze. Auch im englischen Yachtführer fand ich nicht viel, denn der Verfasser war niemals selbst vor Ort gewesen und machte alle Angaben unter Vorbehalt. Nun blieben mir noch die deutschen, englischen und russischen Seekarten und einige Hinweise, die ich aufgrund der Beschreibungen von Sergei und Wladimir selbst eingetragen hatte. Auf einer Karte entdeckte ich eine kleine Bucht ohne Namen, die nur ein paar Meilen westlich von Sudak lag und wegen ihrer Lage bei dem herrschenden Wind und Seegang möglicherweise Schutz bot. Es war die deutsche Seekarte Nr. 1105 aus dem Jahr 1933 und seither nicht ergänzt, da die Sowjetunion ab Kriegsbeginn keine Unterlagen mehr zur Verfügung stellte. Aufgedruckt war übrigens die Warnung: »Beim Befahren dieser Gebiete ist mit besonderer Sorgfalt zu navigieren...« Dafür war die Karte sehr sorgfältig gezeichnet, besser als die meisten neuen Karten, und zeigte alle Details der Ostküste der Krim bis zur Küste des Kaukasus im Maßstab 1: 400 000.

Bei sinkender Sonne, der Wind hatte inzwischen abgenommen und das Rollen und Stampfen nachgelassen, näherten wir uns der angestrebten Bucht. Schon aus der Ferne hatten wir zwei romantische, felsige Einschnitte gesehen, aber was sich unseren Augen dann bot, als wir die Huk rundeten, übertraf alles, was wir bisher an landschaftlicher Schönheit auf der Krim zu Gesicht bekommen hatten. Zu beiden Seiten ragten zerklüftete Berge und Felsen steil aus der See, am Scheitel der Bucht erkannten wir das kleine Städtchen Nowyi Swet, und davor erstreckte sich ein langer Strand, an dem sich Kinder und Erwachsene in der Brandung tummelten. Das Bild glich einem norwegischen Fjord unter südlicher Sonne. Mehrere kleine Fischerboote schaukelten verankert in der Dünung. Auch sie hatten offenbar vor dem Wetter hier Schutz gesucht.

Extrem langsam steuerte ich in die hintere Ecke der Bucht, denn unter Wasser konnten Felsen lauern, die in der Karte nicht eingezeichnet waren. Auf sechs Meter Wassertiefe ließ Angelika den Anker fallen, und aller Ärger des Tages, alle Mühen waren mit einem Schlag vergessen. Wir hatten ein kleines Paradies gefunden, das wir nun erkunden wollten.

Aber uns erwartete eine weitere Überraschung: In einem offenen Motorboot, das auf uns zuhielt, saß eine ganze Gesellschaft, darunter bunt gekleidete Mädchen in Landestrachten. Das Boot kam längsseits, die Mädchen kletterten an Deck, ebenso die Damen und Herren, die sich als Bürgermeister und Stadträte von Sudak vorstellten. Man hatte uns im nahen Sudak erwartet, dann aber beobachtet, daß wir nach Nowyi Swet in die Nachbarbucht gelaufen waren. Deshalb war uns die ganze Abordnung entgegengefahren.

Sascha erklärte, daß die Mädchen mit ihren Trachten die drei Volksstämme des Landes darstellten: Russen, Ukrainer und Tataren. Bis hinter die Ohren errötend trat die Jüngste der drei auf mich zu und überreichte einen großen Brotfladen und dazu Salz als Symbol des Willkommens. Ich kann es nicht anders beschreiben: Ich war überwältigt, Tränen standen mir in den Augen. Nie werde ich die strahlenden Gesichter der drei Mädchen vergessen, die hier einem Fremden mit ehrlicher Herzlichkeit entgegentraten. Kein Präsident konnte schöner begrüßt werden!

Auf dem hohen Achterdeck unserer Sturdy setzten wir uns an den Klapptisch, den Angelika sofort zur Hand hatte, und genossen die Zeremonie in einer der malerischsten Buchten der Welt, umgeben von herrlicher Natur. Wie hieß doch Nowyi Swet einstmals? »Raj«, das heißt »Paradies«, und so empfand ich es schon in der ersten Stunde.

Der Bürgermeister überreichte eine Flasche edlen Krimsekt, ich öffnete sie feierlich und schenkte die Gläser voll. Es folgten die in Rußland üblichen Trinksprüche, von Sascha unermüdlich übersetzt. Ich hatte inzwischen Übung darin, vor dem ersten Schluck und auch danach kleine Ansprachen zu halten zum Lob der Gastgeber, des Landes und seiner Menschen. In Nowyi Swet befanden wir uns im Zentrum der Wein- und Sektherstellung auf der Krim, in einem von dem berühmten Fürsten Galyzin entdeckten Küstenstreifen, der als die »vielleicht malerischste und landschaftlich reizvollste Gegend auf der Krim« bezeichnet wird. Den Namen Nowyi Swet, der soviel bedeutet wie »Neue Welt«, gab der Fürst dem kleinen Ort, nachdem er 1878 seine Sektfabrikation hier eingerichtet hatte.

Ein Paradies in Blau

Am Morgen brachen wir auf, um über den sogenannten Zarenweg, einen in den Fels gehauenen Fußweg, in die malerische Nachbarbucht zu wandern. Der Pfad führte dicht über dem felsigen Ufer und seiner schäumenden Brandung entlang und mündete in eine tiefe Grotte am Meer, die Fürst Galyzin als Lager für seine Sektflaschen ausbauen ließ. Die breite Höhle diente nebenher als Konzertsaal, und sogar der schon erwähnte Baßist Schaljapin soll dort kurz vor dem Ersten Weltkrieg gesungen haben. Vom Zarenweg aus genießt man den Blick auf die Bucht, die wegen ihres meist tiefblau leuchtenden Wassers auch »Blaue Bucht« genannt wird. Leicht war zu sehen, daß sich der Schutz gegen die Dünung durch vorgelagerte Felsen hier noch deutlicher auswirkte als auf dem Ankerplatz vor Nowyi Swet selbst, und so beschlossen wir, unsere SOLVEIG in das blau schimmernde Paradies zu verlegen. Eine glückliche Wendung kam diesem Wunsch noch entgegen.

Auch in Nowyi Swet gab es die Küstenwache, bei der wir uns angemeldet hatten. Einen anderen Ankerplatz aufzusuchen, bedurfte besonderer Genehmigung. Doch ich war erstaunt, ja überrumpelt, als der leitende Offizier der Station am Abend zu uns an Bord kam, aus

Fürst Galyzin, Gründer der Sektfabrikation auf der Krim

rein persönlichem Interesse, wie sich schnell herausstellte. Er wollte das schöne Boot besichtigen und die Mannschaft kennenlernen. Ich zeigte ihm Bücher von meinen Weltumsegelungen, die mit ihren Karten und zahlreichen Farbbildern ein wenig meine mangelnden Sprachkenntnisse ausgleichen konnten. Damit hatte ich das Tor zu seinem Herzen geöffnet, und er erlaubte mir – entgegen der Vorschrift –, daß ich, von der Wache gänzlich unbeobachtet, für drei Tage in der Blauen Bucht ankern durfte. Wir sollten uns nur jeden Tag einmal über Funk melden.

Dies wurden die drei schönsten Tage während der gesamten Krimfahrt, ein Geschenk, das ich ihm nie vergessen werde. Mit klopfendem Herzen steuerte ich am nächsten Morgen dicht an den Felsen entlang um das Kap herum in die prächtige Bucht hinein und ließ, nur wenige Meter vom Zarenweg entfernt, den Anker fallen. In dieser Bucht entstanden auch einige der besten Fotos vom Boot. Dazu mußte Angelika mit dem Schlauchboot an Land und die Kamera vom Weg aus sehr genau einrichten. Wir waren über ein kleines Handfunkgerät verbunden, aber vom Boot aus war es sehr schwer, die richtige Entfernung und den rechten Winkel abzuschätzen. So steuerte ich das Boot, versuchte gleichzeitig, die Szene für die Kamera abzuschätzen, und hörte die Anweisungen von Angelika ab. Ich kannte die Lage der Unterwasserfelsen in der Bucht inzwischen ziemlich gut, aber einmal war ich doch so abgelenkt, daß es plötzlich krachte. Das Boot saß im Bugbereich mit dem Kiel fest!

Durch ein paar Manöver mit der Bugschraube und »voll zurück« kam ich schnell wieder auf tiefes Wasser. In der stillen Bucht hatte der Aufprall jedoch von den Felswänden so laut widergehallt, daß nicht nur der Kapitän am Ruder, sondern auch Angelika heftig erschrocken waren. Taucher stellten bald danach fest, daß kein Schaden entstanden war. Als wir die Sturdy im Winter aus dem Wasser nahmen, zeigte sich der große Vorteil eines Stahlboots: nichts war am Rumpf zu sehen außer ein wenig abgeschabtem Lack! Wir waren wieder einmal mit dem Schrecken davongekommen.

Nach den schönen Tagen in der Blauen Bucht wurden wir zu einer ausführlichen Besichtigung der Sektkellerei eingeladen. Wir durften den vollständigen Prozeß der Schaumweinherstellung verfolgen und erfuhren auch, daß Fürst Galyzin seinerzeit die Methoden der Sektveredelung in der Champagne studiert hatte und daß es ihm später gelang, seinen Krimsekt auch am Zarenhof in St.Petersburg einzuführen. Von dort aus trat er dann seinen Siegeszug in die europäischen Hauptstädte an. Der Lebenslauf dieses erstaunlichen Mannes zeigt deutlich, wie entscheidend sich die Aktivitäten eines einzelnen Genies, seine Ideen und Visionen, auf die Entwicklung eines ganzen Landes auswirken können.

Etikettenschwindel

Wir blieben noch zwei weitere Tage in Nowyi Swet, aber Sascha mußte uns dort leider verlassen, er hatte berufliche Verpflichtungen und flog zu seiner Familie nach Moskau zurück. Der Abschied fiel uns schwer, und ich winkte ihm noch lange von Deck aus nach, als er mit seiner umfangreichen Kamera-Ausrüstung den steilen Hang zur Straße hinaufstieg, wo der Wagen wartete, der ihn zum Flughafen nach Simferopol bringen sollte. Alexei war nach strapaziöser Busfahrt am selben Tag von Simferopol angekommen, um uns auf der weiteren Expedition zu begleiten. Er feierte ein glückliches Wiedersehen mit Nowyi Swet, mit den Stränden und Wegen, auf denen er Jahre zuvor seine Flitterwochen verlebt hatte. Er schwelgte in Erinnerungen und zeigte uns die schönsten Plätze, insbesondere den »Zarenstrand« und einige Aussichtspunkte, die man nach kurzem Aufstieg erreichen konnte. Der Aufstieg selbst war steil. Wir mußten sogar klettern, aber um so mehr genossen wir danach die herrliche Landschaft vom Kamm des Felsplateaus aus.

Alexei freute sich auf die wieder vor uns liegende Seefahrt.Er wollte ganz besonders auf diesem Küstenabschnitt, zu dem er seit langer Zeit nicht mehr gekommen war, Ausschau halten nach Delphinen, um seine Statistik über die Populationen im Schwarzen Meer zu ergänzen. Er erklärte uns auch, daß wir schon bald hinter Sudak das grandiose Felsmassiv des Berges Kara Dag ansteuern würden, ein eigentlich gesperrtes Naturschutzgebiet, für das er aber eine Sondergenehmigung erwirkt hatte. Allerdings hatten wir schon bei Balaklawa und Laspi so großartige Felsformationen gesehen, daß ich eine Steigerung kaum mehr für möglich hielt.

Kurz nach dem Start, etwa eine Meile nordöstlich von Sudak mit seiner imponierenden Genueserfestung, sichteten wir zu unserer großen Freude eine Schule von elf Delphinen, die in fröhlichen Sprüngen den Bug unseres Boots umspielten. Ich gab Alexei die genaue Position, die er sogleich in seine Forschungsblätter eintrug. Er bat uns anschließend, für kurze Zeit bei einer staatlichen Forschungsstation festzumachen, die über ein »rein wissenschaftliches« Delphinarium, wie er sagte, verfüge. Der nur leichte Seegang erlaubte uns das Festmachen an der Brücke des Instituts, und Alexei ging an Land, um Kontakt aufzunehmen mit der Leiterin der Station. Widerstrebend gab man uns die Genehmigung, das Delphinarium zu besichtigen, das in einer Art Turnhalle untergebracht war. Entsprechend klein waren die beiden Becken, in denen drei sehr müde und krank wirkende Delphine ihre Kreise drehten.

Was aber uns und auch Alexei erschreckte, war die Tatsache, daß man hier überhaupt keine wissenschaftlichen Untersuchungen mehr vornahm, sondern daß die Tiere genau wie in Jalta nur dressiert und für Shows eingesetzt wurden. Da sich keine Ortschaft in der Nähe befand, wurden die nötigen Zuschauer zweimal in der Woche mit Bussen herangekarrt. An den meisten Tagen aber waren die armen Delphine in den winzigen Becken sich selbst überlassen.

Der Etikettenschwindel mit »Wissenschaft« und »Institut« reizte mich dermaßen, daß es zu einer lautstarken Auseinandersetzung mit der Leiterin der Station kam. Mag sein, daß ich mich nicht einfühlsam genug gegenüber der finanziellen Notlage des »Instituts« verhielt, aber es war dennoch gut, einmal deutlich klar zu machen, daß heutzutage viele Menschen diese Art von Tierquälerei nicht mehr widerspruchslos hinnehmen.

Schwarzer Berg und Goldenes Tor

Nichts wäre geeigneter gewesen, meine trübe Stimmung zu vertreiben, als das Naturwunder Kara Dag, das sich durch seine große dunkle Silhouette schon von weitem ankündigte. Mächtig stiegen vor unseren Augen die rötlichen Felsen des Vulkans aus der See: eine Urwelt, vor 150 Millionen Jahren entstanden. Der Anblick übertraf tatsächlich alles, was wir bisher an Steilküste gesehen hatten.

Kara Dag heißt »Schwarzer Berg«. Es handelt sich aber um eine ganze Gruppe von Bergen, die sich durch ihre dunkle Farbe auffällig von der grün-braunen Steppenlandschaft abheben. Ich hielt direkt auf die Felsen zu, an deren senkrecht aufragenden Wänden die See sich weiß schäumend brach. So steil war der Fels, daß ich bis auf wenige Meter heransteuern konnte und dann staunend nach oben blickte. Alexei erklärte mir Einzelheiten aus der Geschichte des Massivs, er war früher einmal von der Landseite her in die Felsen aufgestiegen. Im Naturschutzgebiet von Kara Dag sind 40 Prozent aller Pflanzenarten der Krim vertreten und fast 90 Prozent aller auf der Krim lebenden Tiere, an die 200 Vogelarten und 40 verschiedene Säugetierarten.

Ich konnte mir nicht vorstellen, daß der Eindruck von Land aus auch nur annähernd so gewaltig war wie vor der aus dem tiefblauen Meer aufragenden rötlichen Steilwand. Mehrfach steuerte ich das Boot an den Felsen entlang. Besonders auffallend war ein kleinerer, vorgelagerter Felsen mit einem weiten Tor in der Mitte, dem »Goldenen Tor«. Wie die Kulisse eines Bühnenbilds stand es vor uns. Als Alexander Puschkin 1820 von Feodosija aus mit einem Segelschiff den Kara Dag umrundete, hat er das Goldene Tor gezeichnet. Diese Skizze befindet sich auf einer der Seiten des Manuskripts zu seinem Roman »Eugen Onegin«. Mehrmals umkreiste ich den verzauberten Torbogen, bevor ich mich zur Weiterfahrt entschließen konnte.

Weiterfahrt, das hieß für uns zurück nach Balaklawa. Dort wollten wir das Boot Igors Obhut anvertrauen, während wir die Krim für einige Wochen verließen. Angelika hatte Termine in Deutschland, und ich wollte Anfang Juli auf der LILI MARLEEN meine Griechenlandfahrt antreten. Nach je einer kurzen Nacht in Nowyi Swet und Artek erreichten wir die uns inzwischen wohlbekannte Bucht von Balaklawa. Das Wetter war während der ganzen Fahrt optimal gewesen, nur die Hitze machte uns ein wenig zu schaffen. In der Kajüte maßen wir meist 33 Grad oder mehr. Dennoch, und das stellte ich immer wieder verwundert fest, stieg die Wassertemperatur nicht über 20 Grad; das kühlte natürlich auch den Schiffsrumpf.

Noch drei Tage verbrachten wir in Balaklawa. In unserem vertrauten Winkel hinter den beiden Fischdampfern, von Igor freudig begrüßt, fühlten wir uns wie in einer zweiten Heimat. Angelika flog von Simferopol aus nach München und ich eine Woche später nach Istanbul und Athen. Alle unsere Habe ließen wir in Balaklawa zurück, aber an keinem Tag unserer vierwöchigen Abwesenheit machte ich mir deshalb Sorgen. Igor hatte versprochen, unser Boot sorgfältig zu hüten, und ich wußte, auf sein Wort konnte ich mich verlassen.

Als wir schließlich auf die Krim zurückkehrten, holten uns Alvidas und Alexei am Flughafen in Simferopol ab. Mit einigen Tricks gelang es uns, neben anderer wichtiger Ausrüstung eine komplette Zylinderkopfdichtung und eine Kühlwasserpumpe für den Motor durch den Zoll zu bringen. Es standen nämlich einige größere Reparaturen an, bevor wir die Fahrt nach Osten und dann zur Küste der Türkei fortsetzen konnten.

Die Straße von Kertsch

Der Sommer ging unerbittlich seinem Ende entgegen. Trotz des strahlenden Sonnenscheins empfing uns ein kühlendes Lüftchen, als wir Mitte September unser schweres Handgepäck über das Rollfeld von Simferopol schleppten. Kaum hatten wir den Flieger verlassen, sahen wir schon die hagere Gestalt von Alvidas hinter dem Abfertigungsgebäude auftauchen. Zuverlässig wie immer holte er uns ab, doch wir mußten erst einmal die verschiedenen Kontrollen durchlaufen. Die Zylinderkopfdichtung, die weit aus dem Rucksack von Angelika ragte, sorgte zunächst für Aufsehen, und es kostete uns viel Zeit, die Zöllner von ihrer Harmlosigkeit zu überzeugen. Danach mußten wir wie alle anderen Flugpassagiere an dem eigens dafür eingerichteten Schalter eine Krankenversicherung abschließen und natürlich auch bezahlen. Wofür? Vielleicht als Eintrittsgeld für die Krim?

Alvidas hatte geduldig vor dem Gebäude gewartet und brachte uns in gewohnt schneller Fahrt nach Balaklawa. Mit klopfendem Herzen ging ich über die Laufplanke, die Igor bereitgelegt hatte, an Bord unserer SOLVEIG, öffnete alle Schapps und Türen, wanderte durch jeden Raum. Alles war an seinem Platz, innen und außen glänzte das Boot tadellos sauber. Mit großer Erleichterung nahmen wir unsere schwimmende Heimat wieder in Besitz.

Die Zeit wird knapp

Zusammen mit Alexei und seiner Frau Alionka wollten wir zunächst den zweiten Teil unserer Fahrt entlang der Krimküste beginnen und später auch gemeinsam das Schwarze Meer überqueren. Vorher aber mußten an der Sturdy kleinere Reparaturen ausgeführt werden, und

184

dafür wollte ich mit dem Boot in Balaklawa bleiben, denn die Hafenecke dort war sicher und für schwierige Montagen wegen des ruhigen Wassers auch besser geeignet als Laspi. Alvidas machte sich sogleich daran, die Zylinderkopfschrauben nachzuziehen und die neue Pumpe einzubauen. Auch Taucher brachte er mit für die Reinigung des Unterwasserschiffs, denn während der Liegezeit hatte sich eine Menge Bewuchs angesammelt. Bei diesen Arbeiten stellten sie fest, daß unser Propeller doch beschädigt war. Er mußte abgenommen und gegen einen Ersatzpropeller ausgetauscht werden, den ich an Bord mitführte.

All diese Arbeiten zogen sich über mehrere Tage hin. Einen Teil der Wartungsarbeiten übernahm ich selbst, insbesondere die Überprüfung der Entsalzungsanlage und den Ölwechsel in Motor und Getriebe. Auch das Deck wartete auf eine gründliche Konservierung mit frischem Teaköl. Bevor wir wieder auf See gingen, mußten wir auch eine größere Menge Diesel bunkern, eine sehr heikle Aktion, denn in der Ukraine war sauberer Kraftstoff ausgesprochen Mangelware. Seit Odessa, wo die Marina eine eigene Filteranlage besaß, hatte ich keinen Treibstoff mehr nachgefüllt. Alvidas bot uns auch hier wieder seine Hilfe an. Er war in der Lage, in Laspi 1000 Liter Diesel zu filtern und für uns in einem Tank bereit zu stellen, damit wir sie bei einem kurzen Zwischenstopp übernehmen konnten.

So wurde es Ende September, bis wir endgültig von Balaklawa Abschied nahmen: Höchste Zeit für unseren Start, denn die Tage wurden schon kürzer. Selten ist es mir derart schwer gefallen, einen liebgewordenen Hafen zu verlassen. Mögen Igors Wünsche für die Zukunft in Erfüllung gehen! Schweren Herzens warfen wir die Leinen los und hoben den Anker vom Grund, dann steuerte ich unser Boot aus der malerischen Bucht von Balaklawa an der Küste entlang nach Laspi.

Dort stieg Alexei mit seiner Frau Alionka zu, und wir übernahmen den gefilterten Kraftstoff. Es wurde fast Mitternacht, bis die letzten Tropfen im Bauch der SOLVEIG verschwanden, deshalb blieben wir für den Rest der Nacht in Laspi. Am Morgen mußten wir uns auch von Alvidas und Sergei verabschieden, denn der September ging bald zu Ende, und nach dem 15. Oktober stieg die Sturmhäufigkeit im Schwarzen Meer bedenklich an. Alvidas machte sich Sorgen und warnte uns, daß sich das Wetter im Herbst schlagartig ändern könne, besonders auf der anderen Seite des Meeres, dort, wo die hohen Berge des Kaukasus' für ein frühes Ende des Sommers sorgen. Ich suchte den »Black Sea Pilot« heraus und fand seine Bedenken bestätigt.

An Felsenbergen entlang

Zwei wichtige Hafenstädte der Krim wollten wir aber auf jeden Fall noch besuchen: Feodosija und Kertsch. Die Fahrt verlief ohne Zwischenfälle, die sommerliche Hitze war besonders auf See einer angenehmen, etwas herbstlichen Kühle gewichen, und bei nur leichtem Wind konnten wir Geschwindigkeiten bis zu 7,5 Knoten viele Stunden lang durchhalten. Alexei saß vom frühen Morgen an zusammen mit seiner Frau auf dem Oberdeck und hielt Ausschau nach Delphinen und allem, was sonst noch auf oder im Wasser zu erkennen war. Mehrfach wurden wir von Delphinen begleitet, es waren jeweils Schulen mit bis zu zwölf Tieren.Nach Abschluß der Reise wollten wir einen Bericht über die Verbreitung der drei Delphinarten im Schwarzen Meer erarbeiten. Wir bemerkten aber auch gelegentlich Verschmutzungen, wahrscheinlich von Schiffen herrührend, die ihre Plastikabfälle über Bord entsorgten. Mir fielen in der Nähe von Jalta große Festmachetonnen auf, die früher für Kreuzer oder Zerstörer der Sowjetflotte benutzt wurden. Als rostende Ungetüme schaukelten sie jetzt an ihren Ketten in der Dünung und stellten bei Nacht eine erhebliche Gefahr für kleine Boote dar. Doch Sportbooten war es ja ohnehin verboten, abends oder nachts im Küstenbereich herumzuschippern.

Die Fahrt entlang der hohen Felsenberge zwischen Sudak und Feodosija wurde zu einem besonderen landschaftlichen Erlebnis. Kein Segler oder Motorbootfahrer, der die Krim besucht, sollte sich diesen dramatischen Abschnitt der Küste entgehen lassen. Im Reiseführer ist darüber zu lesen:»Vom Auslandstourismus bisher wenig berührt sind die Städte der Ostküste, darunter Sudak, Kertsch und Feodosija. Die Ursache dafür ist nicht etwa eine geringere

186

Attraktivität, sondern liegt in der Tatsache, daß das Tourismusvisum bis Anfang der 1990er Jahre nur für die Orte Groß-Jaltas galt.« Ich möchte hinzufügen, daß auch heute noch die Flugpassagiere von Deutschland nach Simferopol grundsätzlich mit fest eingeplanten Bussen nach Jalta in eines der beiden internationalen Hotels gebracht werden. Anschlußfahrten in andere Richtungen sind ohne spezielle Reiseleitung oder Sprachkenntnisse nur schwer möglich.

Noch einmal rundeten wir das imposante Bergmassiv des Kara Dag und nahmen dann Kurs auf das Kap Kiik Atlama, das die weite Bucht von Koktebel nach Osten abschließt. Hinter diesem Kap, nochmals durch eine Landzunge geschützt, liegt der Hafen von Feodosija. Schon während unserer Annäherung begann Alexei, längere Funkgespräche mit der Verkehrsleitung zu führen, um uns einen günstigen Liegeplatz zu besorgen. Im Handelshafen, zwischen Frachtschiffen, fanden wir schließlich ein Plätzchen, das mir halbwegs sicher schien. Aber auch hier waren wir wieder mit dem bekannten Problem einer mühsamen und zeitraubenden Einklarierung konfrontiert. Nervös lief der sonst so ruhige Alexei von einem Büro und Gebäude zum nächsten, bis es ihm gelang, die Beamten zum endgültigen Abstempeln unserer Papiere an Bord zu bringen.

Wenn ich mir vorstelle, daß besuchende Yachten an der Küste der Krim – nach einer ausführlichen ersten Einklarierung – so viel Freiheit genießen, wie wir sie in Nowyi Swet hatten, dann wäre diese Küste ohne Zweifel eines der schönsten und attraktivsten Segelreviere Europas. Es würde nicht lange dauern, bis die rührigen Einwohner in Zusammenarbeit mit der jeweiligen Verwaltung genügend Liege- und Ankerplätze geschaffen hätten. So lange aber die jetzigen Regelungen gelten, wird einer Fahrt in die Ukraine immer etwas Abenteuerliches anhaften.

Maler und Menschenfreund

Feodosija ist Kurort und nach Sewastopol der bedeutendste Hafen der Krim. Sonne, Luft und Meer locken jedes Jahr Touristen aus der ganzen Ukraine und aus Rußland in die Stadt am Meer. Wir trafen

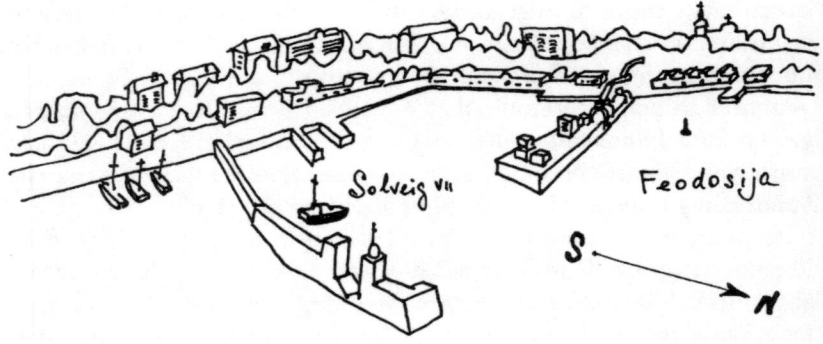

Solveig VII   Feodosija

auch »Tschernobyl-Kinder«, denen zur Wiederherstellung ihrer Gesundheit von Kiew aus ein Ferienaufenthalt in Feodosija gewährt worden war.

Die Geschichte der Stadt läßt sich bis ins 6. Jahrhundert v. Chr. zurückverfolgen, als griechische Kolonisten aus Milet hier eine Siedlung gründeten und sie »Theodosia« nannten. Seine wirtschaftlich große Zeit erlebte Feodosija unter der Herrschaft der Genueser, die aus dem von ihnen so genannten Stützpunkt Kafa ein Zentrum des Sklavenhandels machten. Zu allen Zeiten aber war Feodosija eine Brücke zwischen Asien und Europa gewesen. Dafür sorgten nicht zuletzt mongolische Reiterstämme, die immer wieder plündernd, aber auch Handel treibend in die Stadt einfielen. Noch heute wird Touristen der Platz gezeigt, auf dem einst ein blühender Menschenhandel stattfand.

Ein Mann jedoch prägte das heutige Gesicht der Stadt wie kein anderer: das Malergenie Iwan Aiwasowskij. Er wurde 1817 als Sohn armer armenischer Eltern in Feodosija geboren und schon früh als Talent entdeckt. Als Stipendiat studierte er Malerei an der Akademie der Künste in St.Petersburg. Seine Gemälde wurden in alle Zentren Europas verkauft, und mit dem Geld, das er verdiente, machte er Feodosija zu einer modernen, damals sogar glänzenden Stadt.

Er ließ eine attraktive Strandpromenade im Stil der italienischen Riviera anlegen; er sorgte dafür, daß die Bürger gutes Quellwasser erhielten, und ließ die nötigen Rohre verlegen; ein Aiwasowskij-Brunnen erinnert noch heute an dieses Verdienst. Aber der Künstler ging noch weiter: Er finanzierte eine vollständige Eisenbahnstrecke bis zum Anschluß an die Hauptlinie Kertsch – Moskau und ließ auf seine Kosten auch den stattlichen Bahnhof erbauen, der noch heute unverändert in Betrieb ist.

Schon früh in seinem Leben entwickelte sich Aiwasowskij zum großartigen Landschaftsmaler mit einer geradezu fanatischen Liebe zum Meer. Vielleicht sollte man eher sagen: mit Liebe zu meerverbundenen Motiven, denn große Seefahrten hat er selbst wohl kaum unternommen. Von den über 6000 Gemälden, die er im Lauf seines Lebens schuf, stellen 4000 das Meer dar. Im In- und Ausland feierte er große Erfolge, blieb aber ein Leben lang seiner Heimatstadt treu. 1880 baute er sich in seinem Privathaus eine eigene Galerie, die er nach seinem Tod der Stadt vermachte. Diese Galerie ist heute ein Aiwasowskij-Museum und seit dem Tod des Malers ziemlich unverändert geblieben. Ihr großer Saal ist auch für Konzerte und Theateraufführungen geeignet.

Bei einer eingehenden Führung hörten wir Einzelheiten über das faszinierende Leben dieses Mannes, der ähnlich wie Fürst Galizyn in Nowyi Swet seine Visionen verwirklicht hat. Staunend standen wir in der großen Halle des Palastes, an deren Wänden einige der bekanntesten Gemälde des Meisters hingen. Das Genie Aiwasowskij malte seine Bilder in unglaublich kurzer Zeit, in wenigen Stunden, vollständig aus dem Gedächtnis oder aus der Phantasie. Die meisten Werke entstanden deshalb daheim in seinem Atelier, darunter auch Bilder des nördlichen Eismeers oder Griechenlands, wo er sich niemals aufgehalten hatte. Vor allem war es die stürmische, von Orkanen aufgewühlte See, waren es Schiffbrüche und Seeschlachten, die ihn zu packenden und dramatischen Darstellungen reizten.

Er schmückte die Stadt auch mit ansehnlichen Parkanlagen, und so trägt Feodosija noch heute unübersehbar, sozusagen an jeder Ecke, die Handschrift des großen Meisters. Der als »Sänger des Meeres« apostrophierte Aiwasowskij hinterließ bei uns einen nachhaltigen Eindruck, nicht nur wegen seiner genial-romantischen Darstellungen des wilden Meeres, sondern vor allem als überragende Persönlichkeit einer glänzenden Epoche.

Die Kämpfe um Kertsch

Für die Weiterfahrt bedurfte es wieder einer Ausklarierung, und Alexei verzweifelte schier, als alle Formalitäten abgeschlossen schienen, aber dann nochmals zusätzliche Unterlagen verlangt wurden und die Abfertigung durch eine weitere Behörde erfolgen mußte. Unsere Ausfahrt verschob sich dadurch wieder um einen Tag, bis zum 30. September. Alexei wurde nervös, denn der Oktober schien ihm für die Überfahrt nach der Türkei eigentlich zu spät – und wir wollten ja vorher noch nach Kertsch, um dort, am Eingang zum Asowschen Meer, den Besuch der Krimküste abzuschließen.

Immerhin gelang es ihm, sich mit dem Hafenmeister für den nächsten Morgen um 06.00 Uhr früh zu verabreden, und tatsächlich wurden unsere fünf(!) Crew-Listen dann auch abgestempelt. Um 07.10 Uhr kam die Küstenwache an Bord, kontrollierte die Dokumente und setzte vier weitere Stempel auf die Papiere. Dann waren wir endlich frei für die Ausfahrt. Alexei half beim Ablegen, wie er sich überhaupt zu jeder Zeit bemühte, uns hilfreich zur Hand zu gehen. Und Alionka half Angelika, ohne viele Worte zu verlieren, im Bereich der Pantry.

Von Feodosija nach Osten wird die Küste flacher und eintöniger. Nur wenig Grün ist noch zu sehen, das Gebiet ist regenarm und daher ausgetrocknet. Mit Kurs 60 Grad nach Ostnordost und 6,8 Knoten Fahrt brummte die SOLVEIG an der Küste entlang auf die Straße von Kertsch zu, einen der heißesten Brennpunkte des Geschehens im Zweiten Weltkrieg. An den Kämpfen um Kertsch läßt sich der Verlauf des Feldzugs im Osten und der Wandel in der Stimmung der deutschen Soldaten unmittelbar ablesen.

Zunächst lief der Vormarsch im Juni 1941 schnell und ohne allzu hohe Verluste ab. Es war der letzte »Blitzkrieg«. Kertsch wurde noch vor Sewastopol erobert, doch im Winter gelang den Sowjets ein Gegenangriff. Russische Fischerboote hatten von der deutschen Armee eine Sondergenehmigung zum Fischfang erhalten und nützten dies, um heimlich die Minensperren vor den Häfen von Kertsch und Feodosija zu beseitigen. Die Landung der Sowjets gelang zunächst, denn die deutsche Armee war längst weitermarschiert in Richtung Wolga. Neue Truppen mußten herangeschafft werden.

Trotz des katastrophalen Winters und der hohen Verluste durch Erfrierungen und Erkrankungen, denen übrigens auch ich einen langen Lazarettaufenthalt zu verdanken hatte, war die Stimmung in der Truppe noch gut. Im Frühjahr 1942 begann eine neue deutsche Offensive, in deren Verlauf nicht nur Kertsch zurückerobert und Sewastopol besetzt, sondern der Vormarsch bis Stalingrad und weit über Kertsch hinaus in den Kaukasus fortgesetzt wurde. Erst Stalingrad brachte die Wende. Danach hatten wir nur noch den einen Wunsch: uns selber zu retten und aus dem Hexenkessel Rußland herauszukommen. So begann 1943 der Rückzug von der Wolga und vom Kaukasus. Da die Bastion Kertsch aber unbedingt gehalten werden mußte, bis die Armee den Rückzug geschafft hatte, entwickelten sich die schwersten Kämpfe, in deren Verlauf Kertsch zum zweiten Mal geräumt wurde.

Der hilfreiche Lotse

Durch die Straße von Kertsch erreicht man das Asowsche Meer und von dort die Binnenwasserwege Rußlands und Osteuropas: Ein ungeheures Netz von Kanälen, Flüssen und Seen, das ich gern einmal befahren würde. Aber für diesmal mußte es uns genügen, die Straße von Kertsch zu durchqueren.

Die Navigation hier war nicht ganz einfach, da flaches Wasser mit nur ein bis zwei Meter Tiefe vorherrschte, stellenweise nicht einmal ausreichend für kleine Boote. Die Berufsschiffahrt benötigte Lotsen mit guter Ortskenntnis für die relativ schmale, gebaggerte Fahrrinne. Ich fragte mich, wie ich da durchkommen sollte, selbst wenn uns Anweisungen über Funk gegeben wurden; Alexei war nicht gerade geübt im Dolmetschen von seemännischen Ausdrücken.

Das Wetter war günstig, und ich wollte auf jeden Fall Kertsch noch am selben Abend erreichen. Also ließ ich den Motor etwas schneller laufen, mit 2000 U/min, die uns auf 7,5 Knoten Fahrt brachten. Um 09.30 Uhr hatten wir die große Bucht von Feodosija überquert und rundeten das Kap Cauda. Auf dem prominenten Hügel stand eine

Station der Küstenwache. Diesmal meldete Alexei nicht nur unsere Ankunft, sondern erhielt auch eine nützliche Nachricht: »Alle Hinweise in der Seekarte auf verbotenes oder gesperrtes Gebiet sind überholt und können ignoriert werden. Neue Verbote werden von der Küstenwache mitgeteilt.«

Nach einer Stunde lag Kap Cauda achteraus. Von hier an änderte sich die Landschaft dramatisch. Wir sahen nur noch völlig leeres Land: keine Hügel, keine Felsen, keine Häuser. Eine leere Ebene über niedriger Steilküste, und dahinter nur Flachland, Steppe. Mit dem Fernglas konnte ich einige Schornsteine ausmachen, ebenso Strommasten, aber keine Bäume. Die schöne Krimlandschaft war zu Ende!

Während es bisher an der gesamten Küste keine gefährlichen Hindernisse gegeben hatte, lagen hier tückische Felsen in und unter Wasser. Um 12.00 Uhr konnte ich voraus Brandung erkennen, aber die Lage der Felsen nicht genau ausmachen. Die Situation war brenzlig, denn irgendwo um uns herum mußten noch mehr Felsen unter Wasser lauern. Ich steuerte deshalb direkt auf die offene See hinaus und wagte den alten Kurs erst wieder aufzunehmen, nachdem ich sicher war, von allen Gefahren frei zu sein. Die Wassertiefe betrug noch 26 Meter. Mit den großen Tiefen von 1000 Meter und mehr war es vorbei.

Die Straße von Kertsch ist etwas über 20 Seemeilen lang und war auch für unsere kleine Sturdy mit ihren 1,30 m Tiefgang nur im gebaggerten Fahrwasser passierbar. Jenseits von Kertsch endet die Küste der Ukraine, und die Kaukasusregion Rußlands beginnt. Die Straße ist also nicht nur eine schmale Durchfahrt, sondern auch Grenzregion.

Ich hatte mir eine Karte großen Maßstabs mitgenommen, und Alvidas hatte mir noch eine russische Karte besorgt, die aber nicht so sorgfältig gezeichnet war; außerdem waren für mich die Beschriftungen nicht lesbar. Der Wind hatte sich um die Mittagszeit auf Stärke vier bis fünf gesteigert, und ein kurzer, steiler Seegang stand uns entgegen. Damit konnte unser Boot aber gut umgehen, ich verlor nur wenig Fahrt. Später, in der Einfahrt zur Straße, wurde die See steiler wie meistens, wenn größere Wellen auf flaches Wasser stoßen. Wahrscheinlich stand auch Strömung aus dem Asowschen Meer entgegen. Wir trafen auf dichten Verkehr, an die zwanzig große Frachter lagen vor der gebaggerten Fahrrinne vor Anker und warteten auf einen Lotsen. Ich war verunsichert, ob ich einfach auf das betonnte Fahrwasser zulaufen durfte. So blieb ich in geringer Distanz daneben und steuerte erst später in den tiefer gebaggerten Bereich. Aber die Fahrrinne war schmal, und jedes überholende Schiff machte uns nervös. Und nicht nur uns. Nach einer halben Stunde kam ein Lotsenboot von achtern auf. Der Lotse rief uns zu, wir sollten das Fahrwasser verlassen, er würde vorausfahren. Wieder einmal war ich hingerissen von der Hilfsbereitschaft und Freundlichkeit der russischen Beamten gegenüber einem Boot mit fremder Flagge.

Der Lotse ließ es sich nicht nehmen, uns bis in den Hafen von Kertsch zu geleiten. Dort suchte er für uns sogar noch einen besonders guten und interessanten Liegeplatz neben der Brücke der Passagierschiffe. Wir lagen vor dem Uferweg eines großen, grünen Parks, sozusagen vor dem Schmuckstück der Stadt. Allerdings war das Festmachen heikel. Wie gewohnt ankerten wir mit langer Kette und machten das Heck mit zwei Leinen zum Ufer hin fest. Doch der Wind drückte so heftig von der Seite, daß wir lange Trossen zu der nahen Brücke der Passagierschiffahrt ausbringen mußten, um das Boot zu halten.

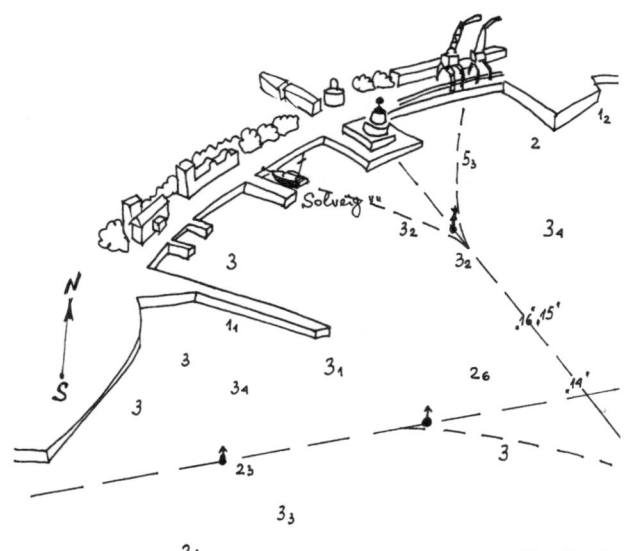

Die Bucht von Kertsch

193

Die vier Veteranen

Als erste Kontrolle kam der Vertreter der Gesundheitsbehörde an Bord. Aber wie! Der nette Beamte stieg sofort ins Schlauchboot und griff nach unserer Achterleine. Ich wollte ihn noch warnen, aber es war zu spät: Er zog an der Leine, verlor das Gleichgewicht, weil das Boot unter ihm wegrutschte, und fiel mit dem Kopf voran ins Wasser! Trotz der kühlen Brise blieb er in seiner durchnäßten Kleidung unerschütterlich an Bord sitzen, bis die Papiere durchgesehen, ausgefüllt und abgestempelt waren. Ich bedankte mich bei ihm und bat um Nachsicht, weil wir ihm nicht besser behilflich gewesen waren.

Vom Kajütfenster aus konnte ich in den Park blicken und beobachtete bald eine Gruppe von vier Veteranen, die langsamen Schritts auf die SOLVEIG VII zugingen. Am Parkgitter blieben sie stehen und betrachteten kritisch das elegante Sportboot aus Deutschland. Sie trugen die üblichen dunklen Anzüge, die mit Orden übersät waren. Was mochten sie denken? Was fühlten sie? Das fragten wir uns gerade in Kertsch, wo so hart gekämpft worden war, wo immer wieder Schlachten stattgefunden hatten mit so unglaublich hohen Verlusten auf beiden Seiten. Und sie, sie hatten den Krieg gewonnen, das war eine Tatsache. Aber Tatsache war auch, daß es jetzt dem ehemaligen Feind besser ging als ihnen. Zudem hatte die Rote Armee das sichtbare Zeichen ihres Sieges, das besetzte Berlin, aufgeben müssen. Ich empfand Mitgefühl für diese Männer, die im Grunde das gleiche Schicksal erlitten hatten wie die deutschen Frontkämpfer: Beide waren von ihren Führern betrogen worden, betrogen um die Ziele ihres Kampfes.

Die vier Veteranen blieben vielleicht eine halbe Stunde bei unserem Boot stehen und diskutierten. Darüber fiel mir eine Anekdote ein, die Sascha einmal abends an Bord erzählt hatte: Am »Tag des Sieges«, dem 9. Mai, sitzen sich in Moskau ein Veteran mit unzähligen Orden auf dem Jackett und zwei junge Männer nach der großen Feier auf dem Roten Platz am Biertisch gegenüber. Das russische Bier ist nicht gut, und der eine Junge fragt den Veteranen: »Schmeckt dir das Bier?« Der schüttelt den Kopf: »Nein.« Darauf der Junge: »Siehst du, hättest du dir nur halb so viele Orden verdient, dann würdest du jetzt bayerisches Bier trinken!«

Unter Leitung einer von der Stadt eingesetzten Fremdenführerin mit Wagen und Chauffeur fuhren wir am nächsten Morgen zum Denkmal für die Gefallenen der großen Schlachten. Vom zentralen Platz aus führt eine breite Treppe auf den Mithridates-Hügel, der von einem 24 Meter hohen »Obelisk des Ruhmes« gekrönt wird. Daneben stehen Panzer und Geschütze. Oberhalb des Obelisken, an der höchsten Stelle des Berges, erhebt sich ein kleiner runder Turm mit einem ewigen Feuer zum Gedenken an die Gefallenen. Von hier aus hatten wir einen wunderbaren Blick über das gesamte Hafengebiet und über die Meerenge. Wir konnten auch das gegenüberliegende Ufer sehen, das russisch-asiatische Festland, aber nicht die Berge des Kaukasus, die nur bei sehr klarem Wetter zu erkennen sind.

Eine weitere Sehenswürdigkeit von Kertsch ist ein Hügelgrab der bosporanischen Fürsten aus dem 4. Jahrhundert v. Chr. Es handelt sich um einen eindrucksvollen Bau, bei dem die aus Platten aufgeschichtete Pyramide nur von innen als solche erkennbar ist. In die Grabkammer führt ein langer Korridor, an dessen Seiten wir zum Teil gut erhaltene antike Sarkophage und Grabplatten bewunderten. Von außen war die Grabkammer, wohl zur Tarnung, in einer Breite von 260 Metern mit Erde zugeschüttet worden, so daß sie wie ein kleiner Berg aussah.

Eine ganze Hügelkette, etwa neun Kilometer außerhalb der Stadt, enthält ähnliche Gräber, die erst zum Teil freigelegt sind. Zu den neu entdeckten Schätzen gehört die höhlenartige Kammer eines Heiligtums, das der griechischen Göttin

Fresko der Göttin Demeter

195

*In die Grabkammer führt
ein langer Korridor.*

der Fruchtbarkeit, Demeter, geweiht war. Fresken, kostbarer Schmuck und andere Gegenstände wurden hier gefunden. Kertsch hieß zur Zeit der Griechen Pantikapaion und war die Hauptstadt des Bosporanischen Reiches. Die Meerenge war im Altertum als der Kimmerische Bosporus bekannt. Über ihn lief der Handel zwischen dem griechischen Mutterland und der Don-Ebene. Hauptsächlich Getreide wurde vom Don nach Griechenland verschifft, und die Verehrung der Demeter mag mit diesen Getreidetransporten in Zusammenhang gestanden haben. Das Bosporanische Reich bestand über viele Jahrhunderte und wurde erst im 3. Jahrhundert n. Chr. von den Goten überrannt.

In ihrer kulturellen Vielfalt hinterließ die Krim bei uns einen bleibenden Eindruck. Ihre Küsten gehören fraglos zu den interessantesten Regionen Europas. Besonders beeindruckten mich die sichtbaren Zeugen einer mehr als zwei Jahrtausende zurückreichenden, kulturellen und kommerziellen Beziehung der Krim-Region zur antiken Welt des Mittelmeerraums. Die alten griechischen Seefahrer unterhielten enge Kontakte mit den Küsten rings um das Schwarze Meer. Bei unserer Weiterfahrt zur türkischen Küste würden wir auch den Kurs der Argonauten kreuzen, die der Sage nach mit Jason und Herakles bis Kolchis, das heutige Georgien, gelangten.

Es wäre wirklich zu wünschen, daß die Krim enger an den westeuropäischen Kulturkreis herangeführt würde. Die Öffnung der Häfen für Sportboote könnte eine solche Entwicklung beschleunigen.

Auf hoher See

Die Zeit war knapp geworden, und Alexei, mit den Wetterverhältnissen gut vertraut, drängte auf Weiterfahrt. Ein ganzer und ein halber Tag in Kertsch mußten uns deshalb genügen. Für den Nachmittag des 2. Oktober war der Beginn unserer Überfahrt in die Türkei geplant. Ich rechnete mit zwei bis höchstens drei Tagen auf See, und die waren in jedem Fall für den nicht seefesten Alexei und seine Alionka schon eine besondere Belastung.

Angelika und vor allem ich fragten uns besorgt, mit welchem Seegang wir rechnen mußten und wie die Sturdy und ihre Ausrüstung damit fertig würden. Ich bemühte mich deshalb, alle nötigen Vorbereitungen mit größter Sorgfalt zu treffen.

Wir hatten eine Dieselreserve von 1200 l, an Trinkwasser nur 300 l, aber die Entsalzungsanlage funktionierte. Der Motor war geprüft, Ölstand, Kühlwasser und Ruderlager waren in Ordnung. Das Wetter war eher durchwachsen, nur zeitweise schien die Sonne, und eine steife Brise aus NW mit Stärke 4-6 war zu erwarten.

Alexei hatte für die Ausklarierung elf Dokumente vorbereitet. Die Beamten kamen um 15.30 Uhr an Bord, fünf Uniformierte. Obwohl wir glaubten, an alle Papiere gedacht zu haben, verlangte die Öko-Kontrolle auch noch ein Dokument über unsere Einreise in Ismail –

und das konnten wir nicht nachträglich herbeizaubern. Es folgten lange Telefonate über Funk, dann gab man sich zufrieden. Wir machten selbst Angaben über den Wassertank, den Fäkalientank und das Fassungsvermögen der Bilge. Ersatzformulare wurden ausgefüllt. Zuletzt warteten wir auf die private Ausreisegenehmigung für Alexei, mit nochmals neuen Formularen und Stempeln. Doch am Ende sah ich den Grenzbeamten lächeln, als er Alexei die Pässe überreichte.

Um 18.00 Uhr lichteten wir den Anker, und ich steuerte in den gebaggerten Kanal. Es regnete, doch der Wind war nicht zu stark. Unangenehm war nur, daß die Formalitäten so lange gedauert hatten und es jetzt schon dunkelte. Genau das hatte ich vermeiden wollen, weil das Fahrwasser zwischen den Tonnen schwer zu finden war. Die Wassertiefe betrug fünf bis sechs Meter.

Bei 1700 U/min liefen wir 7,1 Knoten. Um 18.45 Uhr stellte ich den vorgesehenen Kurs von 200° ein, und um 19.30 Uhr erreichten wir das Ende der Straße von Kertsch. Die Dünung nahm deutlich zu, lief aber von achtern unter dem Boot hindurch. Wir waren auf offenem Wasser und auf zehn Meter Tiefe. Um Mitternacht las ich ab: immer noch nur zwölf Meter Wassertiefe! Die Luft war trocken, der Wind hatte auf Stärke drei abgenommen. Die Temperatur betrug 27 Grad, und die Dünung von achtern ließ das Boot gieren. Angelika löste mich am Ruder ab und hielt Wache für die nächsten Stunden. Um 04.00 Uhr übernahm ich wieder. Gegen Morgen frischte der Wind erneut auf. Das Deck war trocken geblieben, ein sicheres Zeichen für schlechtes Wetter. Auch das Barometer fiel ständig, aber sehr langsam. Uns blieb also noch eine Frist. Am Vormittag waren es nur noch 85 Seemeilen bis zur türkischen Küste.

Um 11.30 Uhr bekamen wir Besuch von einer großen Schule Delphine. Ich zählte etwa 40 Tiere! So viele Delphine in einer Familie hatte ich noch nie gesehen, und wir freuten uns, daß die Bestände doch teilweise noch erhalten waren. Nun hatten wir den Beweis, daß sich jede Maßnahme zum Schutz der Meeressäuger lohnen würde.

Das Schwarze Meer hat seinen Namen zwar nicht wegen seiner auffälligen Färbung erhalten, aber die tiefe Bläue, das herrliche Tintenblau, das ich auf den Ozeanen und auch im Mittelmeer immer bewundert hatte, das suchte ich während dieser Überfahrt vergebens. Vielleicht war das Wasser gerade hier sehr reich an Nährstoffen, an Plankton oder sonstigen Kleinlebewesen, und wirkte dadurch etwas grau und trübe. Um 12.00 Uhr spielten nochmals Delphine in ausgelassenen Sprüngen um unser Boot, und am Nachmittag blieb wieder eine größere Schule für längere Zeit in der Nachbarschaft. Wir waren voll heller Freude über diese Beobachtungen. Seit vielen Jahren hatte ich nicht mehr so zahlreiche Delphinschulen gesehen. An diesem 3. Oktober waren es insgesamt an die hundert der eleganten Tiere!

Angelika hatte die Gelegenheit genützt und gefilmt. Dabei waren ihr, wie sich später herausstellte, einige sehr gute Szenen gelungen. Weit genug entfernt von den Fanggründen der Küstenfischer, so schien es, gab es also noch eine beachtliche Anzahl dieser Meeressäuger. Dennoch: Um Stör zu fangen, der den begehrten Kaviar liefert, werden hier wie anderswo rücksichtslose Methoden angewendet. Das Ende der großen Fische ist vorprogrammiert, das fürchten nicht nur die Wissenschaftler, sondern auch die Fischer selbst.

Nächtliche Ansteuerung

Das Barometer war inzwischen nochmals gefallen, wir hatten hohen Seegang und Wind der Stärke 5, aber das Boot wurde gut damit fertig. Gegen 16.00 Uhr schrieb ich auf einen kleinen Zettel: »Es wird langsam ernst mit der Ansteuerung von Sinop. Ich bin fix und fertig und habe kaum geschlafen. Angelika ist es durch den Seegang und die Arbeiten bei der Ausfahrt schlecht geworden, und auch Alexei hat sich eine Weile hingelegt. Ich muß jetzt genau Kurs halten, denn wenn wir gegen 21.00 Uhr vor dem Hafen stehen, haben wir kein Tageslicht mehr. Es sind jetzt noch 40 Seemeilen, und wir machen 7,4 Meilen in der Stunde.«

Ich war voll mit der Ansteuerung, der Seekarte und Kurskorrekturen beschäftigt, schrieb aber kurz meine Eindrücke über den Seegang nieder: »In schöner Gleichmäßigkeit rollen die großen Wellen, etwa zwei Meter hoch, unter uns durch. Die Szenerie erinnert mich an ruhige Tage im Passat... Manchmal kommt die Sonne hervor und wirft ein gleißendes, fast schmerzhaftes Licht auf die bewegte See.«

Ich begann, mir ein genaues Bild über die Ansteuerung von Sinop zu machen: Eine weit in die See hinausragende Landzunge schützt in großem Bogen die geräumige Bucht, an deren Ende eine lange Mole den inneren Hafen abgrenzt. Sinop ist ein natürlicher Hafen, dessen Ansteuerung bei Tag überhaupt keine Schwierigkeiten bereitet. In der Nacht sieht alles anders aus, und da ich mich einer völlig fremden Küste mit unbekannten Gebirgszügen näherte, war ich einigermaßen beunruhigt. Auf meinen Fahrten hatte ich einen Landfall bei Dunkelheit immer vermieden. Nach langen Ozeanüberquerungen spielte es auch keine Rolle, ob noch eine Nacht hinzu kam. Hier war es anders. Ich hatte Gäste an Bord, und wir hatten vorher die Stunden, nicht die Tage der Überfahrt gezählt.

Mit Angelika und Alexei besprach ich die Frage, ob wir das Tempo drosseln und die Nacht über auf See herumschaukeln sollten, um dann bei Tageslicht ohne Schwierigkeiten nach Sinop einzulaufen. Aber diese Variante erregte wenig Begeisterung. Wenn ich es für machbar hielte, so baten sie, sollte ich doch bitte so bald wie möglich den Hafen ansteuern. Das war verständlich. Es würde dunkel sein, bevor wir die Felsküste erreichten, aber Mitternacht werden, bis wir hinter der Mole waren.

Das Wunder von Sinop

Die Nacht war schwarz, am Himmel kein Stern zu sehen. Auch die Umrisse der nahen Berge zeichneten sich nicht ab. Nur ein fahler Widerschein der Lichter von Sinop erhellte die tiefhängenden Wolken. Wie weit noch bis zur Küste? Der Seegang, bis zu drei Meter hoch, und zunehmender Wind ließen uns den Hafen herbeisehnen.

Ungeduldig wartete ich auf den Augenblick, in dem das Leuchtfeuer auf der Landzunge vor Sinop in Sicht kommen würde. Laut Karte sollte es auf eine Entfernung von zehn Seemeilen zu erkennen sein. Aber aus unserem Winkel mochte es noch für eine Weile von Felsen verdeckt bleiben. Alexei, Angelika und ich standen an Deck und starrten zum Horizont. Als das Feuer endlich auszumachen war, zeigte der GPS schon eine bedeutend geringere Distanz. Nur mit Hilfe der Satellitennavigation war die nächtliche Annäherung überhaupt zu verantworten.

Waren die undeutlichen Schatten voraus wirklich die Hügel der Halbinsel? Erst das nun schon nahe Feuer des Leuchtturms, der leider nur ein schwaches Licht auf dem Dach eines kleinen Gebäudes war, gab mir die letzte Gewißheit. Dann aber kamen die Küstenformationen schneller heran als gedacht, und wir befanden uns plötzlich viel zu dicht an einigen vorgelagerten Felsen, die unvermittelt vor uns aus der See aufragten. Nur langsam, unendlich langsam, konnte ich die bedrohlichen Schatten in weitem Bogen umfahren.

Die Uhr ging auf Mitternacht, als ich neben den Felsen in die große Bucht steuerte. Die Dünung wurde schwächer, das Boot lag ruhiger. Platsch, platsch, platsch machten die Wellen am Bug. Ich hatte die Geschwindigkeit auf fünf Knoten reduziert. Immer das Ufer im Auge behaltend, tastete ich mich weiter vorwärts. Laut Karte waren einige Hindernisse unter Wasser vorhanden, aber davor lagen Tonnen, einmal sogar eine Leuchttonne. Große Schiffe träumten vor Anker, auch ihnen mußten wir ausweichen. Es dauerte eine weitere

Stunde, bis die Mole und dann, endlich, das grüne Leuchtfeuer auf dem Molenkopf sichtbar wurden.

Es war halb ein Uhr, als wir den Molenkopf rundeten. Im Hafen selbst suchte ich nicht lange nach einem Ankerplatz. Es mußte genügen, wenn ich erst einmal hinter der Mole geschütztes Wasser fand und dann so weit zum Land hin steuerte, daß ich die Ein- und Ausfahrt der Fischerboote nicht behinderte. Angelika ließ den Anker fallen, und als er gegriffen hatte, schaltete sie die Winsch ab und brachte es tatsächlich fertig, innerhalb weniger Minuten einen Mitternachtsimbiß auf den Tisch zu zaubern: eine bewundernswerte Leistung nach den Anstrengungen der Überfahrt. Dankbar aßen wir ukrainisches Brot und Fisch vom Markt in Kertsch. Mit Krimwein prosteten wir uns zu und tranken auf unsere glückliche Ankunft in der Türkei. Danach gingen wir zur Koje und sanken in tiefen Schlaf.

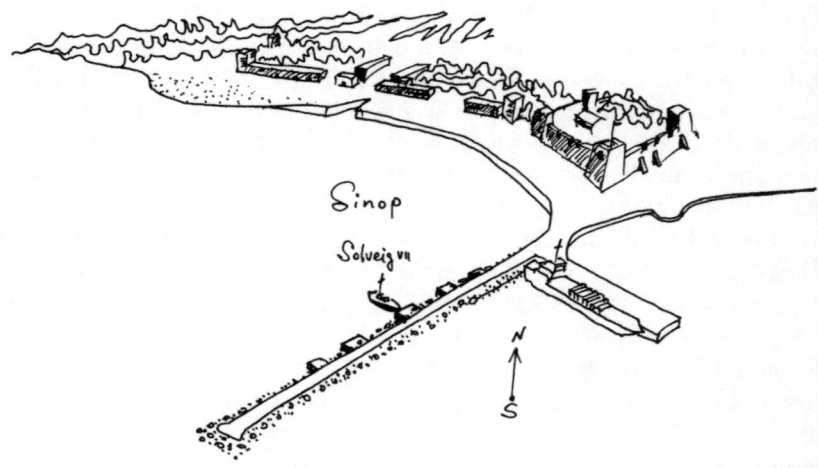

Der 4. Oktober war ein Sonntag. Wir standen später auf als sonst, nur Alexei trieb die Neugier auf die neue Umgebung schon zeitig an Deck. Nach dem Frühstück brachten wir das Beiboot zu Wasser und fuhren zum Kai der Stadt. Vor uns grüßte prominent der zweitausend Jahre alte Wehrturm der einstigen Stadtbefestigung. Sinop hat große Zeiten erlebt. Diogenes, der Zyniker, dem ein Faß als Wohnung genügt hatte, wurde hier geboren. Auch andere große Namen der Ge-

schichte waren mit Sinop oder Sinope, wie es zur Zeit der Griechen hieß, verbunden.

Wir kletterten aus dem Schlauchboot auf den Kai und fanden das Hafenamt mit der Hilfe eines freundlichen Fischers. Doch der stellvertretende Hafenmeister hinter seinem großen Schreibtisch konnte uns an einem Sonntag nicht einklarieren. Höflich wurden wir auf Montagmorgen vertröstet. Unseren für den Nachmittag geplanten Stadtbummel mußten wir also verschieben, denn wir durften das Boot bis Montag nicht verlassen.

Die Hölle im Hafen

Der Hafen machte einen freundlichen, bunten und betriebsamen Eindruck. Trotz des Feiertags arbeiteten die Fischer, ihre Fangschiffe fuhren ein und aus. Längs der Mole dümpelten kleine und größere Fischkutter, vor der Stadt und ihren zahlreichen Restaurants lagen die Boote für Rundfahrten. Im Hintergrund erhob sich die große Mauer des alten Gefängnisses, und davor, auf der ganzen Uferseite zur Stadt hin, reihte sich Bootswerft an Bootswerft. Sinop ist ein Hafen voller Leben.

Ein Fischer rief uns zu, das Boot doch lieber an die äußere Mole zu verlegen und nicht weiter im Fahrwasser zu ankern. Dieser Anweisung folgten wir gerne, konnten wir doch von der Mole aus die Stadt zu Fuß erreichen. Ohne Anweisung des Hafenmeisters hatte ich aber nicht gewagt, einen der von den Fischern genutzten Plätze zu belegen. Wir holten den Anker auf, und ich manövrierte zu einem freien Anleger an der Innenseite der Mole, nahe dem Leuchtfeuer. Ein schwieriges Manöver, denn hier war das Wasser gefährlich flach. Rasch machte ich unsere drei Leinen an rostigen Ringen fest, die ich ein paar Meter entfernt im Beton gefunden hatte.

Wir waren inzwischen alle müde. Nach dem Mittagessen legten sich Alexei und Alionka in ihre Kojen, Angelika arbeitete an Deck. Gegen 17.00 Uhr wurde die Brise, die am Vormittag noch kaum spürbar gewesen war, etwas kräftiger. »Gut, daß wir im sicheren Hafen sind«, dachte ich. Gegen Abend würde der Wind ohnehin nachlassen. Doch es kam anders.

Plötzlich, binnen einer halben Minute, frischte der Wind bis Stärke sieben auf. Der Windmesser zeigte mir, daß er noch weiter, auf volle Sturmstärke, zunahm. Hier konnten wir nicht liegenbleiben, der Anker würde das nicht aushalten. Wir mußten die Festmacher lösen, uns am Anker von der Mole weg auf tieferes Wasser ziehen und neu ankern. Normalerweise ein Routinevorgang, aber jetzt, bei diesem Sturm? Ich brauchte Angelika!

Innerhalb von Sekunden verstärkte sich der Wind nochmals bedrohlich. Angelika saß auf ihrer Koje, hatte von dem plötzlichen Wetterwechsel noch nichts bemerkt und begann eben ein Telefonat mit ihrer Freundin. Ich rannte den Niedergang hinunter und rief: »Aufhören! Kein Telefon! Wir haben Sturm!«

Angelika unterbrach mitten im Satz, doch als wir beide das Deck erreichten, war es eigentlich schon zu spät. Der Anker hatte bereits nachgegeben, das Boot lag fast parallel zur Mauer, und das Heck fing an, gegen den Beton zu schlagen. Ich startete den Motor, aber inzwischen hatte der Wind beinahe Orkanstärke erreicht. Jetzt sollte alles gleichzeitig geschehen: Alexei wecken – Anker dichtholen – Festmacher loswerfen – Leinen kappen! Zu zweit war das nicht zu schaffen. Auch konnten wir unter dem Winddruck kaum mehr stehen. Im Hafen sah ich auf allen Schiffen Männer rennen, arbeiten, Geräte festzurren. Weiße Schaumköpfe flogen über das Wasser. Und doch waren seit den ersten Böen noch keine fünf Minuten vergangen!

Alexei kam nach kurzer Zeit an Deck, doch mir schien es endlos lange zu dauern, denn inzwischen berührte unser Kiel fast die Steine am Grund. Er löste einige Festmacher und warf sie ins Wasser. Ich versuchte, das Boot mit dem Motor von der Mole freizusteuern, aber das Ruder gehorchte nicht, weil wir keine Fahrt machten. Unterdessen schob der Wind unser Schiff zur Seite, der Anker gab nach, und wir wurden auf die scharfkantigen Steine vor der Mole gedrückt. Es krachte – mit gräßlichem Knirschen schob sich der Kiel hart auf die Felsbrocken. Inzwischen hatte sich starker Seegang entwickelt, und der Bootskörper begann, wieder und wieder auf die Steine zu schlagen. Den Motor konnte ich nicht mehr einsetzen, denn ich wollte den Propeller nicht beschädigen. Kam jetzt das Ende für unsere SOLVEIG?

In diesem Augenblick geschah das Wunder!

Eine unglaubliche Rettungsaktion

Ohne daß wir gerufen oder durch Notsignale auf unsere verzweifelte Lage aufmerksam gemacht hätten, kam auf einmal eine Schar Männer vom inneren Teil des Hafens her auf die Mole gerannt. Wo wollten die hin? War ein Fischerboot in Gefahr? Nein – ohne jede Absprache sprangen die Männer in voller Kleidung ins Wasser und begannen, die SOLVEIG von den Steinen herunter zu schieben. Alexei zählte unsere Retter, es waren 28 türkische Fischer!

Als der Kiel frei war, schoben sie die 15 Tonnen schwere und 12 Meter lange Sturdy Stück für Stück weiter. Bis zum Hals im Wasser stehend, brachten sie das Boot mit vereinter Kraft, drückend und keuchend, längsseits an die Pier. Von Angelika und mir ließen sie sich Leinen zuwerfen, ebenso alle Fender, die wir greifen konnten. Dann zogen sie acht Leinen zu verschiedenen Ösen im Beton, so fest, daß sich das Boot nicht mehr bewegen konnte.

Das Ganze lief ab wie ein Spuk, wie im Traum. Wir hatten nicht gesprochen, auch die Fischer hatten keine Erklärungen gegeben oder Fragen gestellt. Es gab in dieser Lage nichts zu reden. Ich hatte den Motor abgestellt, damit sich keiner der Helfer verletzte, und am Ende lag unser Boot – seit Beginn des Aufruhrs war kaum eine halbe Stunde vergangen – fest vertäut, mit zehn Fendern abgepolstert, ruhig an der Betonmauer. Ich meinte, ihm seinen Schrecken noch ansehen zu können.

Erst als sich die Männer entfernen wollten und fragten, ob wir weitere Hilfe bräuchten, begannen wir, das Geschehen ganz zu begreifen. Wir suchten nach Geschenken, ich holte Bargeld in einem Umschlag, aber diese wackeren Seeleute lehnten jede Belohnung ab. So luden wir sie zum Abendessen ein. Drei von ihnen nahmen die Einladung an, alle anderen wollten völlig durchnäßt zu ihren Schiffen zurück.

Nach einer guten halben Stunde kamen unsere Drei zurück, sauber angezogen und mit einem Korb voll frisch gefangener Fische! Einer erbot sich sogar, die Fische zu putzen und zu braten. Angelika kümmerte sich um die Beilagen, und bald saßen wir alle zusammen um unseren kleinen Tisch in der Pantry und genossen eine völlig unerwartete Mahlzeit. So waren schließlich wir die Beschenkten, denn die Fischer hatten sogar Wein mitgebracht!

Auch im nachhinein fällt es mir schwer, an dieses Wunder von Sinop zu glauben, aber es ist so geschehen. 28 Mann kamen uns innerhalb weniger Minuten zu Hilfe und vollbrachten die Rettungsaktion. Die SOLVEIG hatte keinen Schaden erlitten außer ein paar Kratzern an der Bordwand und an der roten Antifouling. Wieder zeigte sich das robuste Stahlschiff einer extremen Belastung gewachsen. Aber wie kam es überhaupt zu der Beinahe-Katastrophe?

Da wir nur einen Tag in Sinop bleiben wollten, hatte ich beim Ankern keine besonderen Vorkehrungen getroffen oder gar einen zweiten Anker ausgelegt. Auch hätte ich besser schon bei den ersten Windstößen die Festmacher loswerfen sollen und den Motor starten. Andererseits habe ich noch nie im Leben einen derart plötzlichen Sturm im Hafen erlebt: binnen fünf Minuten Stärke 10! Wer rechnet damit?

An der Nase herumgeführt

Am Montagmorgen gingen wir wie vereinbart zum Büro des Hafenmeisters. Mit der Einklarierung konnte oder wollte er uns nicht helfen. Das sei nicht seine Sache. Warum wir keinen Agenten nähmen? Der könnte die Formalitäten für uns erledigen. »So aber«, meinte er zweifelnd, »ist das mit dem Einklarieren sehr schwierig. Ein Problem.«

Wieso sollte das schwierig sein? Ich wollte keinen Agenten und lehnte ab. Schließlich hatte ich in der ganzen Welt immer selbst einklariert und hätte mir einen Agenten auch gar nicht leisten können. Agenten arbeiten für die Berufsschiffahrt, sie kosten Geld.

»Dann gehen Sie erst zur Polizei«, meinte der Hafenmeister, und wir machten uns auf den Weg. Wieder wußte man nicht, wer zuständig war. Wir sollten ins Rathaus, und ein Beamter kam mit. Dort gab es eine endlose Sucherei, wir wurden von einem Schalter zum anderen geschickt, erfuhren aber nie, was gesprochen wurde oder worauf wir eigentlich warten mußten. Nichts geschah. Nein, die Papiere seien noch nicht in Ordnung, hieß es zum Schluß.

Also zurück zur Polizei. Der Offizier sagte kopfschüttelnd: »Wir haben ein Problem!« Das schien der einzige Satz zu sein, den die Beamten auf englisch sprechen konnten, der Rest war Achselzucken. Dann meinte er: »Gehen Sie doch zuerst zum Zoll. Bis Sie zurück sind, haben wir vielleicht das Problem gelöst.« Aber der Zoll hatte Mittagspause, das Problem wurde nicht gelöst. Bis wir zurück waren, hatte auch die Polizei Mittagspause.

Alexei und Alionka wurden unruhig. Sie wollten telefonieren, wollten etwas von der Stadt sehen, aber wir hatten noch keine Erlaubnis für den Landgang. Auf der Polizeiwache riet man mir nochmals, doch endlich einen Agenten zu nehmen.

Der halbe Tag war schon vergangen, und ich war erschöpft, bereit, endlich nachzugeben.

»Also gut, wenn der Agent wirklich alles macht?« Blitzschnell griff der Polizist zum Telefon, und 15 Minuten später stand der Wagen des Agenten vor der Tür. Der Herr hatte es eilig: »Geben Sie mir Ihre Papiere, Pässe, alle Dokumente des Bootes und 200 US-Dollar. Bargeld bitte! Die Gebühr können Sie auch nachher zahlen.«

Ich war erst einmal sprachlos. Zweihundert Dollar! Aber was sollte ich tun? Das ganze Theater war offensichtlich inszeniert worden, um mich zu dieser Zahlung zu bewegen. Kein Zweifel, jeder der Herren, mit denen ich verhandelt hatte, würde am Ende seinen Anteil erhalten – vom Agenten. Also stimmte ich zu. Der Agent nickte. Später kam er an Bord und füllte das Carnet aus, das Heft mit dem Cruising Permit. Wir mußten noch bis 16.00 Uhr warten, dann hatte er alle Stempel auf den Papieren.

Er gab mir das Heft und unsere Dokumente zurück, ich legte zwei Hundert-Dollar-Noten auf den Tisch, und nun durften wir endlich offiziell an Land. Immerhin besaßen wir nun ein Cruising Permit und brauchten in der Türkei nicht nochmals einzuklarieren. Außerdem schien mir die Ausgabe in Anbetracht des kostenlosen Wunders vom Vortag erträglich.

Malerisches Sinop

Jetzt gehörte uns Sinop! Glücklich wanderten wir durch die attraktive alte Stadt. Wir schlenderten durch die kleinen Gassen, betrachteten Schaufenster und besorgten frische Lebensmittel. Alexei telefonierte mit seinem Institut in Simferopol und mit seiner Familie. Wir bekamen einen Eindruck von den Geschäften, die zum Teil recht günstige Angebote hatten. Schöne Holzarbeiten gab es in Mengen. Schwierig war es nur mit der Sprache, denn Englisch wurde von den meisten Verkäufern nicht verstanden. Obwohl Sinop als Seebad auf Touristen eingestellt ist, kommen doch relativ selten Besucher aus dem Ausland.

Der Naturhafen kann wegen seiner günstigen Lage auf eine sehr lange und ereignisreiche Geschichte zurückblicken. Viele Schlachten wurden um diese wichtige Bastion am Schwarzen Meer geschlagen, immer neue Befestigungen wurden angelegt. Sinop erhebt darüber hinaus den Anspruch, die älteste Stadt an der türkischen Schwarzmeerküste zu sein. Bis 2000 Jahre vor unserer Zeitrechnung gehen Funde und Überlieferungen zurück. Die wichtigste Periode der Siedlung begann 183 v. Chr., als sie die Hauptstadt des Pontischen Reiches wurde. Unter der Regentschaft von Mithradates VI. im letzten Jahrhundert vor Christus wurden die heute zum großen Teil noch erhaltenen Befestigungen errichtet und später von allen nachfolgenden Herrschern weiter ausgebaut. Die Gesamtlänge der noch erhaltenen Mauern von Sinop beträgt fast dreitausend Meter! Erst vor wenigen

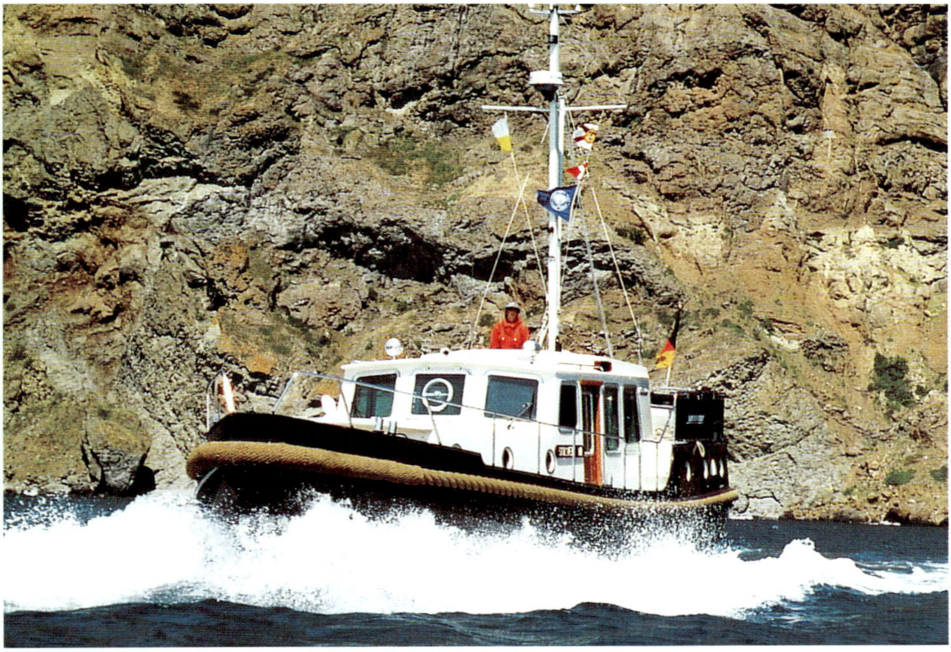

62 *SOLVEIG nimmt Kurs auf die
Küste des russischen Kaukasus.*

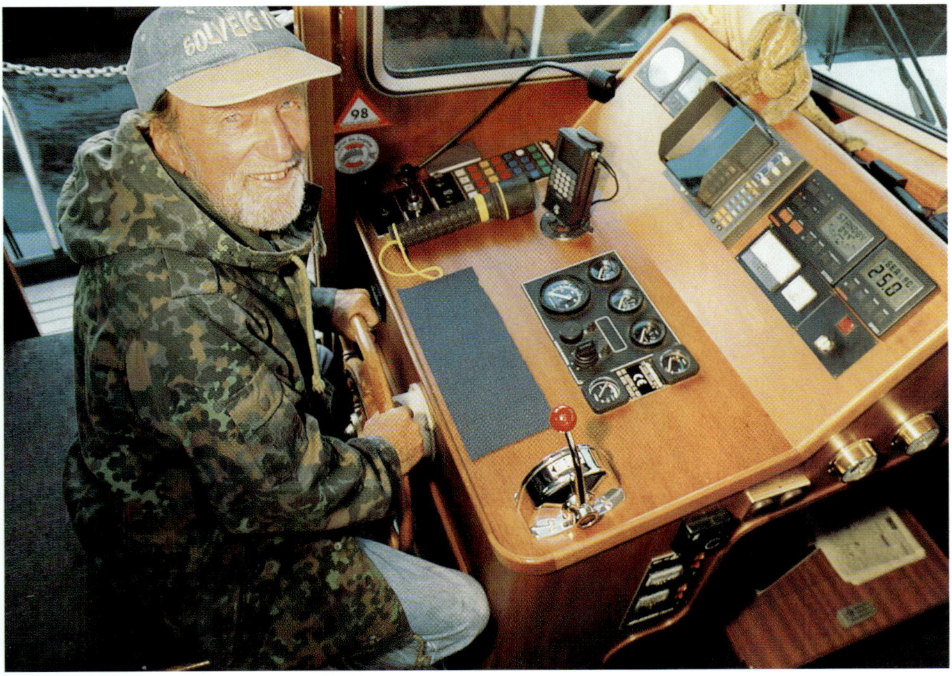

63 *Der Steuerstand: oben als
Zuschauer Hase Lulatsch,
unser Bordmaskottchen auf
drei Weltumsegelungen*

64 *Der Hafen des Kurorts Sotschi, vom Kleinflugzeug aus aufgenommen*

65 *SOLVEIGS*
Winterplatz in
der modern
ausgestatteten
Ataköy-Marina
von Istanbul

66 *Die Pantry –*
oben das
Whiskyfass der
Bordfrau

67 *Windstärke 10*
an der Küste der
Krim. Das
Schwarze Meer
kann sehr stür-
misch werden.

68 *Auch im türki-*
schen Amasra ist
der Sturm so
stark, dass riesige
Mengen Wasser
über die Hafen-
mauer schlagen.

65

66

67

68

69

70

69 *Im Kaukasus*

70 *Nur wenige Kilometer vom Zentrum Sotschis entfernt: die repräsentativen Gebäude des Yachtklubs mit eigenem Hafen*

71 *Die vornehme Welt Russlands trifft sich in Sotschi: Moderne Hotelbauten und prächtige Parkanlagen beherrschen das Bild.*

72 *Zur Tarnung in Grün gestrichen: die geheime Datscha Stalins*

71

72

73 *SOLVEIG VII* im
Bosporus vor
Istanbul, dem Ziel der
Reise

74 Istanbul – Stadt der
prächtigen Moscheen
und Minarette

Jahren hat der Staat das berühmt-berüchtigte Gefängnis geschlossen, dessen massige Wallanlagen ebenfalls bis auf die Zeit des Pontischen Reiches zurückgehen und noch heute das Bild des Hafens beherrschen. Die Stadt will dieses Gefängnis mit seinen vier Meter dicken Mauern als Museum erhalten.

Wir fuhren an den Werften entlang, und ich betrachtete interessiert die vielen großen und kleinen Schiffe, die über Rundhölzer oder Bretter am Strand hochgezogen wurden, um einen neuen Farbanstrich oder neue Ausrüstung zu erhalten. Die Werften von Sinop waren offenbar das Reparaturzentrum für einen weiten Küstenbereich. Es sah malerisch aus, wie die Schiffe, am Strand aufgepallt, in langer Reihe vor dem alten Gemäuer wie vor hundert Jahren auf eine Überholung warteten. Aber – war das noch Europa? Streng genommen nicht. Die Krim und Rußland bis zum Kaukasus gehören zu Europa, aber die Küste der Türkei jenseits des Bosporus ist Teil von Kleinasien. Tatsächlich erinnerte mich die zauberhafte Szene an Häfen in Arabien.

Ein weiterer Behördengang war nicht mehr nötig, wir konnten den Hafen verlassen, wann immer wir wünschten. Das war nach monatelanger Überwachung ein schönes Gefühl. Ich wollte zwischen Sinop und Istanbul wenigstens noch einen weiteren Hafen anlaufen. Aber die Zeit wurde knapp, denn Alexei hatte sich für die Ankunft in Istanbul einen festen Termin gesetzt. Den mußten wir möglichst einhalten, auch wegen der Abfahrtszeit des Schiffes, mit dem er über Odessa zurückkehren wollte. Zusätzlich brauchte ich mindestens einen Tag als »Puffer«, falls wir durch schlechtes Wetter oder andere Schwierigkeiten aufgehalten wurden.

Im Hafen der persischen Prinzessin

Ich suchte also einen Hafen, der landschaftlich und vom Stadtbild her interessant war und gute Liegeplätze versprach. Meine Überlegungen konzentrierten sich auf das 120 Seemeilen entfernte Amasra. Schon der Name gefiel mir, er leitete sich ab von der persischen Prinzessin Amastris, die im dritten Jahrhundert v. Chr. dort lebte und regierte.

Ich rechnete mir aus, daß wir Amasra in 24 Stunden erreichen konnten. Unser Kurs verlief entlang der Küste, immer von einem der großen Kaps zum nächsten, und der Autopilot steuerte das Boot zuverlässig mit einer Geschwindigkeit von 6,5 Knoten.

Es herrschte wenig Schiffsverkehr vor der Küste, aber der Wachhabende mußte dennoch ständig Ausschau halten, insbesondere nach Bojen oder kleinen Fischerbooten, die oftmals ohne Licht zwischen den Wellenkämmen schaukelten. Der Wind war leicht, 2 bis 3 Beaufort, und Angelika machte Filmaufnahmen an Deck, um die prächtige Vollmondstimmung einzufangen.

Nach Sonnenaufgang schrieb ich: »Ein herrlicher Morgen. Ostwind Stärke 4, weiße Wolken über den grünen Bergen an der Küste, leichter Dunst. Das Meer leuchtet grün-grau. Die See ist etwas grob. Wind und Wellen aus Osten treiben uns vorwärts, aber die Strömung steht entgegen. Wir kommen dennoch gut voran.« Die Sonne beleuchtete eine bewaldete Steilküste mit bis zu 900 Meter hohen Bergen im Hintergrund. Die Dörfer lagen in tiefen Tälern dazwischen. Nur bei einer Flußmündung entdeckten wir ein Hotel hinter weißem Sandstrand.

Das gute Wetter hielt an, aber auch die Gegenströmung mit einer Stärke von zwei Knoten. Gegen 16.00 Uhr des nächsten Tages erreichten wir Amasra und ankerten in der Mitte des geräumigen Hafens neben drei großen Frachtschiffen, nachdem wir eine Runde gedreht und weder am Kai noch an der Mole einen Platz gefunden hatten. Der Schreck von Sinop war noch nicht überwunden, und ich fühlte mich sicherer mit etwas Freiraum rundum.

Die kleine Hafenstadt wirkte romantisch und geheimnisvoll. Alte Festungsmauern, die viele Jahrhunderte überlebt hatten, finstere Tore und dazwischen immer wieder helle Wasserflächen, denn auch Amasra liegt an einer kleinen Halbinsel, die auf beiden Seiten geschützte Buchten bildet. Von den Hügeln und den alten Mauern öffnet sich überall der Blick aufs Meer. Frohgestimmt wanderten wir durch die schmalen Gassen und bewunderten die alten Gemäuer aus großen Steinblöcken, die ohne jeden Zement oder Mörtel genau passend aufeinander lagen.

Hinter jeder Biegung der Straße entdeckten wir neue Ausblicke. Viele Holzwaren und Schnitzereien wurden in netten kleinen Andenkenläden angeboten. Wir kauften zwei Klappstühle für einen Dollar das Stück und noch einen großen Suppenlöffel aus Holz. Wir bewunderten auch schöne alte Holzhäuser im Stil der Ottomanischen Periode, viele davon noch bewohnt. Die Hauptsehenswürdigkeit von Amasra aber ist die genuesische Festung aus dem 15. Jahrhundert.

Von ihrem oberen Wall bietet sich die beste Aussicht auf beide Hafenteile. Auf einer Seite liegt der große Hafen mit seiner Mole und den zahlreichen Schiffen und Booten. Auf der anderen Seite blickt man auf einen kleinen Naturhafen zwischen Felsen, der aber nur für Ruderboote geeignet ist, die auf den Strand gezogen werden.

Der zweite Sturm

Das Wetter war windig, und gegen Abend nahm die Brise erneut Sturmstärke an. Alexei hatte recht gehabt mit seiner Warnung vor dem Herbst an dieser Küste. Doch unser Ankerplatz schien mir gut geschützt, abgesehen von einem breiten Schwell, der um die Mole herum in den Hafen lief. Erschrocken beobachteten wir, wie die gewaltige Dünung, die sich draußen auf dem Meer aufgebaut hatte, gegen die breite Mole anrollte. Besonders große Wellen schütteten ihre Wassermassen über die hohe Mauer, von dort auf die Straße und noch weiter über die Boote, die an der Innenseite der Mole lagen. Das sah beängstigend aus, und das donnernde Getöse der Wogen, die von außen gegen die Mauer anstürmten, verstärkte noch den Eindruck der Naturgewalten. Bei Einbruch der Dunkelheit kam ein großes Frachtschiff in den Hafen und ankerte dicht vor uns. Der Kapitän suchte offenbar Schutz vor dem Sturm. Am nächsten Tag erfuhren wir, daß alle Frachtschiffe, die in Amasra ankerten, wegen des Sturms eingelaufen waren. Zwei Tage zuvor hatte ich an der Mole von Sinop fast das Boot verloren, und nun wurde ich durch den Nachbarn bedrängt. Ob sein Anker hielt?

In der Nacht wachten wir auf, hörten Rufe und Kommandos, sahen das Licht von Scheinwerfern. Was war los? Das Heck des Frachters war plötzlich ganz nahe! An Deck sahen wir Männer umherrennen und hörten sie schreien. Das etwa 3000 Tonnen große Schiff war tatsächlich gedriftet, und es driftete noch weiter! Sein Heck kam uns immer näher.

Der Wind pfiff und heulte. Da der Dampfer vor uns an der Kette hin und her schwojte, wurde unsere Lage bedenklich. Ich war verzweifelt. Was war los an dieser Küste? Woher kam dieser teuflische Wind? Waren die hohen Berge schuld, an denen sich der Seewind staute? An Schlaf war nicht mehr zu denken. Wir mußten beobachten, wie sich das offenbar nicht mehr kontrollierbare Schiff verhielt, das uns ohne weiteres versenken konnte.

Noch lagen 30 Meter Raum zwischen uns und dem großen, dunklen Heck des gefährlichen Nachbarn. Die Besatzung ließ ein Boot zu Wasser und brachte eine etwa zweihundert Meter lange Trosse zur anderen Seite des Hafens, zur Mole, hin aus. Na, wunderbar! Nun waren wir eingesperrt, unser Fluchtweg nach draußen, in die offene Hälfte des Hafens, war abgeschnitten. In den ersten Morgenstunden kam das Beiboot zu uns, und die Männer forderten uns auf, den Ankerplatz zu verlassen. Er sei zu gefährlich geworden, ihr Schiff hätte Maschinenschaden, und die Trosse könne jeden Augenblick brechen. Ich sah mir den Frachter daraufhin genauer an und fragte mich, wieso ein derart verrostetes Wrack überhaupt noch auf die offene See hinaus und in einen Hafen hinein durfte. Aber wenn man bedenkt, wie viele derart angerostete Transporter aus den verschiedenen Ostblockländern das Schwarze Meer befahren, braucht man nicht lange nachzudenken. Genau besehen ist es eine Tragödie, was sich in den Handelsflotten der GUS-Staaten abspielt.

Wir verholten uns an eine neue, enge Stelle zwischen den Fischerbooten. Gegen 09.00 Uhr wollten wir die Weiterfahrt zum Bosporus antreten, aber die Trosse des Frachters sperrte noch immer den Hafen. Wir baten um die Entfernung des dicken Tampens, wurden zunächst aber rundweg abgewiesen. Schließlich einigten wir uns darauf, daß die Trosse für eine Minute abgesenkt wurde, damit wir durchfahren konnten. Das war ein verdammt riskantes Spiel. Wenn die Trosse zu früh wieder angezogen wurde, etwa durch einen Windstoß, dann mußte sich unser Schiffchen darin verfangen und kentern.

Angelika holte den Anker auf, ich drehte einige Kreise vor der Sperre, und nach geraumer Zeit senkte sich die Trosse. Knapp zwei Meter unter der Oberfläche war sie noch zu sehen, wir würden gerade eben darüber hinweggleiten können. Mit hoher Drehzahl des Motors und angehaltenem Atem rauschten wir über das Hindernis. Es war ein nerviges Manöver, aber die Schutzengel blieben uns treu.

Eine letzte Atempause

Weitere Häfen wollten wir nicht mehr ansteuern, unser Ziel hieß Istanbul. Zwei Tage und zwei Nächte rechnete ich bis zur Einfahrt in den Bosporus, diese grandiose Meerenge, die zusammen mit den Dardanellen eine natürliche Wasserstraße zur Ägäis und zum Mittelmeer bildet. Für mich ist allein schon die Vorstellung aufregend, daß große Schiffe durch diese Meerengen und später durch die Straße von Gibraltar von den Strömen Rußlands bis in den Atlantik und weiter nach Amerika und in die ganze Welt gelangen können.

Als wir uns zwei Tage später der Einfahrt zum Bosporus näherten – die Nacht über waren wir in reichlichem Abstand zur Küste geblieben –, tauchten als dunkle Schatten die Umrisse der Berge auf. Zuerst blickten wir in mehrere tief eingeschnittene Buchten, doch kurz danach öffnete sich zwischen den Bergen, die steil aus der See ragten, mit einem Mal die gewaltige Wasserstraße. Jetzt konnten wir auch beobachten, wie von verschiedenen Seiten, von den Häfen des Schwarzen Meeres her, große und kleine Schiffe Kurs auf die breite Einfahrt nahmen.

Es konnte nicht schaden, sagten wir uns, wenn wir vor der geplanten Ankunft in der Ataköy-Marina noch einmal eine ruhige Nacht vor Anker verbrachten. Dafür bot sich ein kleiner Hafen an, der nur eine Seemeile hinter der Einfahrt zum Bosporus lag und hauptsächlich von Fischerbooten oder am Wochenende von Yachten aufgesucht wurde. Eine Ortschaft gab es dort nicht, nach den Angaben im Yachtführer aber einen kleinen Lebensmittel-Laden, einen großen Badestrand und ein Minarett. Poyraz heißt dieser hübsche, durch zwei große Wellenbrecher und eine felsige Landzunge gut geschützte Nothafen auf der asiatischen Seite des Bosporus. Und so nett der Hafen im englischen »Cruising Guide« beschrieben war, so nett fanden wir ihn auch vor: viel Platz zum Ankern, genügend Wassertiefe, kein Lärm, nahes Ufer. Wir landeten im Beiboot und stiegen den steilen Pfad hinauf zu einigen Häusern am Hang, um noch einmal frisches Obst und Gemüse zu besorgen. Von dort hatten wir einen wunderbaren Blick auf den Hafen und auf die mit Fahrzeugen aller Art dicht befahrene Meeresstraße. Die Nacht in dem ruhigen Winkel, schon fast ein kleines Paradies, tat uns gut. Am Morgen nahmen wir die Fahrt wieder auf, Istanbul entgegen.

Im Slalom durch den Bosporus

Der Bosporus, den wir in seiner ganzen Länge durchfuhren, ist einer der attraktivsten Wasserwege der Welt. Alte Burgen, Moscheen, Schlösser, Paläste und elegante Villen säumen die Ufer. Wir hielten uns auf der europäischen, der rechten Seite der Straße. So ist es vorgeschrieben. Außerdem gibt es dort auch mehr zu sehen. Riesige Brücken überspannen die Meerenge, auf der immer dichterer Verkehr herrschte, je mehr wir uns der Metropole Istanbul näherten. Fähren, Ausflugsschiffe, Frachter, Tanker, dazu viele große und kleine Fischkutter, alle kurvten munter drauflos, und der Rudergänger mußte ständig reagieren, um eine Kollision zu vermeiden. Besonders galt das im Zentrum des Hafens von Istanbul vor dem berühmten Goldenen Horn. Die Fähren, die den Verkehr zwischen Asien und Europa im Fünf-Minuten-Takt aufrechthalten, steuern gnadenlos ihren Kurs. Man kann es sich kaum erlauben, das Panorama zu betrachten. Von der Höhe des Hügels über der Altstadt grüßen die Minarette und die Kuppel der Hagia Sophia, aber man darf nur für Sekunden nach dem Land hin sehen, zuviel Bewegung herrscht auf dem Wasser. Hat man dieses Zentrum erst einmal überquert, läßt die Dichte des Verkehrs rasch nach. Dahinter beginnt das Marmara-Meer, und dort ankern in langer Reihe die Frachtschiffe, die auf Abfertigung warten.

Wir hatten noch ein paar Meilen vor uns, denn unser Ziel war die Ataköy-Marina mit den sichersten und angenehmsten Liegeplätzen in der Region. Unsere Ankunft hatte ich schon lange im voraus angekündigt. Als wir nämlich in Laspi lagen, kam eine Gruppe von Segelyachten aus der Türkei, unter ihnen auch einige deutsche Segler, zu einem kurzen Besuch an die Küste der Krim. Es war eine Geschwaderfahrt unter der Schirmherrschaft der Ataköy-Marina, organisiert vom Kommodore des Ataköy-Yacht-Clubs, dem Geschäftsmann Teoman Arsay aus Istanbul. So lernten wir Teoman kennen, der uns für das Winterlager in seine renommierte Marina einlud.

Über Handy meldeten wir unsere Ankunft und erhielten auch sogleich die Bestätigung, daß ein Liegeplatz für uns bereit sei. Die Anlagen der Ataköy-Marina kann man ohne Übertreibung als exzellent bezeichnen. An die 700 Boote verschiedenster Größe und Bauart, unter ihnen eine große Anzahl Luxusyachten, haben an den gepflegten Stegen ihren ständigen Liegeplatz gefunden. Im übrigen ist einschließlich einer erstklassigen, vierundzwanzigstündigen Bewachung alles vorhanden, was der Sportbootfahrer benötigt. Wasser und Strom für jedes Boot sind selbstverständlich, aber auch Telefonanschluß kann eingerichtet werden, soweit sich das nicht dank Handy erübrigt.

Wir wußten, daß wir die SOLVEIG VII ohne Sorge in der Obhut der Marina mit ihren Werkstätten, Ingenieuren und Wachen zurücklassen konnten. Für die Reinigung des Unterwasserschiffs und einen frischen Antifoulinganstrich sollte unser Boot ohnehin an Land gebracht werden, und ich entschied mich deshalb, es während der Wintermonate auf einem trockenen Platz neben den Werkstätten aufzulegen.

Für uns begann nun die mühsame und langwierige Arbeit des Verpackens und Aufklarens, nachdem wir Alexei und seine Frau verabschiedet hatten. Die Vorbereitungen für das »Einmotten« des Bootes wurden uns aber dadurch erleichtert, daß die Marina im Zentrum eines erstklassigen Geschäftsviertels und in der Nähe großer Einkaufszentren lag. Als alles geschafft war, verließen wir Istanbul mit dem festen Entschluß, im nächsten Frühjahr unsere erfolgreiche Expedition zum Schwarzen Meer fortzusetzen.

Abenteuer Kaukasus

Mit einem Seesack voller Pläne und Hoffnungen kehrten wir nach Istanbul zurück. Sechs lange Wintermonate hatte unsere SOLVEIG VII in der Ataköy-Marina verbracht. Als ich Ende April, vom Flughafen kommend, wieder an Bord kletterte, konnte ich erleichtert aufatmen: vom Bug bis zum Heck, innen und außen, befand sich das Boot in gutem Zustand. Nur eine dünne Schicht Staub von der nahen Straße, die sich zum Teil sogar im Lack festgesetzt hatte, erforderte eine umständliche Reinigung.

Mehrere Tage blieb das Boot zur Aufbringung der Unterwasserfarbe noch an Land, dann wurde es mit dem Travellift wieder seinem Element übergeben. Ich war glücklich, als ich die sanfte Bewegung des Wassers unter mir fühlte. Angelika traf eine Woche später ein, und gemeinsam besorgten wir unsere Vorräte für die mehrmonatige Fahrt. Ein Auto stand uns dabei nicht zur Verfügung, aber mit Fahrrädern konnten wir innerhalb des Stadtviertels alle nötigen Einkäufe in kurzer Zeit bewältigen. Das eigentliche Zentrum der riesigen Stadt lag etliche Kilometer entfernt, das erreichte man am besten mit der S-Bahn oder mit dem Taxi auf der Schnellstraße.

Auf diesem Weg gelangten wir auch zum Goldenen Horn und weiter zum zentralen Abfertigungsgebäude der Hafenbehörde. Hier mußte ich ein Transit-Log für die Zollabfertigung bei der Ausreise beantragen. Um Zeit zu sparen, wie ich glaubte, beauftragte ich mit den weiteren Behördengängen einen Agenten, der mir vom Büro der Marina vermittelt wurde. Der Agent wiederum beauftragte einen Gehilfen mit dieser scheinbaren Routinearbeit, was zu lästigen Komplikationen führte. Eine Ausklarierung aus dem NATO-Land Türkei nach der Ukraine war nämlich keineswegs Routine.

Ich hätte mich daran erinnern sollen, daß noch in den siebziger Jahren, als ich zum ersten Mal durch die Meerengen segelte, eine Fahrt zur anderen Seite des Schwarzen Meeres überhaupt nicht genehmigt wurde. Zu allem Überfluß hatten wir einen russischen Staatsbürger auf der Crew-Liste stehen, der noch nicht einmal anwesend war. Denn Freund Sascha sollte uns auch auf diesem Törn begleiten, würde aber erst in einigen Tagen, am 10. Mai, an Bord kommen. Gleich nach seiner Ankunft wollten wir in See gehen. Mit diesem Ablauf war der Gehilfe jedoch zweifellos überfordert. Seine Angaben auf den Formularen waren verworren und wurden von der Polizei nicht akzeptiert. Keine der Eintragungen stimmte mit der Crew-Liste, den Pässen und den übrigen Dokumenten überein. Noch nie, so schien es, hatte eine einzelne Yacht von Istanbul zur anderen Seite des Schwarzen Meeres, in die Ukraine, ausklariert. Bei der Hafenbehörde wußte niemand, wo Sewastopol überhaupt lag. »An der Ostsee«, meinte ein Beamter.

Wie es dem Agenten am Ende doch noch gelang, an unserem Abfahrtstag ein gestempeltes Dokument der Ausklarierung zu beschaffen, ist mir rätselhaft. Jedenfalls enthielt das Papier nicht Saschas Namen. So verließ ich am 11. Mai die Ataköy-Marina mit Angelika und einem »illegalen« Crewmitglied. Aber wir brauchten Saschas Mitarbeit als Dolmetscher und Kameramann.

Wiedersehen mit Sewastopol

Bei kühlem Wetter, aber strahlendem Sonnenschein liefen wir durch den Bosporus hinaus aufs Schwarze Meer. Auch Sascha war beeindruckt von der großartigen Szenerie der Wasserstraße, den Palästen, Moscheen und dekorativen Privatvillen zu beiden Seiten. Es ging ihm nicht gut, er hatte sich bei seiner letzten Show erkältet, war völlig heiser und versuchte, sich nur mit Zeichen oder flüsternd zu verständigen. Immerhin konnte er sich auf seiner Koje ausruhen, denn ruhig glitt die Sturdy über die blauen Wogen. Wir nahmen direkten Kurs auf Sewastopol.

Vom Ausgang des Bosporus bis zur Krim sind es rund 300 Seemeilen, und ich hoffte, unseren Zielhafen nach der zweiten Nacht auf See zu erreichen. Zu meiner Freude war das Boot durch den neuen Antifoulinganstrich um gut einen Knoten schneller geworden und machte sieben bis acht Seemeilen in der Stunde. Ruhig brummte der Motor während der Nacht, des nächsten Tages und einer weiteren Nacht sein Lied.

Am frühen Morgen des 13. Mai gegen 06.00 Uhr kam die Küste in Sicht, und bald erkannte ich die Konturen der Felsen und Bauwerke. Zum zweiten Mal standen wir vor der Einfahrt nach Sewastopol, dem aus fjordartigen Einbuchtungen bestehenden Kriegshafen an der Südwestspitze der Krim, der seine Landzungen wie Finger ins Meer hinausstreckt. Nach den guten Erfahrungen im vorigen Jahr erwarteten wir das Wiedersehen mit Freude und Spannung. Ebenso freuten wir uns auf Alvidas, der uns wieder bei den Formalitäten helfen wollte.

Der Wind war in den frühen Tagesstunden bedeutend kräftiger geworden, das Boot rollte heftig von einer Seite auf die andere, deshalb hatte ich die Fahrt verlangsamt. Geschirr und Gläser in der Kombüse, aber auch die Karten und das Navigationsbesteck fingen an zu rutschen, und Angelika beeilte sich, alles zu sichern. Mit der Einklarierung mußten wir noch eine Weile warten, denn wir waren trotz der reduzierten Fahrt viel zu zeitig angekommen.

Um 07.00 Uhr rief Sascha auf Kanal 16 nach Alvidas. Das war nicht ganz legal, aber der Tausendsassa Alvidas hatte ständig ein Seefunkgerät bei sich, um auch im Auto – oder wie an diesem Morgen im Bett – erreichbar zu sein. Tatsächlich meldete er sich sofort: »Ich informiere die Behörden, aber ihr müßt vorläufig noch warten.«

Nach einer Stunde hilfloser Schaukelei auf der immer höher gehenden See erfuhren wir, daß vor 08.00 Uhr keine Abfertigung möglich war. Außerdem lag Sewastopol in einer anderen Zeitzone, hier war es erst 06.00 Uhr. Das hatte ich übersehen. Der Wind nahm stetig zu, aber wir mußten weitere zwei Stunden vor der Küste schaukelnd unsere Runden drehen. Erst gegen 09.00 Uhr erhielten wir die Erlaubnis, in den Hafen einzulaufen. Aber was für ein Hafen! Sewastopol war auch beim zweiten Besuch ein Erlebnis. Die U-Boot-Sperre mit ihren roten Tonnen lag noch immer in der Einfahrt. Aus den Schießscharten von Fort Konstantin gegenüber grüßten uns die alten Kanonenrohre. Ganz oben, auf dem Dach des Forts, war eine Plattform errichtet für die Wachen, die sicherlich jede Bewegung der SOLVEIG registrierten.

Wirklich keine Ratten an Bord?

Wir näherten uns der Stadt und wurden aufgefordert, am selben Platz wie im vorigen Jahr anzulegen, am Kai neben dem »Grafentor«. Wir machten neben einem alten Frachter aus Georgien fest, der offenbar seine Schulden nicht bezahlen konnte und deshalb Soldaten als Wache an Bord hatte. Nach einer Stunde trat Alvidas aus dem Bürogebäude und erklärte, daß es Schwierigkeiten gäbe und wir noch Geduld haben müßten. Mehr wollte er nicht sagen. Nun gut, dachte ich, Geduld hatten wir immer gebraucht, Hauptsache, unser erstes Ziel war erreicht. Ich freute mich auf den schönen Yachthafen von Chersones, auf die Ausgrabungen, auf das Amphitheater.

Nach einer weiteren Stunde begann die übliche Prozedur. Die Beamten von Immigration und Zoll kamen an Bord; die großen Tellermützen tief ins Gesicht gezogen, wagten sie den Sprung vom Kai auf unser Achterdeck. Dann setzten sie sich an den Tisch im Salon, legten ihre Kopfbedeckung ab und öffneten die Aktentaschen. Sorgfältig vermieden sie auch nur das kleinste Lächeln. Sascha dolmetschte, ich unterschrieb Formulare und druckte zusätzliche Crew-Listen mit dem Laptop aus.

Später kamen die Vertreter des Hafenmeisters, dann die Gesundheitsbehörde und das Umweltamt. Zum Schluß – ich dachte schon, alles sei vorüber – meldeten sich noch zwei sehr höfliche Herren in weißen Arztkitteln.

»Hast du ein Entrattungs-Zertifikat?« übersetzte Sascha.

»Nein, habe ich leider nicht.«

Die Weißkittel nahmen Platz und machten bedenkliche Gesichter, zogen Formulare aus der Aktentasche und begannen mit ihren Eintragungen.

»Hast du schon einmal Ratten an Bord gehabt?« fragte Sascha in ihrem Auftrag.

»Nein! Auf diesem Boot ganz gewiß nicht.«

Nach einer Weile, in der sich die Herren Notizen gemacht und sich auch nach unserer Gesundheit erkundigt hatten, wieder ein Nachhaken: Ob ich in letzter Zeit irgend etwas bemerkt hätte, ein Geräusch vielleicht? Oder daß Lebensmittel angeknabbert waren?

Ich konnte alles verneinen.

»Dürfen sich die Spezialisten an Bord umsehen?«

»Aber bitte«, antwortete ich, nun doch etwas beunruhigt. Tatsächlich gingen die beiden mit Sascha, der die nötigen Erläuterungen gab, zuerst in die Pantry, dann in unseren Schlafraum und sogar in die Kleiderkammer. Fast hätte ich selbst geglaubt, eine Ratte an Bord zu haben! Zum Schluß unterzeichneten sie ihr Formular und schrieben die Rechnung.

Ich zahlte, in Dollar natürlich, und besaß zum ersten Mal in meinem langen Seglerleben ein Entrattungs-Zertifikat! Ich hätte das Dokument vielleicht sogar eingerahmt wie die Handwerker ihren Meisterbrief, wären die kyrillischen Buchstaben nicht so schwer zu lesen.

Eine absurde Vorschrift

Endlich konnte Alvidas an Bord kommen. Wir umarmten uns, es war wie die Heimkehr in eine Familie. Angelika brachte Wodka und Kaffee, und wir dankten Alvidas für seine Hilfe. Er aber machte ein besorgtes Gesicht. »Freut euch nicht zu früh«, sagte er in seinem etwas sparsamen Englisch. »Ihr seid zwar einklariert und dürft auch bleiben. Aber nur hier.«

»Was heißt ›nur hier‹?«

»Hier, in Sewastopol, nur an diesem Kai«, betonte Alvidas. »Nirgendwo sonst auf der Krim, auch nicht in Laspi. Du darfst nicht einmal in den Yachtklub, auch nicht nach Balaklawa. Wärt ihr ein paar Tage früher eingetroffen, dann wäre alles wie im vorigen Jahr gelaufen, aber jetzt ist eine neue Vorschrift ergangen.«

Ich muß ein sehr entsetztes Gesicht gemacht haben, denn er wollte mich trösten: »Nach Jalta kannst du fahren, aber dann mußt du in Sewastopol ausklarieren und in Jalta neu einklarieren, als kämst du aus dem Ausland. Ich bin selber unglücklich über die Einschränkungen, aber der neue Kommandant der Küstenwache hat diese Verordnung erlassen.«

So ist das Leben – man muß vieles hinnehmen, so wie es kommt. Das sage ich mir heute, doch damals war ich wie vor den Kopf geschlagen. All unsere Pläne für den neuen Törn schienen plötzlich hinfällig. Ich hatte gute Lust, wieder zurückzufahren, so wütend war ich. Diese neue Vorschrift verstieß gegen jede internationale Gepflogenheit für Yachten. Nach der förmlichen Einklarierung bei Polizei und Zoll sollte man eigentlich ohne weitere Formalitäten Ankerplätze im näheren Küstenbereich aufsuchen dürfen. Ausgerechnet hier, in der Ukraine, wo die Menschen sich so viel Mühe gaben, den Tourismus und den Besuch ausländischer Yachten zu fördern, wurde eine solche Sperre verhängt! Viele Persönlichkeiten hatten mich im Vorjahr noch gefragt: »Was können wir tun, um für unsere Häfen Werbung zu machen?«

Es war grotesk. In Aluschta zum Beispiel hatte sich ein Konsortium gebildet, das mit deutscher Beteiligung eine Marina für 600 Boote bauen wollte. Da hatte man sicherlich zu hoch gegriffen, und die Pläne verstaubten nun in der Schublade, denn jetzt würde sich das Projekt auch in bescheidenem Maß nicht mehr verwirklichen lassen. Ich dachte auch an den armen Igor in Balaklawa. Seine schönen Hoffnungen auf die Besuche fremder Yachten konnte er jetzt begraben. Und wir? Was würden wir tun? »Ich fahre euch in meinem Auto über die Krim, wohin ihr wollt«, schlug der immer optimistische Alvidas vor. »Und ich kann euch auch einen Flug über Sewastopol vermitteln.«

Hatte ich nicht schon im Vorjahr ein Flugzeug chartern wollen? Das war eine glänzende Idee.

Ein Kriegshafen aus der Luft

Schon am nächsten Morgen fuhr uns Alvidas zu einem kleinen Flughafen am Stadtrand. Ein gutes Dutzend Flugzeuge verschiedener Typen standen dort in langer Reihe auf einer Wiese am Rand des Rollfelds. Einige von ihnen befanden sich in trostlosem, kaum mehr gebrauchsfähigem Zustand. Aber es fehlte am Geld, die Wracks zu entsorgen oder auch nur anderswo abzustellen. Andere Maschinen mochten noch flugtauglich sein. Zwei Baracken standen am Ende der

Blick aus dem Flugzeug auf Chersones und Sewastopol.

Straße, offenbar mit Büro- und Arbeitsräumen. Dort verschwand Alvidas für eine Weile. Als er zurückkehrte, meldete er stolz: »Ihr könnt in einer halben Stunde starten!« Der Flugplatz gehörte anscheinend zu einem Klub, der sich aus ehemaligen Sowjetoffizieren und -piloten zusammensetzte. Ich beobachtete geschäftiges Treiben, an einem Tankwagen wurde gearbeitet.

Alvidas brachte uns zu einem der Flieger. Der kleine Hochdecker sah nicht gerade neu aus. Unser Pilot öffnete die Tür, wir durften einsteigen, er startete den Motor, und während er lief, füllte ein Mechaniker den Tank auf. Mir kam das gefährlich vor, aber der Mann schien zu wissen, was er tat. Nach zehn Minuten war die Maschine aufgetankt, und unser Pilot setzte sich in die Kanzel. Der kräftige Mann in seinen Fünfzigern war, wie wir später erfuhren, ein Kunstflieger mit den höchsten Auszeichnungen. Das Flugzeug hoppelte über die Wiese, dann hoben wir ab, und schon nach wenigen Minuten hatten wir freien Blick auf die verzweigten Buchten des Hafens und die zahlreichen Kriegsschiffe.

Ich bat den Piloten, eine zweite Runde über Sewastopol zu drehen und auch über Chersones, wo wir im vorigen Jahr so schöne Tage verbracht hatten. Der Blick von oben auf die Ausgrabungen zeigte

222

deutlich, wie meisterlich es die alten Griechen verstanden hatten, die Stadt an der Küste so anzulegen, daß ihre Schiffe geschützt landen konnten und die Stadt von See her einen prächtigen, harmonischen Anblick bot. Von Chersones aus flogen wir immer neue Kurven über den Felsen der Küste, jedes Kap dicht umkreisend. Nach einer großen Schleife über der Bucht von Balaklawa begann unser Pilot den Rückflug, nochmals an der phantastischen Küste entlang, über Chersones und den Kriegshafen.

Anschließend setzten wir uns mit ihm und Alvidas zu einem Gespräch in der Baracke zusammen und erfuhren, daß unser Pilot ein russischer General und begeisterter Hobbyflieger war. Er war einige Zeit in der DDR stationiert gewesen und fand viele lobende Worte über Deutschland und die Deutschen. Es war schier unglaublich: Ein russischer General hatte mich, den einstigen Belagerer, über die weltbekannte Festung geflogen, das Kleinod des russischen Reichs. Kühn geworden, überlegte ich mir weitere Möglichkeiten: »Wie wäre es mit einer Runde durch den großen Kriegshafen von Sewastopol?« fragte ich Sascha.

»Das kannst du nicht machen, du darfst die SOLVEIG von hier nicht fortbewegen!« Er war richtig erschrocken.

»Klar, das weiß ich, aber vielleicht findest du ein hiesiges Boot, das uns fährt?«

Zwischen der Schwarzmeer-Flotte

Sascha versuchte es bei mehreren Skippern, die aber alle ablehnten. Schließlich gelang es ihm, die Besitzerin eines Motorbootes zu einer Rundfahrt durch den Kriegshafen zu überreden. Er war ganz aufgeregt: »Ihr dürft die Kameras möglichst nicht sehen lassen, aber wenn wir den Fahrpreis für das ganze Boot bezahlen, dann fährt sie uns.«

An der »Grafentreppe« stiegen wir ein. Wir waren allein in dem ziemlich großen Fahrzeug und verteilten uns auf mehrere Bänke, so daß das Boot fast leer aussah. Die Eignerin, um die Fünfzig, etwas beleibt und sehr resolut, eben ein Marktfrauentyp, saß auf der Heckbank, ihr Sohn steuerte. Zum Glück wußte sie über die Kriegsschiffe, an denen wir dicht vorbeifuhren, über ihre Aufgaben, ihre Bewaffnung und Besatzungen sehr gut Bescheid.

Bei jedem interessanten Objekt riß ich schnell die Leica in die Höhe und nahm sie dann ebenso rasch wieder auf den Schoß. Auf diese Weise machte ich so viele Aufnahmen wie möglich, und Sascha tat das Gleiche mit der Filmkamera. Die Sonne half uns dabei und tauchte die Schiffe in schönstes Licht. Unsere Führerin erklärte unter anderem, daß die meisten Einheiten modernisiert würden. Auch mir fiel auf, daß sich die Schiffe in bestem Zustand präsentierten. Da waren keine rostigen Decks mehr zu sehen, die Aufbauten und Waffen wirkten sauber gepflegt und voll einsatzbereit.

Erst der Flug, und nun die Bootsfahrt durch den Kriegshafen! Ich konnte unser Glück kaum fassen, denn ich erinnerte mich noch sehr gut, wie wir im »freien« Amerika bei einer Fahrt durch den keineswegs gesperrten Hafen von Norfolk von der Coast Guard gestoppt worden waren. Ich hatte Kriegsschiffe fotografiert, und daraufhin wollte man mir die Leica abnehmen. Hier aber steuerte unser Bootsvermieter unbehindert durch das geschlossene Gebiet von Sewastopol! Schwere Kreuzer, Leichte Kreuzer, Zerstörer und U-Boote, alle Einheiten, die im Haupthafen lagen, konnten wir staunend betrachten. Flaggschiff der Flotte war der Schwere Kreuzer KERTSCH mit 10 000 Tonnen und acht Abschußrampen für Lenkwaffen, mit Hubschrauber und einem wahren Dickicht von Antennen für Empfangs- und Horchgeräte: ein mächtiges und auch schnelles Schiff. Offiziell wurden 34 Knoten als Spitzengeschwindigkeit angegeben, und das allein ist für ein schweres, gepanzertes Schiff außergewöhnlich. Im Schwarzen Meer dürfte es keine andere Flotte geben, die über ähnliche Kampfkraft verfügt.

Wenn ich mich auf dem Verkehrsboot auch sehr sicher fühlte, so war ich doch froh, daß wir nach einer Stunde ohne Beanstandung wieder landen und aussteigen konnten. Schnell brachte ich die Kameras zu uns an Bord, um einer möglichen Kontrolle zu entgehen.

224

Nach Ausflügen mit Alvidas zu den interessantesten Küstenstädten wurde es viel zu schnell Zeit, an die Weiterfahrt und damit an den endgültigen Abschied von der Krim zu denken. Wir wollten diesen Abschied feierlich begehen und luden Alvidas und Alexei in ein Abendlokal an der Hafenpromenade von Sewastopol ein. Als wir das Restaurant gegen 20 Uhr betraten, war es noch fast leer. Hinter der Tanzfläche saß eine Drei-Mann-Band in dem großen Raum mit schwachem Licht, dunklen Möbel und viel Holz: eben gediegene Eleganz in traditionellem Stil.

Wir erhielten einen großen, runden Tisch zugewiesen und begannen, die Speisekarte in Russisch und Englisch zu studieren. Alvidas und seine attraktiv gestylte Frau trafen bald nach uns ein, und aus Simferopol erwarteten wir Alexei, der wieder die lange Busfahrt auf sich nehmen mußte. Der große Nachbartisch war bereits für eine ganze Gesellschaft festlich gedeckt, und ein junges Paar, offenbar die Gastgeber, wartete auf seine Gäste. Die Vorspeisen standen bereit, darunter Kaviarbrötchen und verschiedene Salate, Blumen schmückten den Tisch. Da mußte es sich um eine wichtige Feier handeln, und ich war gespannt auf ihren Ablauf.

Eine Stunde war vergangen, wir hatten mit unseren Freunden gegessen und getrunken, die Band spielte flotte Weisen, das eine oder andere Paar tanzte. Nur bei unseren Nachbarn rührte sich nichts. Die belegten Brötchen blieben unberührt, die Gläser leer. Die hübsche junge Gastgeberin und ihr Begleiter wurden zusehends nervös. Langsam dämmerte uns: Hier spielte sich ein Drama ab! Bald sah ich Tränen in den Augen des Mädchens, das zusammengesunken auf seinem Stuhl saß. Schließlich ging Sascha hinüber und fragte, ob sich die beiden nicht zu uns setzen wollten.

Sie zögerten, aber wir erfuhren, daß das Mädchen seinen achtzehnten Geburtstag feierte. Keiner ihrer Freunde war bisher gekommen. Eine so peinliche Situation hatte ich noch nie erlebt: die Tafel festlich gedeckt, Blumen, Wein, Vorspeisen bereit – und keine Gäste. Wir sahen das Mädchen weinen. Schließlich standen wir alle auf, sangen mit erhobenen Gläsern ein schallendes »Happy Birthday« hinüber und tranken einen kräftigen Schluck auf das Wohl der jungen Dame. Ein Lächeln huschte über ihr Gesicht. »Ob wir nicht alle zusammen an ihren Tisch kommen wollen«, übersetzte Sascha ihre spontane Einladung.

So wurden wir unversehens Gäste einer wildfremden Familie und hatten uns viel zu erzählen; unsere Bootsfahrt bildete den Hauptgesprächsstoff. Sascha erfreute die Runde mit seinen launigen Anekdoten, Trinksprüche auf das Wohl des Geburtstagskindes machten die Runde. Am späten Abend gestand uns die junge Braut – denn der Mann an ihrer Seite war ihr Verlobter –, daß wir ihr den schönsten Geburtstag ihres Lebens bereitet hätten. Nur wenige Schritte entfernt schaukelte unser Boot im Hafen, und am Tag darauf kamen die beiden neuen Freunde uns besuchen.

Schikanen, Schikanen...

Bald würden wir Sewastopol verlassen, um unsere Expedition in Richtung Kaukasus fortzusetzen. Aber vorher gab es noch Arbeit. Wir brauchten Diesel, und zwar gereinigten Diesel aus Laspi, das wir nicht anlaufen durften. Aber Alvidas wäre nicht Alvidas gewesen, wenn er nicht einen mutigen Ausweg gefunden hätte: Er wollte einen großen Tank mit tausend Litern auf seinen alten Mercedeslaster laden und zu uns an den Kai in Sewastopol fahren. Eine tolle Idee! Das dachten wohl auch die Herren vom Zoll, sagten erst einmal: »Njet!«, und legten ihm jede nur denkbare Schwierigkeit in den Weg. Alvidas jedoch ließ nicht locker und erhielt unter strengen Auflagen schließlich die Genehmigung zum Transfer. Der Zoll hatte uns übrigens auch die Übernahme von Wasser verboten: keine Ausfuhrgenehmigung! Hier bewährte sich einmal wieder unsere Möglichkeit der Selbstversorgung mit der eigenen Entsalzungsanlage.

Wir verließen Sewastopol nach Erledigung der Formalitäten, um Feodosija als letzten Hafen auf der Krim anzulaufen. Es wurde eine Fahrt entlang der gesamten spektakulären Küste, und dabei wollte ich etwas nachholen, das ich im Jahr zuvor versäumt hatte: die Sturdy vor das berühmte »Schwalbennest« zu steuern und sie mit dem Schloß im Hintergrund zu fotografieren.

Aber auch diesmal hatte ich leider die Rechnung ohne die Küstenwache gemacht.

Wir erreichten die Bucht kurz vor Mitternacht, bei ziemlich viel Wind und Seegang. Dennoch gelang es mir, zwischen gefährlichen Unterwasserfelsen einen geschützten Ankerplatz zu finden. Hier wollten wir in Ruhe schlafen und am Morgen fotografieren. Doch bald krächzte aus unserem Lautsprecher die Stimme eines Offiziers: »Solviig siete! Solviig siete!« Wir erhielten Anweisung, den Platz sofort zu verlassen und in See zu gehen. Ich war todmüde und außer mir vor Zorn. Diese Leute hatten keine Ahnung, was ihre Forderung bei rauhem Wetter für ein kleines Boot bedeutete. Ich bat Sascha, zu widersprechen und unsere Abfahrt auf den Morgen zu verschieben. Aber es war nichts zu machen. Die Station drohte, uns von einem Wachboot abschleppen zu lassen. Wir argumentierten hin und her, konnten jedoch nicht mehr erreichen, als daß wir auf einen Ankerplatz in der Nähe von Sudak gehen sollten. Dort befand sich eine offizielle Reede, die von einer Wachstation überblickt werden konnte. Aber es war noch über eine Stunde Fahrt bis dorthin und der Platz natürlich offen, ohne wirklichen Schutz vor der Dünung.

Es wurde eine schreckliche Nacht, und die Aufnahmen vom Schwalbennest mußte ich auch abschreiben. Dieser Zwischenfall erleichterte mir dann doch den Abschied von der Krim.

Noch ein kurzer Stopp in Feodosija, dann wollten wir die Überfahrt zum Kaukasus antreten. Formalitäten und Verhandlungen für die Ausreise nach Rußland wurden wieder zeitraubend, weil wir die Gebühren für Formulare und Naturschutz nicht in bar entrichten durften, sondern in die Stadt zurückgehen und den Betrag bei der Bank einzahlen mußten.

Ein Zyklon droht

Letzter Schritt war dann die Abmeldung beim Hafenmeister. »Ein Zyklon mit Windstärken bis 11 Beaufort bewegt sich in östlicher Richtung über das Schwarze Meer«, warnte er uns.

»Willst du trotzdem den Hafen verlassen?« fragte Sascha. Mein erster Gedanke: Die ganzen Behördenlaufereien noch einmal? Nein!

Außerdem sagte ich mir, daß Wetterberichte nicht immer zuverlässig sind und daß der Zyklon vielleicht noch einen Tag brauchen würde, bis er die Kaukasusküste erreichte. Meine Antwort kam deshalb rasch: »Doch, ich starte heute nachmittag, bitte die Papiere fertig machen.«

Der freundliche Hafenkapitän hielt eine weitere Hilfe für uns bereit: zwei russische Seekarten vom Küstenbereich bei Noworossijsk und einen Hafenplan. Dazu wünschte er uns nochmals alles Gute für die Überfahrt. Die lästige Bevormundung durch die Behörden hatte also auch eine gute Seite, und ich werde dieses Geschenk sicherlich nicht vergessen.

Die Entfernung bis Noworossijsk betrug über hundert Seemeilen, ich mußte also mit mindestens 15 Stunden Fahrzeit rechnen. Würde der Zyklon so lange warten? Das Wetter sah bedrohlich ruhig aus, schwer hingen die Wolken am Himmel. Wir verließen den Hafen am 25. Mai gegen 13.00 Uhr. Im Lauf des Nachmittags verstärkte sich der Wind, Seegang behinderte die Sicht. Grünes Wasser schoß über das Vordeck und klatschte gegen die Scheiben. Sascha mußte sich hinlegen, aber Angelika löste mich am Ruder ab. Abends querten wir den Eingang zur Straße von Kertsch. Kertsch wäre unsere erste Rückzugsmöglichkeit vor dem Sturm gewesen. Sollte ich den Hafen anlaufen? Über Funk hörte Sascha weitere Warnungen, aber ohne genaue Zeitangaben. Ich wollte nicht abbrechen, sondern versuchen, bis Noworossijsk durchzuhalten.

Brecher gingen über das Boot, alle Gegenstände, die frei herumlagen, setzten sich in Bewegung. Der schwere, fest eingebaute Kühlschrank riß sich aus seiner Verankerung, und wir mußten ihn behelfsmäßig festklemmen.

Um 04.00 Uhr morgens erreichten wir endlich die Bucht von Noworossijsk und gelangten auf ruhigeres Wasser. Trotz der detaillierten Karte gestaltete sich die Einfahrt schwierig. In der Dunkelheit konnte ich mich nur auf die verschiedenen Leuchtfeuer verlassen und mußte aus Sicherheitsgründen Gebiete mit flachem Wasser weiträumig umfahren. Erst nach Stunden näherten wir uns dem inneren Hafen und der Mole. Ich bat Sascha, über Funk die Verkehrskontrolle anzusprechen.

Schnell wurde mir bewußt – auch an der Vielzahl von Schiffen, die in der Bucht ankerten –, daß Noworossijsk ein großer internationaler Hafen war. Dahinter lag ein Industriezentrum; aus einer Menge rauchender Schornsteine stiegen schwarze Wolken auf, als das Morgenlicht über die Berge sickerte. Sollten wir bleiben? Wir hatten Genehmigung erhalten zu ankern, aber wollten wir hier wirklich an Land gehen? Uns blieben nur noch wenige Tage mit Sascha, und er hatte sich nie für Noworossijsk begeistert. Auch ich versprach mir nicht viel von einem Besuch der Industriestadt. Die Sturmgefahr schien vorüber zu sein, und schon 24 Stunden später konnten wir Sotschi erreicht haben. Aber durften wir die Fahrt ohne Einklarierung fortsetzen? Sascha sprach wieder mit dem leitenden Offizier, und dieser erlaubte uns, bis 16.00 Uhr ohne Formalitäten vor Anker zu liegen und etwas Schlaf nachzuholen.

Elegantes Sotschi

Nachmittags setzten wir den Törn fort. Das Wetter hatte sich beruhigt, der Zyklon zog als Regengebiet in nordöstlicher Richtung ab: Glück gehabt! Lange Zeit blieb ich in der Nähe der Küste und betrachtete gedankenvoll die felsigen Berghänge des Kaukasus. Es war mein erster Kontakt mit dieser fernen Region, die mir stets wie das Ende der Welt vorgekommen war. Voller Spannung beobachtete ich, wie die Berge immer höher wuchsen. Was würden wir hier erleben?

Noch eine Nacht verbrachten wir auf See, in sicherem Abstand von der Küste. Am 27. Mai begannen wir dann die Ansteuerung von Sotschi. Das Seebad verfügt über einen gut geschützten künstlichen Hafen, und die Mole war schon auf große Entfernung als heller Streifen zu erkennen. Vor der Einfahrt mußten wir wegen eines großen Passagierschiffs ein knappes Stündchen warten, dann nahm ich Kurs auf den hohen Leuchtturm und die Landungsbrücke. Unsere Einklarierung verlief hier rasch und problemlos, denn ich hatte einen Agenten genommen, der den lästigen Papierkram erledigte. Die Beamten waren besonders liebenswürdig, und der Hafenmeister gab uns nach längerem Bitten auch einen wunderbar geschützten Platz im inneren Becken, der noch dazu nahe an der Stadt lag. Wir warteten nicht lange mit dem Landgang und stellten fest, daß wir uns nur wenige Minuten von einem großen Einkaufszentrum und Lebensmittel-markt befanden.

Sotschi überraschte mich. Ich hatte immer geglaubt, daß Jalta der vornehmste und bei der Prominenz beliebteste Kurort am Schwarzen Meer sei. Aber die Schönen und Reichen Rußlands trafen sich auch in Sotschi. Moderne Hotelbauten und wunderbare Parkanlagen be-herrschten das Bild der Stadt. Die bezaubernde Landschaft der Krim freilich hat der Kurort im Kaukasus nicht zu bieten, dafür aber schö-nere Strände.

Vor allem aber ist die Stadt eleganter und kommt westlichem Standard mehr entgegen.

Schon die Anlage des Hafens mit seinem tempelartigen Empfangs-gebäude ist mit Jalta nicht zu vergleichen. Auch wurden die großen Hotels nicht aus revolutionärer Begeisterung in Sanatorien umge-wandelt wie auf der Krim. Nein, hier ließ sich auch in der kommu-nistischen Epoche ganz offensichtlich die Führungsschicht verwöh-nen. Das Klima ist eher noch milder, noch mediterraner als in Jalta, und in allen Parkanlagen wachsen Palmen. Außer dem Strandleben hat Sotschi heilkräftiges Quellwasser zu bieten, und schon die Zarenfamilie machte hier Trink- und Badekuren.

Gesprengte Ketten

Nur wenige Kilometer vom Zentrum entfernt befinden sich die re-präsentativen Gebäude des Yachtklubs mit eigenem geräumigem Hafen. Etwa 30 Segel- und Motoryachten lagen dort, gut gepflegt, al-lerdings nicht in Privatbesitz. Sowohl der Klub selbst als auch seine Betriebe wie Restaurant und Werkstätten sind Staatseigentum. Auf dem Dach des Gebäudes, an höchster Stelle, befindet sich die Wach-station der Armee, von der aus ein bewaffneter Posten mit Fernglas alle Vorgänge im Hafen registriert. Eine Wache steht auch vor dem Eingang des Gebäudes.

Wir waren vom Kommodore, Valeriy Alexejev, schon am ersten Tag in den Klub eingeladen worden. Er zeigte uns die Motorenwerk-statt und die große Segelmacherei, in der das Tuch für internationale Regatten genäht wurde. Manche Urkunde über Regattasiege und Dutzende von Klubstandern hingen in der großen Segelhalle, als Trophäen von vielen Auslandsreisen.

Valeriy war Segler und Segelmacher mit Leib und Seele. Für ihn wurde es zur Herzensangelegenheit, uns Sotschi und seine Umgebung zu zeigen. Doch zunächst zogen wir nur vom Hafen aus unsere Kreise in die umgebenden Parks und in das Einkaufszentrum, das man durch einen Fußgängertunnel unter der Hauptstraße hindurch erreichte. Am Rand der Treppen saßen bettelnde Frauen und Männer, deren Armut oder fehlende Gliedmaßen die Not des Landes spüren ließen. Übrigens war im Kurviertel mit seinen Hotelpalästen wenig von den Problemen der Gegenwart zu spüren. Andenken und Lederwaren, aber auch erstklassige Lebensmittel wurden reichlich angeboten.

Die Stadt liegt zu Füßen des Gebirges, und so mancher schöne Aussichtspunkt kann über zum Teil gute Straßen in kurzer Zeit erreicht werden. Die Täler und Höhen des Kaukasus haben bei Sotschi den Charakter von Mittelgebirgen mit stark südlichem Einschlag. Wunderbare Laubbäume und dazwischen Kiefern in jeder Größe spenden reichlich Schatten. So könnte es in Italien und Spanien, ja im gesamten Mittelmeerraum vor der Industrialisierung ausgesehen haben. In der Ferne grüßen die Gipfel der Dreitausender, und noch weiter dahinter ahnt man das Hochgebirge, das sich bis in die 5000-Meter-Region erhebt.

Reichlich Wasser fließt in den Tälern, und in felsigen Schluchten stürzen Wasserfälle in die Tiefe. Die dramatische, urgewaltige Szenerie der Alpen wird aber kaum erreicht. Dafür leben im Kaukasus noch wilde Tiere wie Wölfe und Bären, die bei uns längst ausgestorben sind.

Auf einer Anhöhe nahe bei Sotschi steht ein Denkmal von Prometheus, dem Befreier der Menschheit, der den Göttern das Feuer stahl und es den noch hilflosen Menschen brachte. Nach der griechischen Mythologie wurde er von Zeus zur Strafe für den Diebstahl an einen Felsen im Kaukasus geschmiedet. Das Denkmal zeigt die mächtige Figur des Titanen auf diesem Felsen, er hält die gesprengten Ketten in ausgestreckten Händen. Dieses Symbol der Freiheit suchenden Menschheit wurde von Karl Marx aufgegriffen und in die sozialistische Ideologie integriert.

In Stalins Datscha

Der Mann, der in der Sowjetunion zum Halbgott hochstilisiert wurde, begab sich ebenfalls, aber freiwillig und zum Erhalt seiner Gesundheit, in die Wälder des Kaukasus: Josef Stalin. Er ließ sich bei Sotschi eine Datscha bauen, und mit Hilfe von Valeryi erhielten wir Zugang zu diesem noch immer geheimnisumwitterten und nur für spezielle Gäste reservierten Domizil. Schon die Anfahrt war spannend. Kein Hinweis auf der Straße, nur ein bewaldeter Abhang. Eine Schranke versperrte den abzweigenden Waldweg, daneben stand ein kleines Wachhaus. Unser Begleiter ging hinein, und die Schranke öffnete sich. Der Wagen fuhr die Serpentinen hinauf, aber noch war außer schönen Laub- und Nadelbäumen nichts zu sehen. Es blieb der Phantasie überlassen, mit welch ausgeklügelten Methoden dieses Sträßchen vor unerwünschten Besuchern gesichert wurde.

Zwischen den Zweigen der Bäume erkannte ich eine Hauswand, matt und dunkelgrün, sie hob sich kaum von der waldigen Umgebung ab. Dann rollte der Wagen auf einen Parkplatz. Die Durchfahrt zur Datscha war für uns geöffnet. Wir gingen durch das Tor und gelangten in einen viereckigen Hof, in dessen Mitte Gras und Bäume wuchsen. Zur Tarnung, denn auch aus der Luft oder von den Bergen sollten die Gebäude, deren Dächer ebenfalls dunkelgrün gestrichen waren, nicht auszumachen sein. Der Eingang in der Mitte des Komplexes wurde von schlichten Säulen eingerahmt, auch sie in düsterem Dunkelgrün bemalt.

Eine attraktive, schlanke Dame trat aus dem Büro, unsere Führerin. Sogleich erklärte sie: »Unser Versuch, die dunkle Farbe durch einen freundlicheren Anstrich zu ersetzen, ist leider gescheitert. Das Dunkelgrün schlug immer wieder durch, es war fast unheimlich. Am Ende mußten wir die alte Farbe erneuern. Stalin hatte Angst, ständige Angst, daher die Tarnung. Er schlief jede Nacht in einem anderen Zimmer, niemand sollte wissen, wo er sich gerade aufhielt.«

Die Dame ging voraus, wir folgten ihr langsam durch Diele und Treppenhaus. Da und dort schönes Holz. Im ersten Stock eine Art Empfangszimmer mit Teppichen und Schreibtisch. Das kräftige Türschloß aus Messing fiel mir auf. Das Schlüsselloch war mit einer Messingblende abgedeckt, man konnte nicht hindurchsehen. Die

Dame erklärte: »Alle Schlösser im Haus sind auf diese Weise vor Sicht, aber auch vor Schüssen und vor Giftgas gesichert. Es ist eine ganz spezielle, auf Stalins Wunsch angefertigte Konstruktion.« Stalin hat hier nicht gewohnt, dachte ich, er hat sich versteckt.

Ein Teil der Originalmöbel war erneuert worden, weil man nach Stalins Tod zunächst die Erinnerung an den Gewaltherrscher auslöschen wollte. Ein Raum war eingerichtet wie das Zimmer einer kleinen Pension: das Schlafzimmer seiner Tochter Swetlana. Sie hat der Diktator geschätzt, aber ob er sie oder einen anderen Menschen jemals geliebt hat? Swetlana hat den Vater zumindest später gehaßt, hat grausam mit ihm abgerechnet, in den USA. Stalin war ein Knecht seiner Angst geworden. Dies bezeugte auch das kleine, beengte Arbeitszimmer, beherrscht von einem Schreibtisch und einer großen, ledergepolsterten Sitzbank. In diesen Raum hatte man eine Wachsfigur des pfeiferauchenden Diktators platziert. Die Dokumente auf dem Tisch waren Zeugen seiner diabolischen Verfügungen: Todesurteile. Davor standen eine große Schreibgarnitur von Mao Tsetung und ein Telefon. Hier saß er auch, als er am 22. Juni 1941 die Nachricht vom Einmarsch der deutschen Wehrmacht in Rußland erhielt.

Einen größeren Arbeitsraum ließ seine Angst nicht zu, es hätte sich jemand darin verstecken können. Wieder eine Erklärung der Begleiterin: »Die Sitzbank ist ebenso wie die Türschlösser eine Sonderkonstruktion. Die hohen Seitenteile verhindern, daß ein Besucher von der Tür aus, auch wenn diese weit offen steht, sehen kann, ob der Diktator auf der Bank sitzt.« Trat also ein Besucher ins Zimmer, zusammen mit der Leibwache, so wähnte er sich zunächst allein im Raum.

Stalin hat fast alle seine engsten Mitarbeiter töten lassen. Vor allem auch diejenigen, die ihm durch Verrat die Ermordung von Gegnern ermöglichten, also sein System der Machtgewinnung kannten. War die Tat vollbracht, wurde der Täter liquidiert. Ein Mann, der so handelte, mußte ständig in der Angst leben, daß seine Tötungsmaschinerie sich gegen ihn selbst richten könnte.

Hatte die ungeheure Machtausübung für Stalin etwas von einem Spiel an sich? Ein Billardzimmer und ein kleines Kino deuteten in diese Richtung. Auch ein schönes Schwimmbad befand sich im Haus. »Stalin hat darin niemals gebadet, er hatte Angst, sogar vor dem Wasser«, sagte unsere Begleiterin.

Für mich war die Datscha ein Ort des Grauens. Die Wahrheit über die dunklen Seiten von Stalins Leben wird niemals ganz ans Licht kommen. Daran aber, daß er wie vor ihm Iwan der Schreckliche und andere dämonische Herrscher einen Platz in der Geschichte einnimmt, besteht kein Zweifel. Vielleicht hat ihn am Ende seines Lebens der Horror vor den eigenen Taten überwältigt. Tochter Swetlana schrieb über den Tod ihres Vaters: »Sein Todeskampf war schrecklich. Er ist in unserem Beisein förmlich erstickt. Im letzten Moment schlug er unvermutet noch einmal die Augen auf und warf einen Blick in die Runde. Es war ein furchtbarer Blick, irre, aber vielleicht auch nur zornig und voll Todesangst...«

Beim Filmen festgenommen

Als wir Stalins Datscha verließen, fiel das Grauen nur langsam von mir ab. Der Wagen fuhr um die Kurve, verschwand dann zwischen den Bäumen. Noch einmal sah ich durch das Laubwerk die dunkelgrüne Mauer, bis der Blätterwald das einstige Versteck des Gewaltherrschers gnädig verbarg.

Unsere Zeit und damit unsere Entdeckungsfahrt in den Osten des Schwarzen Meeres ging zu Ende. Sascha mußte nach Moskau zurück. Danach blieben wir noch einen Tag, und dieser eine Tag ohne Sascha hätte uns zum Verhängnis werden können.

Jeden Morgen hatten wir, ähnlich wie in Balaklawa, den Trompetenklängen und Kommandorufen bei der Flaggenparade der russischen Kriegsschiffe gelauscht. Es waren allerdings nur zwei kleine Wachboote, und entsprechend bescheiden fiel die Parade aus. Dennoch wollte Angelika den Vorgang mit der Kamera festhalten. Wir machten uns also auf, es waren nur gut zweihundert Meter von unserer Ecke des Hafens bis zum Liegeplatz der Russen. Aber wir kamen zu früh, und zum Zeitvertreib blickte Angelika durch ein Loch im Bretterzaun, der die Hafenpromenade vom Kasernenbereich der Marine trennte. Dort fand ein Appell statt, eine kleine Truppe war zur Flaggenparade angetreten. Angelika hob die Kamera und filmte durch das Loch im Zaun. Ein Polizeibeamter in Zivil trat auf uns zu und sagte, die Kamera sei unerwünscht. Danach ging er wieder. Angelika entfernte sich vom Zaun und wartete inmitten einer Gruppe von Zuschauern auf der Promenade.

Nur zwei Minuten lang hatte sie die Flaggenhissung auf den Wachbooten gefilmt. Eigentlich schade um die Zeit, dachte ich, wir hatten schon so viele Aufnahmen von viel größeren Kriegsschiffen. Aber die Polizei sah das anders. Der Beamte kam wieder, nahm Angelika beim Arm und befahl ihr, ihm zu folgen. Meine Frau war festgenommen! Spionage ist in Rußland ein schweres Verbrechen, das wußte ich, und offenbar hielt der Beamte Angelikas bescheidene Filmerei für einen Spionageversuch.

Bekanntlich sind die Behörden in so einem Fall sehr schnell bei der Hand mit Beschlagnahme der Kamera. Würden sie vielleicht auch unser Boot konfiszieren? Und wenn es nur wäre, um eine saftige Strafe zu kassieren oder die eigene Beförderung zu beschleunigen. Diese Gedanken gingen mir durch den Kopf. So viele unerlaubte Fotos hatten wir gemacht, und jetzt, am letzten Tag, bekamen wir wegen dieser Kleinigkeit noch Schwierigkeiten. Natürlich folgte ich dem Kriminalbeamten.

In einigen Baracken neben dem Empfangsgebäude für Passagiere war die Hafenkommandantur der Marine untergebracht. Wir wurden ins Geschäftszimmer geführt, der Polizist meldete den Vorfall einem Offizier. Der sprach zum Glück englisch, deshalb konnten wir ihm unsere Reise und die Filmaufnahmen erklären. Wir baten, Videokamera und Film behalten zu dürfen. Früher wäre das nicht möglich gewesen, weil die Filme damals erst zur Entwicklung mußten. In der Bandaufzeichnung aber konnte man die Szenen sofort betrachten. Die Offiziere blickten also abwechselnd durch den Sucher und überzeugten sich, daß die Aufnahmen harmlos waren. Streng wurden wir darüber belehrt, daß das Fotografieren militärischer Anlagen verboten sei, wozu wir eifrig nickten. Dann durften wir zu unserem Schiff zurückkehren.

Abschied mit Hindernissen

Am Morgen der Abfahrt kamen die Beamten mit den fertig ausgefüllten Formularen an Bord, unter ihnen eine auffällig elegante Zollinspektorin, die mit undurchdringlicher Miene in den Papieren wühlte. Ihr Gesicht blieb nach alter Sowjetmanier finster verschlossen. Es folgten einige kurze Fragen und Kontrollen, und erst, nachdem die Arbeiten erfolgreich beendet waren, konnte sie sich zu einem Lächeln entschließen. Später blieb sie eifrig winkend sogar eine Weile auf der Holzbrücke stehen und sah uns nach, bis die SOLVEIG VII die Hafenausfahrt erreicht hatte. Was mochte in ihr vorgehen, während sie den Besuchern aus einer anderen Welt in Gedanken folgte?

Wir waren wieder auf See. Vergleiche mit früheren Fahrten drängten sich auf, als ich mit Angelika monatelang über die Ozeane gesegelt war. Wir waren jetzt wie damals eine feste Gemeinschaft und bildeten zu zweit die komplette Mannschaft eines seegehenden Schiffes. Auch das Abenteuer Kaukasus paßte gut zu diesen Erinnerungen. Hier wie dort erkundeten wir eine unbekannte, ferne Region, ein Land, das nicht zum mitteleuropäischen Kulturkreis gehörte. Hier wie dort wurden wir gastfreundlich aufgenommen, lernten fremde Gewohnheiten und Maßstäbe kennen.

Langsam verschwand die Küste des düster geheimnisvollen Gebirges im Dunst. Trabzon, eine Industriestadt in der östlichen Türkei, hätte unser nächstes Ziel sein können. Aber wir wollten unsere Route nach Instanbul abkürzen. Wir hatten bereits Verbindung aufgenommen mit einer Hamburger Reederei, die unsere SOLVEIG VII zu besonders günstigen Bedingungen als Deckslast von Istanbul nach Rotterdam verschiffen sollte. So konnten wir Zeit gewinnen für die Herstellung unseres Films.

Nach 24 Stunden Überfahrt entschlossen wir uns deshalb spontan, auf den Besuch der Großstadt Trabzon zu verzichten und das romantische Sinop direkt anzusteuern. Das Wetter war gut, und nach der Kursänderung waren wir sicher, die richtige Entscheidung getroffen

236

zu haben. Der Termin für die Verladung rückte näher, und ich brauchte in Istanbul noch Zeit für Vorbereitungen. Es war ein herrliches Gefühl für mich, die nötige Freiheit für eine kurzfristige Planänderung zu besitzen. Natürlich stimmten jetzt unsere Angaben bei der Ausklarierung nicht mehr, aber wer würde in Sinop schon die russische Schrift lesen können?

Ein Helfer taucht auf

Da es noch Sommer war, brauchten wir uns wegen des Wetters nicht allzu viele Gedanken zu machen. Nach zwei Nächten auf See erreichten wir spätnachmittags den schönen alten Hafen von Sinop und legten uns wieder an die Innenseite der Mole, längsseits des Kais. Wir waren müde und verschoben die Einklarierung deshalb auf den nächsten Morgen. Diesmal sollte von vornherein ein Agent unsere Anmeldung übernehmen. Und nun geschah nochmals – und wieder in Sinop – ein kleines Wunder!

Abends, kurz vor Einbruch der Dunkelheit, erschien ein fließend deutsch sprechender türkischer Geschäftsmann auf dem Kai. »Mein Name ist Burhan, und ich bin Inhaber eines Reisebüros«, stellte er sich vor. »Ich würde Ihnen gern bei der Einklarierung helfen.« Ich lehnte das freundliche Angebot zunächst ab, denn ich fürchtete, daß durch sein Eingreifen die an sich schon komplizierte Prozedur noch undurchsichtiger werden könnte.

Doch er verteidigte seinen Vorschlag: »Ich habe von Ihren Schwierigkeiten im Vorjahr gehört und möchte im Interesse des Fremdenverkehrs verhindern, daß Sie ein zweites Mal zuviel bezahlen müssen.«

Ich war angenehm überrascht von soviel Hilfsbereitschaft. Angelika ging es nicht anders, und so nahmen wir das Angebot schließlich an.

»Morgen komme ich wieder«, verabschiedete sich Burhan, »dann gehen wir gemeinsam zur Polizei und zum Zoll. Wenn die wieder einen Agenten verlangen, werde ich den Bürgermeister informieren.«

Unser neuer Freund hielt sein Versprechen, und in seinem Wagen begannen wir morgens die Rundfahrt von Amt zu Amt. Jetzt wagten weder Polizei noch Zoll, im Beisein des Einheimischen einen Agenten zu fordern. Schwierig war zunächst nur der Kauf des Transit-Logs. Das Büro, wo diese Formulare im Vorjahr verkauft worden waren, sagte uns, es gäbe keine mehr. Burhan mußte sich mühsam durchsetzen, aber plötzlich lag so ein Heft auf dem Tisch. Woher es kam, weiß ich nicht, es war einfach da! Wir zahlten die Gebühr und setzten den Rundgang fort.

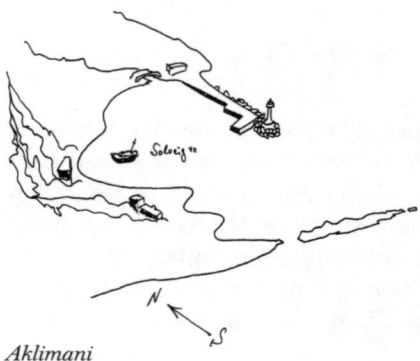

Aklimani

Bis Mittag dauerte es, aber dann hatten wir uns von Büro zu Büro durchgefragt und alle Stempel im Heft. Hurra! Der Vorgang zeigte, daß es in diesem entlegenen, noch nicht von Routine geprägten Teil der türkischen Küste durchaus Spielraum gab für verschiedene Abläufe und daß man gut daran tat, sich nicht so leicht unter Druck setzen zu lassen.

Idyllische Schlupfwinkel

Im Gespräch mit Burhan erfuhren wir auch die Hintergründe dieser Entwicklung. Die Nordküste der Türkei, gegenüber der ehemaligen Sowjetunion, war ein wichtiges Verteidigungsgebiet der NATO. Deshalb waren hier bis vor kurzer Zeit viele Regionen gesperrt und auch die Bewegungsfreiheit für Yachten ziemlich eingeschränkt gewesen. Nach dem Zusammenbruch der UDSSR gaben die Amerikaner ihre Stützpunkte nach und nach auf, und die Verhältnisse in den Hafenstädten begannen, sich zu normalisieren.

Neben mehreren großen Häfen für die Industrie und die Fischerei findet man an der türkischen Küste eine ganze Reihe von landschaft-

238

lich sehr attraktiven Ankerplätzen und kleinen Häfen:
natürliche Buchten, auch gegen starke Winde geschützt,
mit genügend tiefem Wasser,
um auch größeren Fischer-
booten Zuflucht zu gewähren,
aber ohne irgendwelche tech-
nische Einrichtungen. Manchmal ermöglicht ein Holzsteg
oder eine kleine Mole den

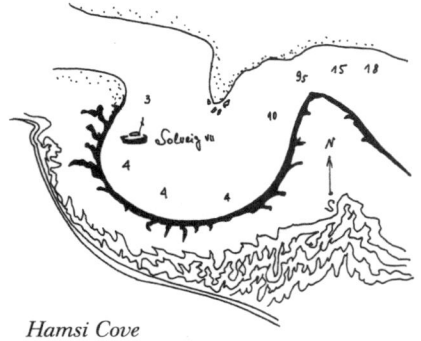

Hamsi Cove

Landgang, manchmal bietet ein freundlicher Sandstrand die Möglichkeit, mit dem Schlauchboot das Ufer zu erreichen.

Wir besuchten drei dieser idyllischen Verstecke. Als erstes, nur
wenige Meilen westlich von Sinop, war es die Bucht von Aklimani,
wo wir für einige Stunden auf zwei Meter Wasser den Anker fallen
ließen. Es folgten die Buchten von Hamsi und Gideros. Letztere ist
von dichtem Wald umgeben und ein zauberhafter Schlupfwinkel,
aber nur bei gutem Wetter ein tauglicher Ankerplatz. Vier oder fünf
Tagesfahrten von Istanbul entfernt, bieten diese kleinen Häfen, die in
erster Linie von Fischerbooten zu kurzem Aufenthalt genutzt werden,
ein lohnendes Ausflugsziel abseits des großen Verkehrsstroms am
Bosporus.

Ankermöglichkeiten ganz anderer Art fanden wir in einem Flußlauf bei Bartin. Der Fluß war im englischen Yachtführer erwähnt,
und das machte mich neugierig. Neben der Mündung öffnete sich ein
großer künstlicher Hafen,
dessen geschützter innerer
Teil aber nur für militärische
Zwecke bestimmt war. Ringsum standen Kasernen und
Verladeanlagen. Wir beob-
achteten exerzierende Soldaten, und ich glaubte, auch einige amerikanische Uniformen erkannt zu haben.

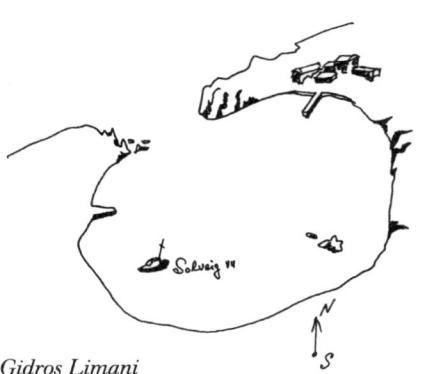

Gidros Limani

239

Noch ein U-Boot-Tunnel

Der Fluß verlief parallel zur Mole. Sehr vorsichtig, fast im Leerlauf, schob sich unser Boot flußaufwärts, weil an mehreren Stellen nur wenig Wasser über den Sandbarren stand. Bald wurde mir klar, daß dieser Hafen ein NATO-Stützpunkt war. Von einem Wachtturm aus wurden Hafen und Fluß ständig kontrolliert, große Schilder verkündeten ein Fotografierverbot, deshalb wagte ich es nicht, meine Kamera zu benützen.

Nach ein paar hundert Metern fiel uns im hintersten Winkel des Hafens, in einer felsigen Bergwand, ein großes Stahltor auf. So hoch, so breit war die riesige Öffnung im Fels, daß sie nur für die Einfahrt von Schiffen gedacht sein konnte. Sofort wußten wir: Wir hatten das Gegenstück zum russischen U-Boot-Tunnel in Balaklawa vor uns! Es war von den Amerikanern angelegt und genützt und nach ihrem Abzug fest verschlossen worden. Im Gegensatz zu Balaklawa befand sich diese Anlage jedoch in erstklassigem Zustand und machte einen durchaus betriebsbereiten Eindruck.

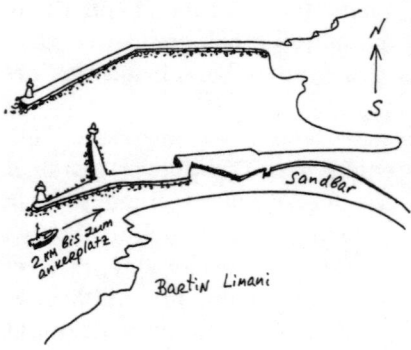

Langsam tuckerten wir weiter auf dem nun tiefer werdenden Fluß. Nach etwa acht Kilometern gelangten wir zu einer Ortschaft mit Brücke. Dort lagen an Pontons und Stegen mehrere kleine Frachtschiffe, die offenbar das Hinterland und die Stadt mit dem Nötigen versorgten. Alles sah recht gemütlich aus, also beschlossen wir, die Nacht über zu bleiben.

Erst nach Einbruch der Dunkelheit bemerkten wir, daß die Ufer des kleinen Gewässers mit Mücken verseucht waren. Am Abend und vor allem am Morgen überfielen uns Tausende der blutrünstigen kleinen Ungeheuer und richteten uns schlimm zu.

Immerhin hatten wir einen kurzen Blick auf das waldige, bergige Hinterland der türkischen Küste werfen können. Nun nahmen wir Kurs auf die Einmündung der großen Wasserstraße.

Den Eingang in den Bosporus zu finden, ist trotz seiner Breite nicht ganz leicht. Mehrere tief einschneidende Buchten machen das Bild von See aus unklar. Der britische Black Sea Pilot schreibt: »Das Fehlen klar erkennbarer Landmarken erschwert es, den nördlichen Eingang zur Wasserstraße auszumachen, und selbst der Leuchtturm ist aus großer Entfernung oft schwer zu identifizieren.« Wie beim ersten Mal hielt ich mich an meine eigene Regel: »Wo die meisten Schiffe herkommen, da muß sie sein.« Die große Meerenge nämlich, die Europa und Asien trennt.

Den hübschen Hafen von Poyraz erreichten wir an einem Wochenende. Diesmal war er voller Yachten aus der Hauptstadt. Große, elegante Schiffe mit professioneller Crew und einer Schar von Gästen lagen neben sehr einfachen kleinen Segel- und Motorbooten. Sicherlich lockte der schöne Strand eine Menge Großstädter in die Badeanstalt und ins Strandcafé. Doch trotz der vielen Boote gab es noch genügend Platz zum Ankern.

Allerdings wurde schon intensiv an neuen Anlagen gebaut, und binnen kurzem wird Poyraz ein Zentrum der Fischerei sein. Große Trawler luden bereits in fieberhafter Eile ihren Fang aus, der am neu zementierten Kai versteigert und auf Lastwagen umgeladen wurde. Wahrscheinlich rollten die Laster direkt zu den Märkten der Hauptstadt. So konnten sich die Fischer den großen Zeitverlust eines Transports über die ganze Länge des Bosporus ersparen.

Mit größter Konzentration steuerte ich durch den dichten Schiffsverkehr in Richtung auf die Metropole. Keinesfalls sollte während der letzten Stunden unseres Schwarzmeer-Abenteuers noch ein Zwischenfall den Erfolg der Expedition in Frage stellen. Große Kreuzfahrtschiffe, Supertanker, Frachter der verschiedensten Art, unzählige Fähren und kleine bis kleinste Fischerboote sorgten für ein orientalisches Getümmel, das der deutschen Wasserschutzpolizei das kalte Grausen über den Rücken gejagt hätte. Im Geist hörte ich das Musikstück »Auf einem persischen Markt«. Es war in der Tat beängstigend, denn ich fühlte Dinge auf mich zukommen, die für mich nicht mehr beherrschbar waren. Die SOLVEIG VII sollte auf einen mir unbekannten Frachter verladen werden, eine unbekannte Reederei in

Istanbul und ein unbekannter Agent würden die Formalitäten und letztlich den Verladevorgang bestimmen. Noch nie hatte ich mich in so krasser Form fremden Menschen auf Gedeih und Verderb ausgeliefert. Allein das Versprechen der Hamburger Reederei, die das Geschäft vermittelt hatte, war mir eine seelische Stütze: Sie hatte versichert, daß sie für einen reibungslosen Ablauf der Organisation sorgen würde.

Ein Drama in acht Akten

In der Ataköy-Marina gab es ein frohes Wiedersehen mit Teoman Arsay und Sedat Altunay, dem Generalmanager der Marina. Für die bevorstehenden Aktionen zum Verladen des Bootes konnte ich jederzeit auf ihre Unterstützung rechnen.

Ich machte mich daran, die Sturdy auf ihre weite Reise an Deck eines Frachters vorzubereiten. Zunächst fragte ich telefonisch in Hamburg an, ob das Schiff wie angekündigt am 24. Juni auslaufen würde. Die Antwort war positiv. Anschließend bat ich um eine Benachrichtigung des Agenten der Reederei in Istanbul, um die Abwicklung in allen Einzelheiten zu besprechen.

Angelika flog schon wenige Tage später nach München zurück. Im Gepäck trug sie außer ihren Privatsachen das gesamte Filmmaterial, um sogleich mit der Arbeit des Katalogisierens und eines groben Schnitts der Filmszenen beginnen zu können.

Ich nahm Verbindung auf mit der türkischen Agentur, die in Istanbul mit der Verladung betraut war, und hoffte, daß sich einer der Herren mit mir treffen würde. Man sagte mir, daß für die Abwicklung ein anderer, auf den Zoll spezialisierter Agent eingeschaltet werden müsse. »Er wird sich bei Ihnen melden, geben Sie uns Ihre Handynummer.« Die Reederei fühlte sich nur für die Verladung verantwortlich, und hierfür brauchte ich einen Bock, ein Gestell, in dem das Boot an Deck des Frachters sicher stehen konnte.

242

Die Ataköy-Marina

Dieser Bock mußte in der Tischlerei der Marina nach Maß ange-
fertigt werden. Ein teurer Spaß, aber damit hatte ich gerechnet.
Womit ich nicht gerechnet hatte, war die völlige Desorganisation im
Büro des Zollagenten, der sich selbst nach mehreren Tagen noch
nicht gemeldet hatte und folglich auch nicht im Besitz meiner
Unterlagen für die Verzollung war.

1. Akt: Der Phantomagent

Während die Arbeiten in der Tischlerei anliefen, denn in der Marina
und ihren Werkstätten waren verläßliche und sachkundige Techniker
am Werk, wartete ich von Stunde zu Stunde vergeblich auf eine
Nachricht des Zollagenten. Wieder rief ich in Hamburg an und alarmierte die Reederei in Istanbul. Dort erfuhr ich, daß sich der Zollagent zunächst Gedanken über die Höhe seines Honorars gemacht
hatte. Bei angeblich genauer Vorausberechnung seiner Aufwendun-
gen und Bemühungen kam er dann wohl rein »zufällig« auf die run-

243

de Summe von 1000 (eintausend) Dollar. Meine Freunde in der Marina, auch der Reedereiagent selbst, waren erschrocken über die Forderung ihres Kollegen, konnten aber nichts daran ändern. Ich versuchte zu protestieren, zuerst in Hamburg, dann in Istanbul. Vergeblich. Keine der Reedereien konnte Einfluß nehmen auf den geheimnisvollen Zollagenten, den ich noch nie gesehen hatte.

Hier war eindeutig Erpressung im Gange. Die Reederei in Istanbul erklärte mir, daß nur dieser eine Agent für die Zollabfertigung zugelassen sei, und der könne eben einen Preis machen, den er für angemessen hielte.

Ich war in eine Falle geraten und saß in Istanbul fest. Noch vor wenigen Tagen hätte ich zusammen mit Angelika neu disponieren und einen Törn durch Griechenland und in die Adria als Alternative ins Auge fassen können. Jetzt blieb mir nichts anderes übrig, als in die Zahlung von 1000 Dollar einzuwilligen und das Beste aus der Situation zu machen. Mein Reeder in Hamburg, ein verläßlicher Herr, war ebenfalls überrascht und erklärte sich spontan bereit, mir einen Teil der geforderten Summe zu ersetzen.

Doch wann bekam ich endlich meinen teuren und anscheinend auch mächtigen Zollagenten zu sehen? Jedes Mal wurde ich auf »morgen« vertröstet. Er kam einfach nicht, auch nicht zu fest vereinbarten Terminen. Wie wollte er den umfangreichen und ach so teuren Vorgang mit dem Transit-Log und der Verzollung bewältigen? Ich hatte eine volle Woche auf ihn gewartet, und jetzt waren nur noch ganze vier Tage übrig.

Schließlich erschien ein junges Bürschlein im Marinabüro, vielleicht 18 Jahre alt, und verlangte meine Papiere: Reisepaß, Gesundheitsbescheinigung, Registrierungsurkunde des Bootes, Führerschein, Kreditkarte und Transit-Log. Darüber hinaus wußte er von nichts, kannte nicht einmal meinen Namen.

Wieder fragte ich bei den Reedereien in Istanbul und Hamburg an, aber man war sich einig: »Geben Sie ihm die Papiere, sonst...« Man hatte Angst um das Geschäft. Also bekam er die Papiere, aber mir war nicht wohl dabei. Deshalb verlangte ich wenigstens eine Bestätigung, welche Urkunden er erhalten hatte. Zunächst weigerte er sich, unterschrieb aber dann doch eine Aufstellung, die ich selbst angefertigt hatte. Wie sich später herausstellen sollte, war das eine entscheidend wichtige Vorsichtsmaßnahme.

244

2. Akt: Das geplatzte Rendezvous

Zwei Tage vor dem Verladungstermin begann das eigentliche Drama. Ein Anruf des Zollagenten alarmierte mich: »Bitte bringen Sie Ihr Boot morgen früh um 09.00 Uhr in die Marina auf der asiatischen Seite des Marmara-Meeres, wir kommen dann mit den Beamten, um die Verzollung zu erledigen. Sie müssen aber pünktlich sein, sonst können wir die Formalitäten nicht rechtzeitig beenden!«

Die hatten bisher genug Zeit, dachte ich, und jetzt soll auf einmal alles schnell gehen. Aber ich blieb gelassen. »Wo treffen wir uns auf der asiatischen Seite?« Ich wollte wissen, wo ich mich in der großen, mir unbekannten Marina hinwenden sollte. Bei dem Preis von 1000 Dollar hätte man mich eigentlich abholen können.

»Kein Problem«, antwortete der Agent, »ich erkenne Ihr Boot morgen früh im Hafen.« Also hatte er keinen Platz für mich reserviert.

Nun wurde die Zeit knapp: Binnen einer Stunde, es ging schon auf 17.00 Uhr, mußte ich mich in der Ataköy-Marina abmelden, den Transport des Lagerbocks in den Frachthafen veranlassen, meinen Liegeplatz bezahlen und am Abend noch für zwei Tage Verpflegung einkaufen. Gegen 22.00 Uhr sank ich erschöpft auf meine Koje.

Um 06.00 Uhr klingelte der Wecker, ich frühstückte und machte seeklar. Im Marmara-Meer stand schwerer Seegang. Im Büro der Marina meinten die Damen, ich solle den Hafen besser nicht verlassen, nicht bei diesem Wetter und ohne helfende Crew. Aber das würde ich schaffen, ich hatte schon schwierigere Situationen allein bewältigt. Nein, an mir sollte es nicht liegen, wenn etwas schiefging!

Ein merkwürdiges Gefühl war es schon, den geschützten Hafen zu verlassen. Binnen zweier Stunden hatte ich das Marmara-Meer bei Windstärke 6 überquert und fand nach der Beschreibung, die man mir in Ataköy gegeben hatte, auch richtig den Yachthafen. Das Einsteuern an der Mole vorbei, zwischen dürftig markierten Untiefen, auf denen die Brandung stand, war allerdings beängstigend.

Über meine bevorstehende Ankunft schien niemand informiert worden zu sein, aber es war schon kurz vor 09.00 Uhr, und ich hoffte, daß der Zollagent jeden Augenblick erscheinen und mir einen Anleger besorgen würde.

Niemand kam. Von einem Angestellten der Marina erhielt ich einen schlechten Platz zugewiesen: an einer Betonpier, aus der dicke

Stahlnägel ragten. Ich war allein, und das Anlegemanöver mit dem schweren Boot bei starkem Wind war ein Risiko. Aber ich schaffte es – und harrte weiter aus. Der Agent mußte ja nun jeden Augenblick kommen!

Mußte er wirklich? Oder war dies nur eine Einbildung, die meiner deutschen Mentalität entsprang? Ich ging ein paar Schritte am Ufer entlang, das Boot immer im Auge, damit ich den Agenten sofort sah. Die Umgebung dieser Marina – ihren Namen habe ich vergessen – war trostlos. Dicker Schmutz schwamm auf dem trüben Wasser, und am flachen Ufer lagen Dreck und Abfälle über einen Meter hoch. Wo war ich da hingeraten?

Es wurde Mittag, und noch immer kam kein Agent. Ich wagte einen weiteren Anruf in Hamburg mit der Bitte, den Agenten in Istanbul zu verständigen, daß ich seit 09.00 Uhr auf die Verzollung wartete. Gegen 14.00 Uhr kam ein Rückruf aus Hamburg: »Der Agent hat sich verspätet und wird die Verzollung um 17.00 Uhr erledigen. Bitte warten Sie unbedingt und bleiben Sie an Bord!«

3.Akt: Ein wüster Nachbar

Der Aufforderung hätte es nicht erst bedurft. An diesem verfluchten Platz konnte ich die SOLVEIG VII keinesfalls allein zurücklassen. Wenn es noch einen Beweis dafür gebraucht hätte, erhielt ich ihn ein paar Minuten später. Ein Motorboot wurde im Schlepp herangebracht. Die Trosse wurde losgeworfen, und mit Schwung knallte das Boot gegen meine Bordwand. Etwa acht Mann sprangen sofort über mein Deck, machten ein halbes Dutzend Leinen fest, alle über mein armes Boot, und dann erklärte mir einer beruhigend: »Nur für eine halbe Stunde!«

Alle acht Mann marschierten an Land. Es hatte angefangen zu regnen, und sie waren vorher durch den Uferschlamm gelaufen. Entsprechend sah mein sorgfältig gereinigtes Teakdeck aus.

Der Starkwind pfiff noch immer, graue Wolken hetzten über den Himmel. Alles um mich herum wirkte bedrohlich. Auch um 17 Uhr kam kein Zollagent. Die Stunden verrannen, und meine Erregung wuchs. Um diese Zeit konnte ich auch die Reederei in Hamburg nicht mehr erreichen. Was, zum Teufel, dachte sich dieser offenbar gleichgültige oder unfähige türkische Bürohocker dabei, mich in meinem kleinen Boot in einem unbekannten Hafen ohne jede Nachricht sitzen zu lassen? Was wurde da gespielt? Wir hatten einen Vertrag abgeschlossen, große Summen sollten den Besitzer wechseln – und ich hatte noch keinen der Verantwortlichen gesehen.

Meine Nervosität steigerte sich bis zu einem Grad, in dem ich eine Flucht aus Istanbul erwog. Aber eine solche Kopflosigkeit konnte ich mir nicht leisten. Ich versuchte, mich zu beruhigen: Alles würde gut werden, man hatte hier eben eine andere Mentalität, und auf die mußte ich mich einstellen. Wenn ich allerdings gewußt hätte, was mir noch bevorstand, wäre ich nicht so beherrscht geblieben.

Das Drama nahm seinen Fortgang. Zwei Männer kletterten auf das Nachbarboot, das unentwegt an meinen Klampen zerrte. Sie erklärten mir: »Motor kaputt!« Deshalb könnten sie nicht ablegen. Statt dessen begannen sie, sich für die Nacht gemütlich einzurichten, schleppten Decken und Kopfkissen auf ihr Boot.

Ich mußte mir etwas zu essen machen, ich brauchte Kraft. Morgen sollte, nein, mußte die Verladung stattfinden! Der Fahrplan des Frachters und seine Liegezeiten standen fest.

Gegen 21.00 Uhr erschien ein junger Mann, vielleicht 25 Jahre alt. Er sei der Zollagent, sagte er. Das schien mir in Anbetracht seiner Jugend und Unsicherheit nicht glaubhaft. Höchstens war er ein Assistent. Aber wenigstens sprach er englisch, und ich stellte ihn zur Rede.

»Ja, es ist bei uns vieles schiefgelaufen«, gab er zu. »Wir hatten einige andere Probleme. Aber morgen früh kommt der Zoll zu Ihnen an Bord, und anschließend fahren Sie das Boot hinüber in den Handelshafen zur Verladung. Sie haben doch alles fahrbereit?«

»Ja, ja, mein Boot ist bereit, schon seit gestern. Da wollten Sie doch ursprünglich kommen?«

»Wir konnten nicht, ich hatte kein Auto!«

Draußen ertönten plötzlich Stimmen, zwei Frauen mit Stöckelschuhen turnten über das Deck, und der Agent fragte entsetzt: »Wer ist das? Gehören die Damen zu Ihnen?«

»Nein«, antworte ich gereizt. »Fragen Sie die Frauen doch selbst, Sie sprechen ja ihre Sprache.« Aber er wagte es nicht, war nur arrogant und feige.

Bei den Nachbarn ging es hoch her. Wir hörten Rufe und helle Schreie. Körbe mit Lebensmitteln wurden über mein Boot gereicht, man fing an zu kochen. Der Agent war völlig verwirrt. »Die verbringen nebenan eine Liebesnacht«, flüsterte er aufgeregt.

Ich antworte nur müde: »Mir egal. Aber morgen, wenn wir das Boot in den anderen Hafen verholen, müssen sie weg sein.«

Der Agent schüttelte verlegen den Kopf. »Schrecklich, wie sich meine Landsleute benehmen. Es ist mir sehr peinlich. Aber wenn die Türkei erst einmal in der EU ist, dann wird alles besser, das verspreche ich Ihnen. Dann haben wir genug Geld und genügend Autos, dann werden unsere Leute auch besser ausgebildet.«

4. Akt: Auftritt der Helden

Gegen 23.00 Uhr verabschiedete sich der hoffnungsfrohe EU-Anwärter. Ich hatte inzwischen erfahren, daß er nicht der Zollagent selbst war, sondern nur ein Helfer. Deshalb hatte er auch kein Wort darüber verloren, wie die Formalitäten ablaufen sollten. Er hatte kein Zollformular, kein Stück Papier, keine Adresse dagelassen. Ich wußte nicht einmal, wie die Agentur hieß, die er so großspurig vertrat.

Nachdem er an Land geklettert war, legte ich mich auf die Koje und versuchte, trotz Zorn, Aufregung und trotz der eindeutigen Geräusche nebenan zu schlafen.

Meine Gedanken gingen wirr durcheinander. Mußte ich dieses Theater erdulden? Was hatte ich falsch gemacht? Die Antwort war einfach: Ich hatte mein Boot unerfahrenen Geschäftsleuten zur Abfertigung übergeben, statt selbst am Ruder zu bleiben und, auch wenn es Zeit gekostet hätte, meine so heiß geliebte SOLVEIG selbst nach Holland zu steuern. Wieviel bedeutete mir dieses Boot! Und wieviel Mühe hatten sich die Brüder Linssen samt ihren Mitarbeitern gegeben, um meine Wünsche zu erfüllen! Nun mußte ich zusehen, wie wir möglichst heil aus dem Dilemma herauskamen. Was würde am Morgen geschehen?

Allmählich fielen mir doch die Augen zu, ich hörte nur noch leises Kichern von den Nachbarn.

248

Als ich am Morgen aufwachte, war das Boot nebenan verlassen. Niemand war da, der mir helfen konnte, mich von dem lästigen Nachbarn zu befreien.

Um 09.00 Uhr standen auf einmal zwei schmalbrüstige Bürschlein mit geölten Haaren und in billigen, aber neuen Anzügen auf der Pier. »Wir sind von der Agentur«, sagten sie in schlechtem Schüler-Englisch. »Wir wollen das Boot abholen zur Verzollung. Sie müssen uns zum Handelshafen hinüber fahren, dort liegt der Frachter, und dort wartet der Zoll. Machen Sie schnell!«

»Wo ist der Zollagent?« schrie ich. »Er hatte versprochen, zu kommen! Gestern schon!«

Grinsend wechselten die Jungs einen Blick. Ohne weitere Umstände und ohne um Erlaubnis zu fragen, sprangen sie an Bord und setzten sich in den Salon.

Langsam fand ich meine Sprache wieder. »Wie denken Sie sich das? Erst müssen Sie mir helfen, das Boot loszumachen. Und vorher muß der Nachbar verschwinden!«

Die beiden Jungs hatten wohl noch nie eine Bootsleine bedient. Ahnungslos und ohne mein Okay abzuwarten, lösten sie die Knoten und warfen die Leinen ins Wasser. Nur eine behielten sie in Händen, dadurch drehten wir uns, und ich bekam am Vorschiff tiefe Kratzer in den Lack. Schließlich trieben beide Boote hilflos in den Hafen hinaus.

Schnell startete ich den Motor und fuhr zusammen mit dem Motorboot einen Kreis. Ich war so wütend, daß ich das Nachbarboot am liebsten zerquetscht hätte.

Rufe hallten jetzt vom Ufer herüber, wir sollten den Nachbarn zurückbringen. Schließlich kam ein Bootsmann an Bord und half.

Endlich konnten wir den unangenehmen Hafen verlassen. Meine beiden »Agenten«, die ja keine waren, sondern sich nur einen Spaß erhofften, eine kostenlose Spazierfahrt, setzten sich unter Deck an den Tisch. Draußen herrschte noch immer starker Seegang, der Wind pfiff in der Takelage.

»Haben Sie etwas zu trinken? Oder zu essen?« fragten die beiden Helden. Nun durfte ich auch noch Steward für sie spielen! Ich empfand es als Unverschämtheit, mir bei dem hohen Honorar diese unwissenden Lümmel an Bord zu schicken.

Meine letzte Fahrt in der Türkei begann. Der Seegang packte das Boot, und den beiden wurde es mulmig. Ihre Gläser fielen um, ihre

Teller rutschten. Aber sie verstummten wenigstens. Nach einer halben Stunde »Überfahrt« erreichten wir den Handelshafen, wo ich eine neue Enttäuschung erlebte. Der Hafen wurde durch eine lange Mole geschützt, die an beiden Kopfseiten offen war. Dahinter wäre das Wasser einigermaßen ruhig gewesen, wenn nicht die Fährschiffe, die in pausenloser Folge die europäische und die asiatische Seite des Bosporus verbanden, innerhalb der Mole und des Hafens verkehrt hätten, um ihren Passagieren den heftigen Wellengang draußen zu ersparen. Ihre Bugwellen verursachten einen mächtigen Schwell, der von den Hafenmauern auch noch zurückgeworfen wurde. Kleine Boote, Fischer oder selbst Schlepper konnten in diesem Hafen nicht festmachen. Auch ich nicht.

Meine beiden Helden wollten sofort an Land, sozusagen aus dem »Bus aussteigen«. Doch davon konnte keine Rede sein. Wo sollte ich anlegen? Nirgends gab es einen Steg für kleine Fahrzeuge, und an die zwei Meter hohen Kaimauern konnte ich nicht gehen, ohne mein Boot noch mehr zu beschädigen.

5. Akt: In der Warteschleife

Also suchte ich zunächst den Frachter, auf den die SOLVEIG verladen werden sollte, und siehe da: Er war wirklich da. Daneben auf dem Kai stand der Agent der Reederei und winkte mir zu. Jetzt war es an ihm zu warten, was mich insgeheim freute. Ich rief ihm zu, daß ich die Jungs des Zollagenten bei dem Schwell der dicht vorbeifahrenden Fähren zumindest vorläufig nicht an der Kaimauer absetzen konnte.

»Aber um 11.00 Uhr wird verladen!« ließ er mich dann über Handy wissen.

Nach einer halben Stunde – die beiden Bürohelfer waren noch immer an Bord und völlig verzweifelt – gelang es mir, für eine Minute parallel zum Kai zu steuern, ohne die Steine zu berühren. Der eine Junge sprang, der andere wagte es nicht. Erst eine Stunde später hatte der Schwell so weit nachgelassen, daß er seinem Freund folgen konnte.

250

Ich fuhr Kreise neben dem Frachter, der offenbar auf die Verladung wartete. Das Schiff sah einigermaßen gepflegt aus, und ich faßte wieder Zutrauen. Aber warum geschah nichts? Endlich piepte mein Handy, und der Agent der Reederei sprudelte hervor: »Das Seil des Krans, das Stahlseil, ist angerissen! Damit können wir Ihr schweres Boot nicht heben! Wir müssen erst ein neues Seil besorgen und einziehen. Mit der Verladung kann es vier Uhr nachmittags werden. Ich melde mich wieder.«

Das war Wahnsinn: fünf Stunden lang in der Warteschleife im Kreis fahren, immer im Kreis, bei diesem Schwell! Allein und ohne jede Pause, weil ich das Ruder im Hafenverkehr nicht loslassen konnte. Aber ich mußte bleiben, schon wegen des Zolls. Vielleicht kamen die Beamten ja in einem Boot zu mir heraus? Außerdem war der Seegang draußen noch stärker. Nein, ich mußte neben dem Frachter bleiben, nur so war die Verladung gesichert.

Fähre auf Fähre passierte. Die Kapitäne sahen das Boot immer wieder, sie mußten mich für verrückt halten. Um 16.00 Uhr piepte erneut das Telefon in meiner Tasche. Pünktlich. Der Reedereiagent teilte mir mit, daß noch kein neues Seil für den Kran gefunden wäre, daß aber alles bis 18.00 Uhr auf jeden Fall in Ordnung käme. Was hieß das nun wieder?

Wenigstens waren die Techniker von der Ataköy-Marina zur Stelle, die den Verladebock an Bord des Frachters aufstellen wollten. Sie warteten ebenfalls, und das erhöhte den Druck auf die Reederei.

Wie betrunken steuerte ich weiter meine Kreise. In mir kämpften Müdigkeit und Erregung gegeneinander. Aber ich mußte durchhalten, das Boot mußte verladen werden. Wo blieb bloß der Zoll? Der Zollagent, der schon am Morgen die Verzollung besorgen wollte? Von ihm kam kein Zeichen, keine Nachricht.

6. Der Drahtseilakt

Unter diesem Druck meldete sich gegen 19.00 Uhr wieder der Reedereiagent, er wirkte jetzt völlig verwirrt.
»Hören Sie, Herr Gebhard?"

»Ja, ich höre!«

»Wir haben noch kein neues Seil, aber wir haben uns entschlossen, das angerissene noch dieses eine Mal zu verwenden. Kommen Sie in fünf Minuten zum Kai, dann springt ein Helfer von der Marina zu Ihnen an Bord, der die Taue um das Boot legt. Wir können nicht länger warten, es wird zu dunkel.«

Das war der Höhepunkt: Ich sollte mein Leben aufs Spiel setzen, um dem Chaos ein Ende zu bereiten! Denn es war nicht möglich, mich vor dem Anheben des Bootes an Land gehen zu lassen. Der Kran konnte nicht über den Kai schwenken, das wußte ich schon.

Der vorgesehene Platz, auf dem das Boot an Deck des Frachters stehen sollte, lag höher als die Kommandobrücke, sehr hoch über dem Wasser. Ein Sturz von dort oben, mit dem 15 Tonnen schweren Boot, mußte tödlich sein. Aber ich war zu erschöpft, um mich noch weiter zu wehren. War es Leichtsinn oder die schiere Verzweiflung, die mich zustimmen ließ? Im Grunde hatte ich keine Wahl, denn die hereinbrechende Dunkelheit machte alles nur gefährlicher. Und der Frachter mußte den Hafen noch in dieser Nacht verlassen.

Ein erfahrener Bootsmann der Ataköy-Marina sprang vom Kai zu mir an Bord. Der Kran fuhr die Schlingen, die an den ominösen Stahlseilen hingen, ins Wasser. Der Kranführer war gut. Aber würden die Seile halten?

Ich steuerte auf die Schlingen zu, und beim zweiten Versuch gelang das Manöver, der Rumpf legte sich hinein. Der Bootsmann befestigte die Schlingen mit Bändseln, damit sie nicht verrutschten. Langsam hob uns der Kranführer an, die SOLVEIG VII schaukelte ein wenig und hing dann frei in der Luft. Einen Meter über dem Wasser stoppte der Kranführer, um abzuwarten, ob das Seil unser Gewicht aushielt. Seil und Schlingen knirschten, reckten sich, die rostige Mechanik quietschte. Mein Körper verkrampfte sich, ich war auf den Absturz gefaßt.

Dann schwebten wir durch die Luft, höher und höher, weit über die Decks des großen Frachters hinaus. Unter mir sah ich die Kaimauer, die Schienen des Krans und die Herren, die mir diesen schweren Tag bereitet hatten. Jetzt waren sie alle versammelt, blickten gespannt in die Höhe: der Agent der Reederei, der Zollagent, die Zollbeamten und die tapferen Helfer von der Ataköy-Marina. Keiner wollte sich das Schauspiel entgehen lassen.

Ich mußte noch an Bord bleiben, bis mein Schiff fest an Deck des Frachters stand. Erst danach konnte die Besatzung eine Leiter anlegen und mich aussteigen lassen. Mein Martyrium aber war noch nicht zu Ende. Ich wurde in die Kapitänskajüte geholt. »Schnell, schnell!« hieß es plötzlich. »Alle warten!«

7. Akt: Ein plumper Bluff

In der Kajüte saßen der türkische Reeder, ein weißhaariger Herr, der Kapitän und mein junger Zollagent. »Ich führe jetzt die Verzollung durch, danach ist alles fertig«, erklärte der Agent und verschwand. Wir warteten etwa eine halbe Stunde, danach kehrte er zurück und behauptete in gewichtigem Ton, die Verzollung sei nun erfolgreich beendet. Ich hatte noch kein Formular gesehen, geschweige denn unterschrieben.

»Geben Sie mir jetzt bitte die tausend Dollar«, verlangte der junge Mann.

Ruhig antwortete ich: »Schreiben Sie mir erst eine Quittung über den Betrag aus. Und vor allem: Geben Sie mir die Dokumente zurück, die Ihr Assistent mitgenommen hat.«

Erstaunt fragte er: »Was für Dokumente?«

Jetzt wurde ich doch etwas lauter: »Meinen Reisepaß! Das Schiffszertifikat, den Bootsschein!« Die tausend Dollar hatte ich in zehn Hundertern in der Tasche. Ich betastete die Banknoten, sie waren meine einzige Sicherheit.

»Ach ja. Die Dokumente liegen wohl noch in meinem Büro«, gestand der Agent. »Ich habe sie zu Hause vergessen. Die bekommen Sie morgen.«

Ich wußte: Noch in einem Monat würde ich auf diese wichtigen Papiere warten, wenn ich ihm jetzt das Geld gab. Mühsam beherrscht antwortete ich: »Morgen früh geht mein Flugzeug nach Deutschland, ich brauche die Papiere und meinen Paß – *jetzt!*« Die tausend Dollar in bar waren mein Trumpf. »Sie bekommen nicht einen Dollar von mir, solange die Dokumente nicht vollzählig in meiner Hand sind. Hier ist die Quittung dafür.« Ich zog den Zettel hervor, den sein Assistent unterschrieben hatte.

Es folgte eine Auseinandersetzung. Der Bursche glaubte doch tatsächlich, er könnte mich dazu überreden, ihm das Geld zu geben, bevor ich meinen Paß zurückhatte. Sein Verhalten war ein unfaßbarer Bluff, frech und dumm zugleich. Sofort ergriffen der Reeder und die beiden anderen Herren meine Partei: »Er hat recht, er muß seine Papiere zurückbekommen.«

Die Verhandlungen zogen sich hin. Nun stellte sich heraus, daß die Verzollung gerade erst in einem Büro des Frachters stattfand. Der Zollagent hatte die Formalitäten von Mal zu Mal verschoben, und weil ich zuletzt im Frachthafen nicht anlanden konnte, um die Zollbeamten an Bord zu nehmen, wurde die Prozedur jetzt in letzter Minute erledigt. Das ganze Theater mit der Verlegung in die schmutzige Marina und dem gefährlichen Liegeplatz dort war überflüssig gewesen.

Über eine Stunde lang wartete ich mit dem Reeder und dessen Agenten in der Kajüte. Dabei erfuhr ich, daß der Frachter in Mariupol am Asowschen Meer beheimatet war, also in der Ukraine. So war die SOLVEIG VII auf ihrem Heimweg noch einmal aufs Hoheitsgebiet der Krim zurückgekehrt.

Es war spät geworden, sehr spät, als der Zollagent endlich mit den gestempelten Papieren zurückkehrte, die ich dann allesamt unterschreiben mußte, ohne den Text lesen zu können. Danach brach ich mit den beiden Agenten sofort auf, um die im Büro vergessenen Dokumente zu holen. Der Abschied war eisig. Ich erhielt Paß und Bootsurkunden, zog dann das Bündel von Dollarnoten aus der Tasche, zählte dem Zollagenten die Scheine in die Hand und sagte Good-bye. Er hatte uns allen große Probleme verursacht und dazu noch das meiste Geld verdient.

8. Akt: Ende gut, alles gut

Der Reedereiagent bot mir an, mich nach Ataköy in mein Hotel zu bringen – ein Umweg von gut 30 Kilometern – und fuhr dazu über die Bosporusbrücke. Trotz meiner Müdigkeit war ich überwältigt vom Anblick der Meerenge, deren Wasser im Schein tausender

Lichter schimmerte. In der Ferne ahnte man das Goldene Horn. Von Scheinwerfern angestrahlt, glänzten die schlanken Türme der Minarette und die goldenen Kuppeln der Moscheen. Das war Istanbul: ein Chaos, in dem Millionen von Menschen dicht nebeneinander lebten, ein aus den Nähten geplatzter, riesiger Basar, den niemand ganz überschauen konnte. Hier war alles möglich, alles offen, nichts wirklich fest gefügt. Auch nicht die Häuser, wie sich später bei der Erdbebenkatastrophe aufs schrecklichste erweisen sollte.

Der eindrucksvolle Blick von der hohen Brücke auf die hell erleuchteten Ufer zweier Erdteile verkleinerte meine ärgerlichen Erlebnisse der vergangenen Tage zu Randerscheinungen unserer insgesamt glänzend gelungenen Expedition. Dreimal waren wir mit unserem Boot unter dieser Brücke hindurchgefahren. Zuvor hatten wir die Donau von Regensburg bis zum Delta erkundet, später die Mündungen des Dnjestr und des Dnjepr, das Schwarze Meer bis zur Straße von Kertsch und den Kaukasus, die türkische Küste und schließlich den Bosporus... Wir hatten die meisten Häfen und Ankerplätze kennengelernt und damit ein letztes wenig bekanntes Stück Europa. Alle diese Bilder zogen an meinem inneren Auge vorbei, während wir im stockenden Verkehr langsam über die Brücke rollten.

Es wird noch einige Jahre dauern, bis die Einschränkungen überwunden sind, die der Eiserne Vorhang hinterlassen hat. Trotz manch bedrückender Erinnerungen – die ständigen Kontrollen hatten genervt – war Europa für uns ein Stück größer geworden, farbiger und interessanter.

Unsere Fahrt nach Ataköy dauerte fast drei Stunden, so hatten wir viel Zeit für Gespräche. Der Reedereiagent entschuldigte sich für das heillose Durcheinander, das ich ertragen mußte. Noch nie, so erklärte er, habe er ein Boot auf einen Frachter verladen müssen. Das wollte ich ihm gern glauben. Seine Ehrlichkeit war entwaffnend, und so wich mein Zorn der Freude über den Erfolg unserer Expedition.

Lange nach Mitternacht stieg ich vor dem Hotel aus dem Wagen und taumelte mehr als ich ging durch die Halle und hinauf in mein Zimmer. Es lag im 24. Stock, und ich genoß noch einmal den phantastischen Blick über die Lichterflut der Millionenstadt und über das Meer bis zur Küste Kleinasiens.

Istanbul, das Byzanz der alten Griechen, später als Konstantinopel Hauptstadt des Oströmischen und des Osmanischen Reiches, war ein würdiger Endpunkt unserer großen Reise. Bunt und vielfältig wie die Vergangenheit der Länder und Häfen am Schwarzen Meer waren auch unsere Erfahrungen. Die anhaltenden Wirren auf dem Balkan und an den Schwarzmeer-Küsten hatten für unerwartete Abenteuer gesorgt. Aber dank der Hilfsbereitschaft und Großzügigkeit vieler Menschen konnten wir dennoch unsere geplanten Ziele erreichen. Umgekehrt hoffte ich, meinen vielen Freunden in Rußland und der Ukraine ein wenig Licht, ein wenig Hoffnung ins Dunkel ihrer unsicheren Gegenwart gebracht zu haben.

In Zusammenarbeit mit Dr. Birkun und dem BREMA-Institut konnten wir zudem Delphine vor den Küsten der Krim und der Türkei beobachten und damit einen Beitrag leisten zur Erhaltung dieser schönen Tiere in einem Meer, in dem sie einst heilig waren. Unsere Aufzeichnungen dienten Dr. Birkun als Unterlagen bei internationalen Verhandlungen mit den Anrainerstaaten über die zu ergreifenden Schutzmaßnahmen. Nicht mehr Priester wie einst, sondern Wissenschaftler sorgen heute für den Respekt der Menschen vor der Natur und machen ihnen begreiflich, daß die Existenz des Lebens auf unserem Planeten gefährdet ist.

Der Blick auf das Marmara-Meer lenkte meine Gedanken zurück zur SOLVEIG, die jetzt an Deck des ukrainischen Frachters stand und vielleicht schon Kurs nahm auf die Dardanellen. Erst in Rotterdam würde ich sie wiedersehen. Aber wenn sich meine Pläne für eine neue große Unternehmung verwirklichen ließen, dann würden wir auf ungewöhnlichen Wegen erneut nach Istanbul zurückkehren. Traumbilder dieser Reise begleiteten mich in einen kurzen Schlaf. Schon früh am nächsten Morgen suchte ich meine Freunde in der Marina auf, um mich zu verabschieden, und fuhr dann weiter zum nahen Flughafen.

Allgemeine Hinweise

Vorbereitungen

Die Entwicklung der letzten Jahre auf dem Balkan und an den Küsten des Schwarzen Meeres hat zu Verunsicherungen geführt, die eine verläßliche Planung von Segel- und Motorboot-Törns in der für den Wassersportler attraktive Region erheblich erschweren. Ich denke dabei an den Bürgerkrieg in Jugoslawien, an den Streit um die Aufteilung der russischen Schwarzmeerflotte oder an den Tschetschenienkrieg, der für Spannungen im gesamten Kaukasusgebiet verantwortlich ist.

Dennoch sind Fahrten in diese landschaftlich so reizvollen Gewässer durchaus lohnend, wenn sich eine Reihe von Voraussetzungen erfüllen lassen.

Schon geraume Zeit vor Beginn der Reise sollte man sich um die nötigen Visa bemühen, die zum Beispiel für Jugoslawien, für die Ukraine, Rumänien und Rußland verlangt werden. Darüber hinaus wäre es günstig, bei Yachtklubs oder Agenten der betreffenden Länder und Häfen anzufragen, welche besonderen Vorschriften oder Einschränkungen für Sportboote zur gegebenen Zeit Anwendung finden.

Ferner sollte das Boot seinen eigenen »Paß« erhalten, einen international gültigen Eigentumsnachweis. Für größere Yachten bietet sich die Eintragung in das Schiffsregister (Schiffszertifikat) an, aber in vielen Fällen dürfte der sogenannte »Bootsschein« genügen, der vom DSV oder ADAC ausgestellt wird. Über seine Anwendung informieren die genannten Organisationen.

Der Kaufvertrag der Werft, der Versicherungsschein und dazu genaue Angaben über die Maße des Bootes, den Motor und die Sonderausrüstung mit Wasser- und Kraftstofftanks, über Radargeräte und sonstigen Navigationsmittel kann hilfreich sein.

Daneben sind Formulare für die Crew-Liste, fertig gedruckt oder im Speicher des Laptop, besonders wichtig.

Eventuell lohnt es sogar, eine ungefähre Liste der an Bord befindlichen Wertgegenstände aus Gold und Edelsteinen, wie Ringe, Armbänder und sonstiger Schmuck, schon zu Hause anzufertigen. Bargeldbestände können später hinzugefügt werden. Schließlich hat sich bei uns ein runder, »amtlich« wirkender Bootsstempel mit dem Namen des Eigners und des Bootes außerordentlich bewährt.

Häfen und Liegeplätze

Auf der Fahrt die Donau abwärts ist Wien an der Grenze zum ehemals Eisernen Vorhang die letzte Hafenstadt, die umfassende Einkaufsmöglichkeiten, auch für Ersatzteile, und dazu eine moderne Marina aufzuweisen hat.

Danach ist Budapest dank der Wiking-Marina und des Yachtklubs noch einmal ein willkommenes Zentrum für Wassersportler.

Frische Lebensmittel, aber auch Konserven jeder Art, werden in reicher Auswahl angeboten. In der Marina selbst sind die amtlichen Karten der Donau-Kommission erhältlich und es werden auch gern Auskünfte über Grenzformalitäten und sonstige Bedingungen in den angrenzenden Ländern gegeben. Boots- und Motor-Reparaturen können ausgeführt werden. Ganz allgemein ist die Bereitschaft und das Geschick, schwierige Reparaturen ohne Ersatzteile durchzuführen, in den von Mangelerscheinungen geplagten Ländern größer als bei uns, wo man sich allgemein an einen Austausch defekter Teile gewöhnt hat.

In Jugoslawien sind, abhängig von der Jahreszeit, reichlich frische Lebensmittel erhältlich, aber die übrige Versorgung erschien uns nach dem jahrelangen Bürgerkrieg eher spärlich zu sein. In Belgrad zum Beispiel konnten wir nicht einmal Diesel bunkern.

In Bulgarien dagegen, in der Ukraine und an der russischen Küste ist das Angebot bedeutend reicher, nicht nur an frischem Gemüse und Obst, sondern auch an Fisch, Fleisch, Milchprodukten und Backwaren. Sogar importierte Konserven aus westlichen Ländern sind teilweise erhältlich.

258

Schwieriger ist es, einigermaßen gute Liegeplätze, vielleicht gar mit Wasseranschluß zu finden. Einen freien Sportbootverkehr gab es in der sowjetischen Zeit kaum oder gar nicht, und so fehlen die entsprechenden Einrichtungen. Soweit vorhanden, dienen die wenigen Anleger in erster Linie dem lokalen Verkehr mit kleinen Booten.

Am Ende dürfte es wohl doch bei fast jeder Ortschaft gelingen, zumindest kurzzeitig festmachen zu können, notfalls im Päckchen oder längsseit eines größeren Bootes. Auch Ankern und Landgang mit Beiboot wäre eine Notlösung. Ein Beiboot ständig zu schleppen halte ich im Strom nicht für empfehlenswert. Aber einheimische Flußfahrer werden immer mit Rat und Tat und oft in sehr großzügiger Weise behilflich sein. Eben diese Hilfsbereitschaft ist auch ein wichtiges und schönes Erlebnis bei einer Fahrt in den Osten Europas.

Natürlich gibt es an den Ufern der Donau als Anleger eingerichtete große Schuten, die aber extrem hohe Gebühren verlangen, in US-Währung, versteht sich, was bei der Ein- oder Ausklarierung manchmal nicht zu umgehen ist.

Im Donaudelta sind dagegen reichlich Ankerplätze vorhanden, aber sowohl in Rumänien als auch in der Ukraine sollte man das Boot niemals unbewacht zurücklassen.

Im Schwarzen Meer bietet sich zunächst in Odessa eine hochmoderne Marina mit allen Annehmlichkeiten, die man sich wünschen kann, für längeren oder kürzeren Aufenthalt an. Dieser Luxus hat seinen Preis, aber es lohnt sich, vor der Weiterfahrt einmal die volle Versorgung zu genießen und sich vielleicht wertvolle Verbindungen mit Agenturen, Hafenverwaltungen, Zoll oder Yachtklubs im voraus zu sichern. Die Leitung der Marina wird dabei behilflich sein.

Alle weiteren Häfen sind in erster Linie für die Berufsschiffahrt eingerichtet; dort ist es schwierig, mit einem kleinen Fahrzeug einen einigermaßen geschützten Liegeplatz zu finden. Selbst wo ein Yachtklub mit entsprechenden Anlagen vorhanden ist, wie in Sewastopol, wird dem Besucher meist kein Aufenthalt erlaubt. Aufgrund der allgemein instabilen Lage ändern sich die Vorschriften jedoch häufig, alle Angaben erfolgen daher ohne Gewähr.

Grundsätzlich wird die fremde Yacht von der Behörden wie ein Handelsschiff eingestuft und es kann sich deshalb lohnen, trotz der Kosten einen Agenten mit der Erledigung der Formalitäten zu beauftragen. Allein schon seine Beziehungen zu den Beamten sind sehr hilfreich. Der Agent spricht englisch und er weiß auch, wo allenfalls ein annehmbarer und sicherer Liegeplatz verfügbar ist. Er gibt zudem Auskunft oder vermittelt Reparaturen und Einkäufe.

Im russischen Sotschi nahmen wir einen Agenten, weil Zoll und Immigration uns das vorschlugen. Der Agent berechnete am Ende 70 Dollar, aber er leistete die gesamte mit den unzähligen Formularen und verschiedenen Gebühren zusammenhängende Arbeit. Zum Beispiel fällt für diese oder jene Formalität eine Gebühr an: In bar darf der Beamte das Geld nicht annehmen. Also müßte man erst einmal in die Stadt gehen und den Betrag auf das Konto einzahlen, dann mit der Quittung der Bank zurück zum Hafenamt wandern. Erst danach wird der notwendige Beleg ausgefertigt und dieser ist dann wiederum dem Zoll oder der Polizei oder beiden vorzulegen: eine umständliche Prozedur. Ein Agent weiß natürlich, welche Papiere notwendig sind und kann die anfallenden Gebühren vom Schreibtisch aus überweisen.

Treibstoff

Ein echtes Problem ist die Versorgung mit sauberem Diesel oder Benzin. Erstens gibt es, außer in Budapest oder in Odessa keine Bunkerstationen, und zum anderen ist ohne spezielle Filterung kein Verlaß auf die Sauberkeit des Kraftstoffs. Doppelte und dreifache Filterung an Bord ist deshalb notwendig, kann aber nicht jede schädliche Chemikalie fernhalten. Mit genügend leeren Kanistern und mit Hilfe eines Taxis kann man sich an Straßentankstellen bedienen. Man sollte sich aber vorher nach der Sauberkeit des Treibstoffes erkundigen. Gleiches gilt für einen Tankwagen, der zum Hafen kommt.

Jede Gelegenheit, sauberen Diesel zu erhalten, sollte genutzt werden. So kann man den Tag, an dem das Bunkern unerläßlich wird, auf jeden Fall hinausschieben.

Das Wetter

Auf der Donau spielt das Wetter insofern eine bedeutende Rolle, als ein niedriger Pegelstand, der in den trockenen Sommermonaten plötzlich auftreten kann, die Gefahr der Grundberührung erheblich steigert oder unter Umständen die Weiterfahrt unmöglich macht.

Von Rhein und Elbe kennen wir ähnliche Behinderungen. Die Wasser- und Schiffahrtsämter, auch Schleusenmeister oder Kapitäne von Frachtschiffen, können verläßliche Auskunft geben.

Insbesondere am Unterlauf der Donau muß man zudem mit wandernden Sandbänken rechnen, die bei Niedrigwasser ausgesprochen gefährlich werden. Die günstigste Jahreszeit für eine Donaufahrt sind deshalb die Monate April bis Juni, in denen die Schneeschmelze in den Alpen für genügend Wasser sorgt, während im Sommer und Herbst bei trockenem Wetter die Wasserstände dramatisch zurückgehen können.

Das Schwarze Meer ist dagegen sehr tief, bis über 2000 Meter, und von hohen Gebirgen umgeben. Auf plötzliche Wetterveränderungen und kräftigen Wind muß man gefaßt sein, obwohl das subtropische Klima im Sommer auch für lange Perioden mit leichtem Wind und angenehm warmem Wetter sorgt.

Es gibt vor allem zwischen den Bergen der Krim und an der türkischen Nordküste eine ganze Reihe guter Ankerplätze. Aber bei stürmischem Wind sollte erst nach genauem Studium der Seekarte entschieden werden, welche Bucht jeweils genügend Schutz bieten kann.

Trotz des warmen Klimas erreicht das Meer selbst im Hochsommer selten mehr als 22 Grad. Bei Wellengang, der Wasser aus den tieferen Schichten aufsteigen läßt, kühlt die Oberfläche rasch auf 15 bis 18 Grad ab. Im Winter, wenn eisiger Wind von den Steppen Asiens über die Ebenen der Ukraine streicht, friert das Schwarze Meer mit seinem geringen Salzgehalt in seinen nördlichen Küstenregionen sogar zu. Aber gerade eben dieses Zusammenspiel von Wasser und Bergen macht den besonderen Reiz des sehr lebendigen Binnenmeeres aus. Doch trotz der geschilderten Erschwernisse – für abenteuerliche Naturen vielleicht sogar deshalb – ist eine Fahrt entlang der Küste zwischen Odessa und dem Kaukasus äußerst reizvoll und vielversprechend. Wer bereit ist, das eine oder andere Risiko auf sich zu nehmen, wird am Ende um wertvolle Erfahrungen und Eindrücke bereichert zurückkehren.

Technische Angaben zum Boot

SOLVEIG VII

Classic Sturdy 400 AC

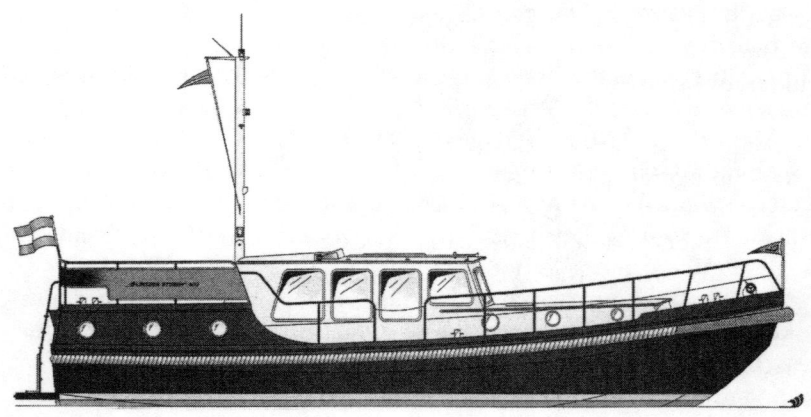

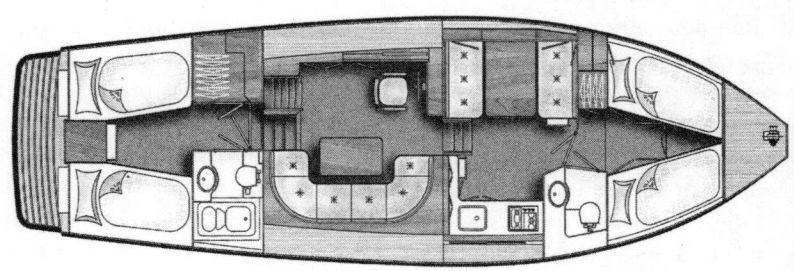

Fahrtenyacht aus Stahl, Typ Linssen Classic Sturdy 400 AC

Bauwerft:	Linssen Yachts, Maasbracht, NL 6050
Design:	Jos Linssen
Länge über alles:	12,40 m
Länge Wasserlinie:	10,25 m
Breite:	4,05 m
Tiefgang:	1,35 m
Wasserverdrängung:	14,50 t
Motor:	1 x Volvo Penta 6-Zylinder-Turbodiesel
	145 PS TAMD 41
Kraftstofftank:	2 x 800 Liter und 1 x 200 Liter
Schlauchboot:	Zodiac Cadet
Außenbordmotor:	Honda 4-Takt 2 PS
Heizung:	Eberspächer D 5 LC
UKW-Funkgerät:	Shipmate
Bugstrahlruder:	2 x Vetus Bugschraube
Elektr. Ankerwinde:	20 kg Anker mit 60 m Kette
Fäkalientank	
Heißwasserboiler:	55 Liter
Wassertank:	2 x 200 Liter
Seewasser-	
Entsalzungsanlage:	Aquafresh Watermaker
Generator:	220 V/2500 Watt Volvo Aquapower
220 V Landstromanschluß	
Alarmmast und Hilfssegel	
Instrumente:	Autohelm-Kompaß, Autohelm-Echolot,
	Autohelm-Log, Autohelm-Autopilot
UKW-Funkgerät:	Shipmate
Radar:	Furuno

Wichtige Anschriften

Berchinger Yachtclub: Walter Häring, Eichengasse 17, 92348 Berg, Telefon 09181-691-120, Telefax 09181-691-172

Kapitän Alexander Kravchenko, Deutsch-Ukrainische Verkehrs-GmbH, Im Gewerbepark A 35, 93059 Regensburg, Telefon 0941-46679-13, Telefax 0941-46679-17

Generalkonsulat Jugoslawiens, Generalkonsul Vlado Ljubojevic, Böhmerwaldplatz 2, München, Telefon 089-986 728

Wiking Marina Budapest, Yacht-Club, Hajogyari sziget 117, H-1033 Budapest, Ungarn, Telefon 36-1-3886-153

Istvan Varga, General Manager Yacht-Club Budapest, ' Hojogyari szi get 117, H-1033 Bundapest, Telefon 36-1-3886-153, Telefax 36-1- 2503-950

Dipl.Ing. Kapitän Stanislav Samojlow, Direktor der Ukrainischen Donau-Schifffahrtsgesellschaft, 28, Krasno-flotskaya, Izmail, 272 630, Ukraine

Teoman Arsay, S.Y.MAT Türkei, Commodore Ataköy Marina Yacht Club, Sahil Yolu, 34710 Ataköy, Istanbul

Tamoikin, Igor, Gold Symbol Ltd., Yacht Harbour, 335043 1A Nazoukina, Balaklawa, Sewastopol, Ukraine

Gennady Lykov, Agent INFLOT SOCHI, Office 23, 1 Voikova Str., Sochi 354000, Rußland, Telefon 8622-92 30 29

Alekseev, Valeri, Harbour Master, Yacht Club Sochi

Adem Tahtaci, Sionope Tours, Sinop, Türkei, Telefon 26 17 79

Danksagung

Mein Dank gilt all jenen, die sich in großzügiger Gastfreundschaft und freudiger Begeisterung für das Gelingen unserer zum Teil schwierigen Aufgabe eingesetzt haben. Helfer waren immer und überall zur Stelle, wenn wir Unterstützung oder Ratschläge benötigten. Viele von ihnen blieben uns unbekannt, und nur einige besonders gute Freunde kann ich hier namentlich erwähnen.

Zuallererst Dr. Alexei Birkun und seinen Mitarbeiter Sergei vom BREMA-Institut in Sewastopol, die sich um die Vorbereitung und spätere Durchführung der Fahrt bemühten. Mit dem zuverlässigen Bau der SOLVEIG VII und der Bereitstellung immer neuer Geräte und spezieller Einrichtungen leistete die Familie Linssen, die Brüder Jos, Peter, Harry, Jan und ihre Mitarbeiter, einen entscheidenden Beitrag zum Gelingen der Unternehmung.
Danach waren es vor allem Volker Kirchgeorg,
Ost-West Wirtschaftsclub e.V. Bayern in München,
Sani Dermaku, Generalkonsul der Bundesrepublik Jugoslawien,
Dr. Olexandr Stryapan, Vizekonsul der Ukraine,
Kapitän Kravchenko, Deutsch-Ukrainische Verkehrs GmbH,
Filmproduzent Heinz Bibo, Bad Homburg,
Oberbürgermeister Hans Schaidinger, Regensburg,
Schauspieler Sigmar Solbach, München,
Dipl.-Biologin Denise Wenger,
Dipl.-Biologe Ulrich Karlowski,
Gesellschaft zur Rettung der Delphine e.V. München.
Bernd Zander, Geschäftsführer Zodiac – Kern GmbH
und unser Freund Fritz Schneider, Fotograf,
die uns den Start auf der Donau erleichterten.

Für die Donaufahrt gaben uns wichtige Ratschläge und Unterstützung:
Walter Häring, BYC Berching

Ing. Istvan Varga, Generalmanager Wiking Marina Budapest
Kolesar Fedor, Präsident des Neoplanta Yacht Club Novi Sad
Dipl. Ing. Kapitän Stanislav Samojlov, Managing Director Ukrainian
Danube Shipping Company, Ismail, Ukraine
Dr. Alexander Voloshkevich, Ukrainian Danube Delta Nature
Reserve, Wilkowo

Im Schwarzen Meer begleiteten uns die Wissenschaftler:
Boris Alexandrow, Wladimir V. Gubanov, Professor Zaitsev,
Biologisches Institut der Südlichen Meere, Universität Odessa.

In Sotschi unterstützte uns Valeriy Alexeev, Kommodore des Yacht
Club Sotschi.

In der Türkei waren es der Kommodore und der Generalmanager
der Ataköy Marina, Istanbul, Teoman Arsay und Sedat Altunay, die
uns und der SOLVEIG VII vorübergehend eine neue Heimat gaben.

Bei diesen besonders aktiven Helfern bedanke ich mich stellvertre-
tend für alle jene, die uns während unserer abenteuerlichen Fahrt
freundschaftlich zur Seite standen.

Literaturverzeichnis

Bamm, Peter: *Die unsichtbare Flagge*, München 1972
Black Sea Pilot, *Admirality Twelfth Edition 1990*
Chersones von Taurien, Rußland 1989
Carter, Samuel: *Nordmänner und Drachenschiffe*
Cooper, Bill and Laurel: *Back Door to Byzantium*, London 1997
Donau-Atlas, *Jugoslawien 1995*
Donau-Karten (Carte de Pilotage du Danube): Donaukommission, Budapest 1993 u.a.
Globke, Werner: *Meyers Flottentaschenbuch*, Bonn 1997
Heikell, Rod: *Die Donau*, Edition Maritim, Hamburg 1993
Heikell, Rod: *Turkish Waters Pilot*, St.Ives 1997
Horn, Andrea/Hoop, Wyn: *Main / Main-Donau-Kanal*, Edition Maritim, Hamburg 1993
Maier, Dieter/Lessing, Erich: *Die Donau*, München 1982
Magris, Claudio: *Donau*, München und Wien 1988
Nelson, Rick and Sheila: *Black Sea Cruising Guide*, St.Ives 1995
Shavshin, Wladimir: *Balaklava*, Simferopol 1994
Spiegel-Almanach, Hamburg 1999
Stöhr, Sabine: *Krim*, Köln 1995
Taube, Gerhard: *Festung Sewastopol*, Bonn 1995
Verein Ungarischer Yachthäfen: *Die Donau, Handbuch für die Sportschiffahrt*, Budapest 1998
Zaitsev, Yu: *Marine Biological Diversity in the Black Sea*, New York 1997

Abbildungsnachweis

Schutzumschlag: Rollo Gebhard, Berg Kara Dag (Krim, Schwarzes Meer)

Farbfotos: Rollo Gebhard;
Nr. 1 Jürgen Appelhans;
Nr. 4, 5, 6, 7, 10, 57 Fritz Schneider;
Nr. 23, 25, 30, 39, 45, 59 Angelika Gebhard;
Nr. 29, 31, 33, 42, 48, 50, 51, 52, 53, 54, 63, 72 Andrey Alexander;
Nr. 69 Alex Kargin

Schwarzweiß-Fotos im Text: Rollo Gebhard;
S. 26 Ulrich Karlowski;
S. 122, 167 Andrey Alexander;

Zeichnungen: Andrey Alexander;
Graphiken im Text aus ukrainischen Druckschriften.

Alle Autorenfotos wurden mit Leica R 5 und Leica-Spezialobjektiven
aufgenommen, ebenso die Aufnahmen von Fritz Schneider Nr. 4, 6, 10, 11.

Von Rollo und Angelika Gebhard sind außerdem lieferbar:

Mit Rollo auf Abenteuerkurs
Spurensuche im Schwarzen Meer

Rollo und Angelika Gebhard bereisen die
unbekannten Küsten der Ukraine, Russlands
und der Türkei. Mit an Bord der SOLVEIG VII ist
der Russe Andrey Alexander. In vielen Häfen
wird ihre Motoryacht als erstes ausländisches
Motorboot empfangen – und nicht immer freundlich. Die Fahrt entwickelt sich zum Krimi, als die
Gebhards versuchen, den geheimen
U-Boot-Tunnel in Balaklawa zu durchdringen.
Spannend schildern die Autoren ihre Abenteuer
im Schwarzen Meer. Ihre Tagebuchaufzeichnungen
machen den Leser zum intimen Zeugen dieser Reise
ins „Land der unbegrenzten Unmöglichkeiten".
304 Seiten, 65 Farbfotos, 36 Zeichnungen, geb.
ISBN 3-7688-1176-X

Freiheit auf dem Wasser
*Über Flüsse und Meere von Paris
nach St. Petersburg*

Auf einer Rekordfahrt ganz besonderer Art sind
die Gebhards hier unterwegs: von Paris nach
St. Petersburg. Auf Flüssen und Kanälen reisen sie
nach Paris und weiter über London, Rotterdam,
Amsterdam, Kopenhagen nach Stockholm.
SOLVEIG V bringt sie mitten ins Herz der
Metropolen. Höhepunkt der Reise ist die alte
Zarenstadt St. Petersburg. *Freiheit auf dem
Wasser* beschreibt diese zweijährige Reise leben-
dig und fesselnd. Herrliche Fotos verstärken noch
das Heimweh, das den Leser automatisch befällt.
232 Seiten, 143 Farbfotos, geb.
ISBN 3-7688-1034-8

DELIUS KLASING

Wellen, Wind und Abenteuer
Angelikas Tagebuch einer Weltumseglung

In Tagebuchform erzählt Angelika Gebhard von
ihrer jahrelangen Weltreise – vom Abenteuer,
die Erde kennen zu lernen. Sie berichtet über die
Erlebnisse, Empfindungen, Krisen und Triumphe an
der Seite ihres Mannes. Rollo Gebhard kommen-
tiert die Reiseetappen aus der Sicht des Skippers:
Tahiti, Salomonen, Alaska und nonstop von
Australien nach Deutschland. Die Unmittelbarkeit
und Frische der Aufzeichnungen lassen den Leser
miterleben, was diese beiden außergewöhnlichen
Menschen verbindet: die Liebe zueinander und zu
den großen Ozeanen dieser Welt.
304 Seiten, 102 meist farbige Fotos, geb.
ISBN 3-7688-0907-2

Seefieber
Allein über die Ozeane

Wie fing es an bei Rollo Gebhard, dem erfahrenen
Hochseesegler? Der Leser erlebt die spannendsten
Stationen vom ersten Adriatörn in offener Jolle bis
zur ersten Weltumseglung. Schon bald ist er
bekannt als der Mann, der die Gefahren magisch
anzieht... Das *Seefieber* ist bei ihm zu einer unheil-
baren Krankheit geworden. Inzwischen zu einem
erfahrenen Hochseesegler gereift, erinnert sich
Gebhard nur noch kopfschüttelnd seiner anfäng-
lichen Naivität und Sorglosigkeit.
288 Seiten, 21 Farb-und 60 S/W-Fotos,
4 Zeichnungen, 7 Karten, kartoniert
ISBN 3-7688-1163-8

Noch viele andere Abenteuer und Reiseberichte sind im Buch- und Fachhandel erhältlich oder
direkt beim Delius Klasing Verlag, Posfach 10 16 71, 33516 Bielefeld. Gerne senden wir Ihnen unser
ausführliches Gesamtverzeichnis.

DELIUS KLASING

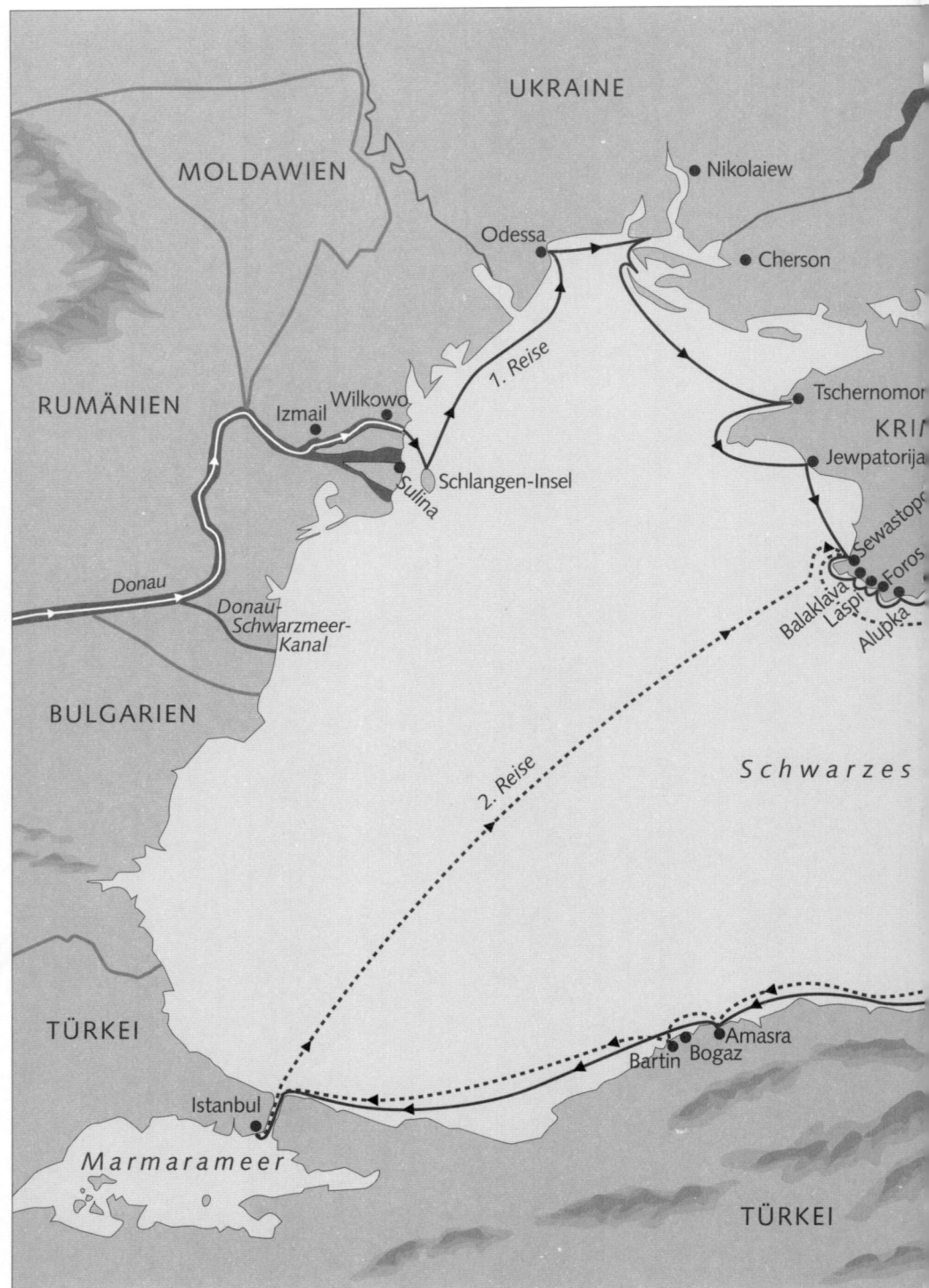

UKRAINE

MOLDAWIEN

Nikolaiew

Odessa

Cherson

1. Reise

RUMÄNIEN

Izmail

Wilkowo

Tschernomor

KRIM

Jewpatorija

Sullina

Schlangen-Insel

Sewastopo

Foros

Balaklawa

Laspi

Alupka

Donau

Donau-
Schwarzmeer-
Kanal

BULGARIEN

2. Reise

Schwarzes

TÜRKEI

Amasra

Bartin

Bogaz

Istanbul

Marmarameer

TÜRKEI